차창밖 아프리카

AFRICA TRUCKING

차창밖 아프리카
AFRICA TRUCKING

초판 1쇄 발행 2025. 2. 28.

지은이 이정근
펴낸이 김병호
펴낸곳 주식회사 가넷북스

편집진행 김재영
디자인 김민지

등록 2019년 4월 3일 제2019-000040호
주소 서울시 성동구 연무장5길 9-16, 301호 (성수동2가, 블루스톤타워)
대표전화 070-7857-9719 | **경영지원** 02-3409-9719 | **팩스** 070-7610-9820

• 가넷북스는 여러분의 다양한 아이디어와 원고 투고를 설레는 마음으로 기다리고 있습니다.

이메일 garnetoffice@naver.com | **원고투고** garnetoffice@naver.com
공식 블로그 blog.naver.com/garnetbooks
공식 포스트 post.naver.com/garnetbooks | **인스타그램** @_garnetbooks

ⓒ 이정근, 2025
ISBN 979-11-92882-07-9 03980

• 파본이나 잘못된 책은 구입하신 곳에서 교환해드립니다.
• 이 책은 저작권법에 따라 보호를 받는 저작물이므로 무단전재 및 복제를 금지하며,
  이 책 내용의 전부 및 일부를 이용하려면 반드시 저작권자와 도서출판 가넷북스의 서면동의를 받아야 합니다.

이정근 지음

차창밖 아프리카

AFRICA TRUCKING

가넷북스
Garnet Books

AFRICA NOMAD TRUCKING

NOMAD TRUCKING

여행이란?

"세상은 책이며, 여행하지 않는 사람들은 한 페이지만 읽는다"
– 성 아우구스티누스

"여행은 삶을 탈출하는 것이 아니라 자신을 발견하는 것입니다"

"여행은 당신이 당신을 더 부유하게 만드는 유일한 것이다"
– 작자미상

[출처] 여행에 대한 명언 25개 모음|작성자 갈대상자

AFRICA 3D MAP

프롤로그

여행의 시작은 상상을 하는 것입니다.

무엇을 보고 느낄 수 있는 것은 내가 그곳에 있기 때문입니다.

여행 일정에 따른 항공권과 숙소 예약이 끝나면 출발 며칠 전에 가방을 꾸리면서 머릿속은 미지의 세계에 대한 호기심으로 가득합니다.

지난 30년간 수없이 많은 곳을 여행하면서 경험하는 감각이 조금씩 느려지고 둔해져 가는 것은 세월이 많이 흘렀음을 암시하는 것입니다.

젊은 호기심과 세상에 대한 탈출 욕구가 강했던 나의 20대는 해외여행이 사치로 치부되는 시절이었고, 해외여행 자유화가 되었던 30대에는 어디서든 삶의 돌파구를 찾아보려고 세상을 살피며 정신없이 돌아다녔고, 세상과 싸움에서 지친 40대는 인간이 만들어 놓은 문명과 문화를 극복해 보고 싶어서 동서양을 넘나들며 비교하고 분석하며 세월을 보냈고, 비로소 세상이 조금 들여다보였던 50대에는 인간이 만들어 놓은 문명과 문화가 싫어서 극한과 열악한 환경의 오지를 헤매고 다니며 자아에 대한 물음을 던지며 한숨을 몰아쉬었고, 60세가 훌쩍 넘어서 떠나는 미지의 세계 아프리카대륙의 붉은 흙 위에서 나는 무엇을 느끼고 무엇을 생각할지 사뭇 궁금합니다.

여행은 세월에 따라 다양한 경험과 사고를 하도록 해주고 자신을 풀어헤쳐서 다시 세워주기도 합니다. 꿈을 꾸고 목표가 생기면 저돌적으로 달려들어야 한 번의 여행을 떠날 수 있습니다. 오늘이 있어서 어제가 있고 내일이 있듯이 여행도 떠나야지만 추억이 생기고 세상을 바라보는 또 다른 눈이 생깁니다. 여행을 가지 못하는 사람은 수많은 세상

사람들이 써놓은 두꺼운 한 권의 책을 겉표지만 쳐다보는 것과 같습니다. 깃발을 따라서 한 줄로 앞사람의 뒷모습을 바라보며 하루를 보내는 여행보다는 처음에 힘들더라도 용기를 내서 스스로 계획하고 찾아가며 탐구하는 여행을 몇 번 경험하면 세상 어디라도 자유롭게 다닐 수 있는 노하우가 생기는데, 그 몇 번을 어렵고 두려워합니다.

우리는 여행을 개척하는 것보다도 훨씬 어렵고 힘든 현대인의 삶을 살아가고 있습니다.

도전은 우리를 새로운 세계로 인도해 줍니다.

수없이 많은 나라를 여행하고 축적된 경험과 관조의 눈으로 아프리카의 속살을 들여다보고 다른 많은 분들도 아프리카를 경험하고 자신을 스스로 돌아다보는 계기가 되었으면 하는 간절한 마음으로 이 책을 힘들게 써 내려갑니다.

2024. 11. 11.
작가 이정근

아프리카 65일간 여행 루트

목차

프롤로그

아프리카 65일간 여행 루트

- 20 **출발 하루 전:** 7월 15일
- 22 **1일 차:** 7월 16일/속초 – 인천국제공항(Sokcho – Incheon International Airport)

남아프리카공화국 Republic of South Africa

- 28 **2일 차:** 7월 17일/한국 인천 – 남아프리카공화국 케이프타운(Korea Incheon – Republic of South Africa Cape Town)
- 34 **3일 차:** 7월 18일/희망봉 – 채프먼 피크 드라이브 – 볼더스 비치(Cape of Good Hope – Chapman's Peak Drive – The Boulders Beach)
- 41 **4일 차:** 7월 19일/케이프타운 시티투어(Cape Town City Tour)
- 45 **5일 차:** 7월 20일(Nomad 1일 차)/남아공 케이프타운 – 세더버그(South Africa Cape Town – Cederberg Region)
- 51 **6일 차:** 7월 21일(Nomad 2일 차)/나마콸란트 – 가리엡(오렌지)강(Namaqualand – Gariep(Orange) River)

나미비아 공화국 Republic of Namibia

56	**7일 차:**	7월 22일(Nomad 3일 차)/나미비아 – 가리엡(오렌지)강(Namibia – Gariep (Orange) River)
60	**8일 차:**	7월 23일(Nomad 4일 차)/피시 리버 캐니언, 퀴버나무 숲, 자이언트 광장 (Fish River Canyon, Quiver Tree Forest, Giants Playground)
67	**9일 차:**	7월 24일(Nomad 5일 차)/나미비아 – 나우크루프트 국립공원(Namibia – Naukluft National Park)
73	**10일 차:**	7월 25일(Nomad 6일 차)/소수스블리 모래언덕 – 나미브 – 나우크루프트 국립공원(Sossusvlei Dunes – Namib – Naukluft National Park)
80	**11~12일 차:**	7월 26~27일(Nomad 7~8일 차)/스바코프문트(Swakopmund)
90	**13일 차:**	7월 28일(Nomad 9일 차)/스바코프문트 – 코리사스(Swakopmund – Khorixas)
97	**14일 차:**	7월 29일(Nomad 10일 차)/코리사스 – 에토샤 국립공원(Khorixas – Etosha National Park)
103	**15~16일 차:**	7월 30~31일(Nomad 11~12일 차)/에토샤 국립공원(Etosha National Park)
111	**17일 차:**	8월 1일(Nomad 13일 차)/에토샤 – 디분두(Etosha – Divundu)
115	**18일 차:**	8월 2일(Nomad 14일 차)/디분두 – 마운(Divundu – Maun)

보츠와나 Botswana

- 122 **19일 차:** 8월 3일(Nomad 15일 차)/콰이 보호구역(Khwai Conservation Area)
- 131 **20일 차:** 8월 4일(Nomad 16일 차)/모레미 야생 동물 보호구역(Moremi Game Reserve)
- 138 **21일 차:** 8월 5일(Nomad 17일 차)/콰이 – 나타(Khwai – Nata)
- 144 **22일 차:** 8월 6일(Nomad 18일 차)/나타 – 카사네 – 쵸베 국립공원(Nata – Kasane – Chobe National Park)

짐바브웨 Republic of Zimbabwe

- 152 **23일 차:** 8월 7일(Nomad 19일 차)/짐바브웨 – 빅토리아폭포(Zimbabwe – Victoria Falls)

잠비아 *Republic of Zambia*

- 160 **24일 차:** 8월 8일(Nomad 20일 차)/빅토리아폭포 – 리빙스턴(Victoria Falls – Livingstone)
- 167 **25일 차:** 8월 9일(Nomad 21일 차)/리빙스턴 – 루사카(Livingstone – Lusaka)
- 172 **26일 차:** 8월 10일(Nomad 22일 차)/루사카 – 페타우케(Lusaka – Petauke)
- 180 **27~28일 차:** 8월 11~12일(Nomad 23~24일 차)/사우스 루앙와 국립공원(South Luangwa National Park)

말라위 *Republic of Malawi*

- 192 **29일 차:** 8월 13일(Nomad 25일 차)/사우스 루앙와 국립공원 – 말라위호수(South Luangwa National Park – Lake Malawi)
- 198 **30일 차:** 8월 14일(Nomad 26일 차)/말라위호수(Lake Malawi)
- 205 **31일 차:** 8월 15일(Nomad 27일 차)/말라위호수(Lake Malawi)

탄자니아 연합 공화국 United Republic of Tanzania

- 214 **32일 차:** 8월 16일(Nomad 28일 차)/말라위호수 – 음베야(Lake Malawi – Mbeya)
- 221 **33일 차:** 8월 17일(Nomad 29일 차)/탄자니아 음베야 – 이링가(Tanzania Mbeya – Iringa)
- 225 **34일 차:** 8월 18일(Nomad 30일 차)/이링가 – 미쿠미(Iringa – Mikumi)
- 229 **35일 차:** 8월 19일(Nomad 31일 차)/미쿠미(Mikumi)
- 233 **36일 차:** 8월 20일(Nomad 32일 차)/미쿠미 – 다르 에스 살람(Mikumi – Dar es Salaam)
- 240 **37일 차:** 8월 21일(Nomad 33일 차)/스톤타운(잔지바르)(Stone Town(Zanzibar))
- 248 **38일 차:** 8월 22일(Nomad 34일 차)/잔지바르 비치(Zanzibar Beaches)
- 253 **39일 차:** 8월 23일(Nomad 35일 차)/잔지바르 비치(Zanzibar Beaches)
- 259 **40일 차:** 8월 24일(Nomad 36일 차)/잔지바르 비치 – 바가모요(Zanzibar Beaches – Bagamoyo)
- 265 **41일 차:** 8월 25일(Nomad 37일 차)/바가모요 – 아루샤(Bagamoyo – Arusha)
- 270 **42일 차:** 8월 26일(Nomad 38일 차)/아루샤 – 카라투(Arusha – Karatu)
- 277 **43일 차:** 8월 27일(Nomad 39일 차)/카라투 – 응고롱고로 분화구 & 세렝게티 국립공원(Karatu – Ngorongoro Crater & Serengeti National Park(Seronera) Excursion)
- 286 **44일 차:** 8월 28일(Nomad 40일 차)/세렝게티 국립공원(Serengeti National Park)
- 293 **45일 차:** 8월 29일(Nomad 41일 차)/세렝게티 – 아루샤(Serengeti – Arusha)

케냐 Republic of Kenya

- *300* **46일 차:** 8월 30일(Nomad 42일 차)/아루샤 – 케냐 나이로비(Arusha – Kenya Nairobi)
- *306* **47일 차:** 8월 31일/나이로비(Nairobi)

에티오피아 Federal Democratic Republic of Ethiopia

- *314* **48일 차:** 9월 1일/나이로비 – 아디스아바바(Nairobi – Addis Ababa)
- *319* **49일 차:** 9월 2일/아디스아바바 – 진카(Addis Ababa – Jinka)
- *330* **50일 차:** 9월 3일/투루미 – 오모레이트(Turmi – Omorate)
- *340* **51일 차:** 9월 4일/투루미 – 카로 부족 – 무르시 부족(Turmi – Karo – Mursi)
- *350* **52일 차:** 9월 5일/진카 – 아리 부족 – 아디스아바바(Jinka – Ari 부족 – Addis Ababa)
- *355* **53일 차:** 9월 6일/아디스아바바 – 세메라 – 하메드 엘라(Addis Ababa – Semara – Hamad Ela)
- *369* **54일 차:** 9월 7일/하메드 엘라 – 아살르 솔트 호수 – 댈롤(Hamad Ela – Assale Salt Lake – Dallol)
- *383* **55일 차:** 9월 8일/엘타 알레 – 세메라 – 아디스아바바(Erta Ale – Semara – Addis Ababa)
- *391* **56일 차:** 9월 9일/아디스아바바(Addis Ababa)
- *396* **57일 차:** 9월 10일/아디스아바바(Addis Ababa)

마다가스카르공화국 *Republic de Madagascar*

- *408* **58일 차:** 9월 11일/아디스아바바 – 마다가스카르 – 안치라베(Addis Ababa – Madagascar – Antsirabe)
- *414* **59일 차:** 9월 12일/안치라베 – 모론다바(Antsirabe – Morondava)
- *423* **60일 차:** 9월 13일/모론다바 – 그랜드 칭기(Morondava – Grand Tsingy)
- *431* **61일 차:** 9월 14일/칭기 국립공원(Tsingy de Bemaraha National Park)
- *439* **62일 차:** 9월 15일/그랜드 칭기 – 모론다바(Grand Tsingy – Morondava)
- *444* **63일 차:** 9월 16일/모론다바 – 안타나나리보(Morondava – Antananarivo)
- *450* **64일 차:** 9월 17일/안타나나리보 – 케이프타운(Antananarivo – Cape Town)
- *455* **65일 차:** 9월 18일/남아프리카공화국 케이프타운 – 한국 인천(Republic of South Africa Cape Town – Korea Incheon)
- *457* **66일 차:** 9월 19일

에필로그

출발 하루 전: 7월 15일

미지의 세계 아프리카를 상상하며···.

설렘!!!

　카고백 배가 불룩한 걸 쳐다보며 다가올 여행지인 아프리카 풍광이 뇌리를 스쳐 갑니다.
　배 불룩 나온 저 가방 속에 이번 아프리카를 함께 여행할 팀원들의 두둑한 마음을 담아 아름다운 여행을 하리라 생각합니다.
　수없이 많이 가방을 꾸려 여행을 떠나보았지만, 저는 이번 여행도 제가 현재 살아가고 있는 장소를 바꿔주는 것이 아니라 우리의 생각과 편견을 바꿔주고, 새로운 풍경을 보러 가는 것이 아니라 세상을 바라보는 또 하나의 눈을 얻어오는 것으로 생각합니다.
　수많은 여행에 대한 명언들이 있지만 저는 "여행은 닫힌 공간에서 열린 공간으로의 이동이며, 진회색의 작은 뇌 속 세계를 푸르고 맑은 세계로 이끌어 내는 것이다"라고 이야기하고 싶습니다.

  저는 푸르고 맑은 세계를 경험하기 위해서 내일 아프리카로 공간이동을 시작합니다.

1일 차: 7월 16일

동해와 설악산을 떠나 서쪽으로

> 속초 – 인천국제공항(Sokcho – Incheon International Airport)

인천공항에 도착하니 우리를 태우고 하늘 저 너머 남아프리카공화국 케이프타운까지 데려다줄 새벽이슬을 머금은 비행기가 차분하게 기다리며 서 있습니다.

조금 있으면 도시락에 김밥을 차곡차곡 꾹꾹 눌러 담듯이 우리를 저 동그란 깡통 안에 집어넣고 하루가 넘도록 지루하게 하늘 위를 날아갈 것입니다.

그렇게 동그란 깡통 속에 들어와 앉은 우리는 하루 동안 먹고, 마시고, 자고를 반복하며 사육당하고, 다리가 퉁퉁 부어 신발이 안 들어가서 억지로 집어넣고 빨리 이 통조림 캔에서 내리기를 원하지만, 아직 갈 길이 멀다고 문을 열어주질 않습니다.

발버둥 쳐봐야 별수가 없으니 모든 걸 포기하고 비행기에 몸과 마음을 맡겨버리고 눈을 감아버릴 수밖에 없습니다.

　퍼스트, 비즈니스, 이코노미….

　비행기를 타보신 분들은 다들 아시는 내용이지만, 세상에서 가장 극렬하게 빈부의 격차를 보여주는 세상은 이 작은 비행기 속입니다.

　비행기의 앞쪽에 앉아 있는 사람들에게는 하얀 사기그릇에 밥과 맛있는 국, 그리고 반찬이 품격 있게 하얀 테이블보 위에 와인과 함께 차려지고, 뒤에 빼곡히 박혀 있는 사람들 속의 우리는 플라스틱 도시락을 받아 좁은 테이블 위에 올려놓고 옹색하게 웅크리고 플라스틱 포크를 듭니다.

▲ 인천국제공항(Incheon International)

　그래도 행복합니다.

　골치 아픈 일로 비즈니스 클래스를 타는 것보다 그냥 여행을 가기 위해서 이코노미 클래스를 타는 게 훨씬 더 행복하다고 소리쳐 봅니다….

　평소 잘 아는 지인들이지만 이번 아프리카 여행을 함께하기 위해서 만나니 더 새로워 보이고 색다른 대화로 이어져 갑니다.

　평상시에는 사람마다 항상 하는 대화 내용이 있지만, 길 떠나기 위해 새로운 옷과 새로운 마음가짐을 가지고 있어서 그런지 대화 내용도 여행과 관련된 내용이 주로 이야기되며, 목소리에 가벼운 흥분감이 돌아 목소리 톤도 조금 높아집니다.

▲ 아프리카로 날아가는 비행기

적당한 알코올과 식사 후 우리는 승무원들의 안내에 따라 비행기 창문을 닫고 불 꺼진 비행기 안에서 미지의 세계 아프리카 여행을 생각하며 억지로 잠을 청합니다….

남아프리카공화국은 아프리카대륙 최남단에 자리한 공화국이며 줄여서 남아공이라고 불리기도 한다. 남아프리카공화국은 5,919만 명에 달하는 인구를 보유하여 세계에서 24번째로 인구가 많은 국가이며, 국가 면적은 대략 1,221,037km²(대한민국 면적의 12배)에 달한다. 남아프리카공화국은 3개의 수도를 가지고 있는데, 행정수도는 프리토리아, 입법 수도는 케이프타운, 사법 수도는 블룸폰테인이다. 남아프리카공화국 국민의 80%는 흑인 혈통이며, 다양한 아프리카계 언어들을 사용하는 민족들로 구성되어 있다. 나머지 20%에는 대부분 유럽계, 그다음은 아시아계 국민이 포함된다.

차 창밖 아프리카
CHAPTER

남아프리카 공화국

Republic of South Africa

2일 차: 7월 17일

비행기 타고 미지의 세계로

> 한국 인천 - 남아프리카공화국 케이프타운
> (Korea Incheon - Republic of South Africa Cape Town)

새로운 세상!!!

비행기 랜딩기어를 내리는 소리에 놀라 잠에서 깨니 흐린 날씨에 저 멀리 케이프타운 시내가 어렴풋이 보이기 시작하고 잠시 후 둔탁한 굉음과 함께 우리는 남아프리카공화국 케이프타운 국제공항 활주로를 미끄러져 달리고 있습니다.

드디어 1박 2일 동안의 총 23시간의 비행을 끝내고 우리는 하늘에서 땅으로 내려옵니다.

아프리카가 처음이라서 그런지 모든 게 이국적이고 마냥 신기하기만 합니다.

흑인들을 못 본 건 아니지만 이렇게 많이 모여 있는 것을 본 것은 처음이라서 그런지 다른 세계에 와 있는 듯합니다.

케이프타운 공항에서 호텔까지 들어가면서 보여지는 거리의 모습은 내가 생각한 남아프리카공화국의 아름다운 도시 케이프타운이 아니라 비닐과 거적 천으로 비를 막기에도 어려울 듯한 움막으로 지어진 비참한 작은 난민촌이 먼저 눈에 들어와 왠지 측은하고 불편한 감정이 먼저 다가옵니다.

우리는 케이프타운에서 3일간의 자유여행을 시작하기 위해 호텔 프런트에 짐을 맡기고 사전에 조사한 케이프타운에서 볼거리 중 하나인 케이프타운의 명물 워터프런트를 찾아가기 위해 간단한 복장으로 길을 나섭니다.

구글 맵으로 검색해 보니 우리가 머물 호텔에서 걸어서 20분 정도의 거리에 있습니다.

케이프타운에 도착해서 첫 방문지이다 보니 조금의 설렘과 기대감으로 우리는 거리의 색다른 풍광을 이리저리 쳐다보며 건널목을 건너 길을 찾고 있는데, 가슴에 보안요원(Security Guard)증을 달고 있는 이름 모를 육중한 흑인 여자가 길을 막아서며 뭐라고 이야기를 합니다.

지금 이 길은 영화 촬영 중이라서 갈 수가 없다고 친절하게 설명하며 다른 길로 돌아가라고 합니다. 좀 이상하다고 생각은 했지만, 영화 촬영이라니 그럴 수도 있겠지 하며 별다른 의심 없이 돌아서 가는 길을 찾는데, 자기가 길을 알려줄 테니 따라오라고 합니다. 그 친절함과 호의를 거절하기가 어려워서 우리는 부지런히 말없이 따라갑니다.

그런데 구글 맵을 보니 우리가 가려고 했던 워터프런트와 점점 거리가 멀어지는 것이 이상해서 이 길이 맞냐고 물으니 웃으면서 맞다고 합니다. 목적지와 점점 더 멀어져 가길래 어디로 가냐고 다시 재촉하듯 물으니 손가락으로 한쪽을 가리키며 저기 가서 입장권을 사서 가야 한다고 합니다. 순간 이상한 생각이 들어 일행보고 그냥 바닷가 쪽으로 가자고 하고 뒤도 안 돌아보고 걸으니 쫓아오면서 계속 표를 사야 한다고 하길래 우리는 들은 척도 안 하고 쌩하니 달려갑니다.

케이프타운에 도착해서 첫 방문지를 가는 도중에 만난 사기꾼입니다.

첫날 첫 여행지에서 처음 당하는 거라 더 기분이 우울합니다.

오지 말아야 할 곳을 온 것 같은 기분이 들어서입니다.

조금을 걸어가니 이번에는 허름한 흑인 남자가 어디를 가느냐고, 자기가 알려주겠다고 또 계속 따라붙습니다. 귀찮고 피곤하게 정말 거머리같이 따라붙는 통에 지쳐서 1불을 주고 가라고 했더니 적다고 더 달라고 합니다.

우리는 첫 방문지인 워터프런트를 향해 도망치듯 달려갑니다.

그런데 워터프런트 입구 화단에 웬 찢어진 티켓들이 많이 버려져 있습니다.

아까 그 사기꾼 흑인 여자에게 워터프런트를 처음 오는 많은 외국 관광객들이 당한 것 같습니다.

기분이 씁쓸합니다.

워터프런트(Waterfront)는 식민지 시절 영국인들이 케이프타운에서 가장 먼저 세운 항구로 놀이 시설과 공연장 그리고 수백 개의 식당과 카페, 상점들이 크고 작은 테마별로 위치해 거대한 복합문화시설을 형성하고 있는 테마파크라고 합니다.

▲ 워터프런트(Waterfront) 풍경　▲ 워터프런트 포토 존(Waterfront Photo Zone)

　입구부터 많은 사람들이 북적이기 시작합니다.
　우리는 천천히 이곳저곳을 둘러보고, 케이프타운의 한 단면을 보고 느끼며 아프리카의 맛과 냄새를 만끽하고 있습니다.
　아침을 걸러서인지 허기가 도는 우리는 광장 가운데 위치한 푸드코트에 들어가 이것저것 시켜서 시원한 남아공의 맥주 한잔과 주린 배를 채우고 나와 어슬렁거리다 좀 특이하게 생긴 건물을 발견하고 가까이 가서 보니 미술관입니다.
　아프리카 미술 흐름에 호기심을 느낀 우리는 아프리카 미술의 성향과 이들이 어떤 철학을 미술에 반영하고 있는지 궁금해서 찬찬히 이들의 숨결 속으로 들어가 봅니다.
　억압받은 여성들의 소리를 담은 페미니즘 작품들이 대부분입니다.
　이제부터 아프리카 여성들에게 어떤 고통이 있었는지 여행하면서 천천히 볼 수 있을 거라 기대하며 아프리카 미술의 한 단면을 가슴속에 새겨 넣어봅니다….
　오늘 밤 우리는 아프리카에 첫발을 디딘 축하의 의미로 케이프타운에 있는 한국식당에서 길 떠나면 언제 먹어볼지 모를 삼겹살 파티로 아프리카의 첫날 저녁을 마무리하고, 상상하기 어려운 비가 오는 아프리카의 추운 밤을 맞이하여 두꺼운 이불을 가슴까지 끌어 올리고 잠을 청합니다.

워터프런트(Waterfront)

남아공의 랜드마크 중 하나로 꼽히고 있는 워터프런트는 남아공으로 들어온 영국인들이 케이프타운에서 가장 먼저 세운 항구로 놀이 시설과 공연장 그리고 수백 개의 식당과 카페, 상점들이 크고 작은 테마별로 위치해 거대한 복합 문화시설을 형성하고 있다. 정식 명칭이 빅토리아 & 알프레드 워터프런트인 워터프런트는 케이프타운에서 상업 활동이 가장 활발한 곳이다. 세계적인 관광지이며 케이프타운에서 가장 인파가 붐비는 곳인 워터프런트는 일종의 테마파크로 이곳에서는 쇼핑, 레저, 문화생활 등 다양한 활동을 즐길 수 있다.

▲ Zeitz Museum of Contemporary Art Africa

페미니즘(Feminism)

페미니즘은 20세기 초, 여성 참정권의 인정을 기반으로 시작되어 여성의 사회적인 이미지와 권리를 남성과 동등하게 하는 것을 목표로 삼아 여성의 권리 확장과 성차별적인 대우의 타파를 통해 여성해방과 여성에 대한 실질적 평등을 달성해야 한다고 주장하는 사상이다. 근대 초기부터 지금까지 페미니스트들은 여성 참정권, 재산권, 여성이 의무교육을 받을 권리, 여성이 남성과 법적으로 동등한 지위를 획득할 권리, 아동과 노약자 보호, 성폭력 예방, 올바른 성교육, 환경보호, 사회복지, 노동환경 개선 등 폭넓은 분야에서 많은 성과를 이루어 냈다.

3일 차: 7월 18일

희망봉을 돌아 볼더스 비치에서 남극 펭귄 보기

> 희망봉 – 채프먼 피크 드라이브 – 볼더스 비치
> (Cape of Good Hope – Chapman's Peak Drive – The Boulders Beach)

 아침 일찍 식사 후 미리 한국에서 예약해 놓은 렌터카를 찾으러 토마스(호주에서 사진작가 생활을 하는 후배)와 걸어서 렌터카회사를 찾아갑니다.

 한국 사람들 성격이 급한 것도 있지만 렌터카회사 직원들이 엄청 느리고 답답합니다.

 역시나 보험 등 추가 옵션을 하라고 합니다.

 이미 각오하고 온 터라 놀랍지도 않습니다.

 한참을 걸려 서류 작성을 끝내고 차를 받아 호텔로 가서 일행을 태우고 드디어 희망봉을 향해 출발합니다.

 테이블 마운틴 케이블카 타는 곳을 지나 해안도로를 따라 세계에서 가장 멋진 아름다운 해안도로인 채프먼 피크 드라이브(Chapman's Peak

Drive)를 지나 희망봉으로 가려고 핸들을 돌려 신나게 달려갑니다.

한참 달리다 보니 대형마트가 보이고 우리는 점심을 해결하기 위해 익숙하게 푸드코트로 향합니다.

음식의 국적이 좀 의심스러웠지만, 허기에 그래도 맛나게 스시와 김밥으로 주린 배를 채웁니다.

다시 희망봉으로 출발하고 이제부터 아름다운 해안도로의 시작을 은근히 기대하며 눈을 크게 뜨고 가는데….

갑자기 정체불명의 흑인이 도로를 막고 손짓으로 차를 길가에 세우라고 합니다.

비가 많이 와서 도로에 흙이 쏟아져 이 길로는 못 간다고 돌아가라고 합니다.

그렇구나 하고….

못내 아쉬워서 여기서라도 볼 수 있는 해안의 경치를 감상하고 있는데….

▲ Chapman's Peak Drive 코스 초입

남아프리카공화국(Republic of South Africa)

웬 고급 슈퍼카가 지나갑니다.

어! 저건 왜 지나가지, 하는데 하늘에 드론이 왱왱거리며 떠다니고 카메라를 장착한 범상치 않은 차들이 슈퍼카를 촬영하며 따라가고 있습니다….

이런….

대충 봐도 슈퍼카를 촬영하려고 차량을 통제하는 것 같습니다.

갑자기 화가 납니다.

이거 보자고 한국에서 20시간 넘게 비행기를 타고 왔는데….

남의 나라에서 큰소리쳐 봤자 해결할 방법이 없으니 할 수 없이 포기하고 다른 길로 희망봉을 향해서 달려갑니다.

돌고 돌아서 가다 보니 웬 집들의 담 위에 고압 전기선들이 설치되어 있고 사람들이 접근 못 하도록 철저하게 방범 시스템을 갖추고 있습니다.

보기만 해도 괜히 불안하고 남아공 치안이 엄청 안 좋다는 말을 실감하게 하는 풍경입니다.

드디어 희망봉(Cape of Good Hope)!!!

희망봉은 인도양과 대서양이 만나는 곳입니다.

희망봉이라는 나무로 된 사인보드판 이외에 별다른 것도 없는 이곳을 사람들이 찾는 이유는 아프리카의 끝, 그리고 인도양과 대서양이 만나는 곳, 인도양이든 대서양이든 오랜 항해 끝에 다른 대양으로 항해가 시작되는 어느 지점이었다는 것, 그것은 집이 가까워져 가고 있다는 희망을 품을 수 있는 점, 그것이 희망봉 안에 숨어 있는 진정한 의미라는 것을 희망봉 봉우리에 올라 끝없이 펼쳐져 겹친 두 대양을 보며 생각해 봅니다.

▲ 희망봉(Cape of Good Hope)

▲ 희망봉 봉우리

남아프리카공화국(Republic of South Africa)

잠시 동안의 생각에서 깨보니 밝은 웃음으로 사진을 찍느라고 다들 정신이 없습니다.

역시 희망봉은 만연한 웃음꽃으로 희망을 주는가 봅니다.

희망봉을 뒤로하고 남극의 펭귄을 볼 수 있다는 볼더스 비치(The Boulders Beach)로 갔지만 펭귄들이 이사를 했는지 보이질 않습니다.

한참을 방황하며 찾아다니니 우리가 가여웠는지 펭귄 몇 마리가 보입니다.

그래도 뒤뚱거리며 걸어와 부리로 깃털을 정리하는 귀여운 펭귄을 몇 마리라도 보았으니 만족하며 우리는 또 달리기 시작합니다.

▲ The Boulders Beach 펭귄

호텔로 귀가 중 달리는 차 속에서 일행 중 한 분이 저 멀리 언덕 너머 바닷가와 하늘이 너무 아름답다고 가고 싶다고 합니다.

어차피 이제 숙소로 갈 일밖에 없으니 가보기로 합니다.

바닷가에 도착해서 낚시하는 사람들이 어떤 물고기를 잡았나 하고 가까이 가서 보니 별반 물고기는 보이지 않습니다.

저쪽에도 낚시꾼이 있길래 뭘 좀 잡은 게 있나 구경하려고 가려는데 낚시꾼이 우리에게 더 이상 가지 말라고 합니다. 사람들이 보이는 여기를 지나 조금 더 가면 칼 들이대고 다 빼앗아 간다고 멀리 가지 말라고 심각하게 이야기를 해줍니다.

잠시 바다를 쳐다보다가 다시 차에 오릅니다.

바닷가를 뒤로하고 게딱지만 한 집들이 한심스럽게 붙어 있는 난민

▲ 케이프타운(Cape Town)의 어느 이름 모를 바닷가 낚시터

촌을 쳐다보며 긴 한숨 속에 호텔로 계속 달립니다.

분명 백인들도 많을 텐데.

별로 보이질 않는 백인들은 다 어디서 살고 있는지 궁금합니다.

높은 담벼락과 고압 전기선으로 둘러싸인 저택 아니면 1층 입구에 거구의 흑인경비들이 막고 있는 빌딩에서 살고 있나 봅니다.

남아공이 빈부격차가 심하다고 하더니 진짜 그렇게 느껴집니다.

이제 조금씩 더 알아가겠지 하며 호텔로 돌아와 아프리카 추위에 몸을 녹입니다.

아프리카는 7~8월이 겨울이고, 남아공이 해양성기후라 비가 많이 오고 날씨가 변덕스럽다고 하더니…. 쌀쌀한 정도가 아니고 춥습니다.

케이프타운의 변덕스러운 날씨와 호텔 히터로 인해 일행 중 한 분이 목감기가 왔는지 기침을 많이 합니다. 이제 여행 시작이니 빨리 나아야 합니다. 몸이 아프면 여행은 자신의 의지와는 다르게 많이 힘들

남아프리카공화국(Republic of South Africa)

어지기 때문입니다.

얼른 코펠과 버너를 꺼내서 한국서 가져온 일회용 북엇국과 미역국을 얼큰하게 끓여서 햇반과 함께 드시게 하고 희망봉을 찾아간 오늘 하루를 마무리합니다.

오늘도 어김없이 밤이 찾아옵니다.

희망봉(Cape of Good Hope)
희망봉은 아프리카대륙의 남서쪽 케이프반도의 끝에 있다. 원래 남아프리카에 첫발을 디디고 이곳을 처음 발견한 유럽인 Bartholomew Dias는 'Cape of Storms'라고 이름 지었다고 한다. 항해 중에 폭풍을 만나 그곳에 도착해서 붙여진 이름이다. 후에 포르투갈 조한 2세 왕이 현재의 이름인 'Cape of Good Hope'로 바꾸었다고 한다.

테이블 마운틴(Table Mountain)
정상부가 평평하고 가장자리는 수직 절벽으로 되어 있는 테이블 모양의 산을 일컬으며, 이 이름을 가진 산 중에서는 남아프리카공화국에 위치한 테이블산과 베네수엘라에 위치한 테이블산이 가장 유명하다. 약 20억 년 전에 지각이 형성되어 융기한 후, 침식되면서 탁자 모양으로 깎여 일반적인 산봉우리와 모양이 많이 달라졌다. 이른바 메사 지형의 형태. 특히 테이블산이라고 불리는 곳들은 절벽 높이가 1,000m 이상인 곳들이 많다. 절벽으로 둘러싸인 지형 때문에 외부 세계와 단절되어 생태환경이 독특하게 구성된다.

볼더스 비치(The Boulders Beach)
아프리카 유일의 펭귄 서식지인 볼더스 비치는 케이프반도 동쪽에 위치한 사이먼스 타운(Simon's Town)이라는 곳에 있다. 사이먼스 타운은 따뜻한 바닷물과 아름다운 마을 풍경으로 유명한데다, 희망봉으로 가는 길목에 자리 잡고 있으므로 케이프타운을 찾는 사람이라면 꼭 한 번 방문하는 곳이기도 하다.

4일 차: 7월 19일

시티투어버스 타고 케이프타운 들여다보기

케이프타운 시티투어(Cape Town City Tour)

▲ 케이프타운 시티투어버스(Cape Town City Tour Bus)

남아프리카공화국(Republic of South Africa)

▲ Signal Hill에 올라가면서 본 케이프타운 시내 전경

"좀 어떠세요?"로 시작한 새 아침….
컨디션이 많이 좋아졌다고 하십니다.

다행입니다….
안개….
케이프타운이 안개 속에 숨어버린 듯 보이지 않습니다.
케이프타운이 대서양과 인도양이 만나는 곳이라 그런지 날씨가 짓궂습니다.
오늘은 케이프타운 시티버스를 타고 케이프타운의 속살들을 보고 테이블 마운틴도 올라가 보려고 합니다.
시티투어버스 표를 구매하려고 호텔 근처에 있는 티켓박스에 들어가서 한참 수다를 떨고 있는 빨간색 유니폼을 입은 두 명의 흑인 여자들에게 시티투어에 대해서 문의하려고 하니 쳐다도 보질 않고 자기들

수다에 더 열중입니다.

두 여자의 수다 사이로 끼어들어 표를 사면서 이것저것 물어보니 테이블 마운틴 케이블카를 못 탄다고 합니다. 공사 중이라 9월 중순까지 운행 중지랍니다.

우~ 짜증….

대신 케이프타운 시내가 내려다보이는 다른 뷰 포인트로 간다고 합니다. 그거라도 만족해야지 어쩌겠나 하고 일단 버스를 탑니다. 테이블 마운틴을 대신해서 맞은편에 있는 시그널 힐(Signal Hill)에서 케이프타운 시내 전경을 볼 수 있다고 하니 꿩 대신 닭이라고 그래도 그거라도 보려는 심정으로 버스를 탔는데….

안개가 케이프타운 시내를 삼켜서 하나도 보이질 않습니다.

더군다나 이슬비가 계속 내려서 춥기까지 합니다.

감기라도 걸리면 큰일이라 안개가 걷히기를 기다리는 것을 포기하고 다시 버스에 올라타고 다들 패딩 잠바와 바람막이를 꺼내 입고 추위에 잔뜩 웅크립니다.

몇 정거장 더 가서 우리는 따뜻한 커피 한잔과 가벼운 산책을 하고, 버스의 중간 정거장인 워터프런트에 내려서 간단한 점심 요기를 하고, 호텔로 돌아와 내일부터 시작될 트럭킹을 위해 다시 한번 가방을 꾸립니다.

저녁을 먹고 심심해서 호텔 앞 광장에 열리는 난민들이 하는 장에 나와보니 벌써 우리 일행 몇 분이 신나게 구경하고, 이것저것 보고 웃으며 흥정을 하고 계십니다.

주로 가죽으로 만든 다양한 소품들이 늘어져 있습니다.

이 많은 물건과 천막을 매일 치고, 상품을 진열하고, 매일 해가 지면 천막을 걷고, 상품을 손수레에 싣고, 철수를 반복합니다.

남아프리카공화국(Republic of South Africa)

갈빗살이 드러난 바싹 마른 흑인 할아버지가 힘겹게 손수레를 끌고 가는 뒷모습에 마음이 불편합니다.
이제 오늘 밤이 지나면 이 볼거리도 마지막이려니 하니, 서운한 기분과 함께 쓸쓸합니다.

5일 차: 7월 20일(Nomad 1일 차)

노마드 트럭 타고 케냐 나이로비까지 달려가기 시작

> 남아공 케이프타운 – 세더버그
>
> (South Africa Cape Town – Cederberg Region)

노마드(Nomad) 트럭킹 시작일!!

오늘부터는 아프리카 케이프타운 현지 여행사 노마드의 상품인 트럭킹이 시작되는 날입니다.

케이프타운(Cape Town) – 빅폴스(Big Falls) 20일, 빅폴스(Big Falls) – 케냐 나이로비(Kenya Nairobi) 22일, 총 42일간의 여행입니다. 우리 일행은 6명이고 네 사람은 케이프타운 – 빅폴스 코스를 20일간 여행하고 한국으로 귀국하고 저와 호주에서 온 후배는 케냐 나이로비에서 노마드 트럭킹을 끝내고 에티오피아와 마다가스카르까지 총 65일 동안 여행하고 귀국하는 일정입니다.

트럭킹은 워낙에 이동시간이 길고 길이 좋지 않아 나이 많은 우리나라 사람들은 선호하지 않는 상품으로 알고 있습니다. 아프리카를 방문하는 많은 우리나라 사람들은 짧은 시간에 많은 것을 보기 위해 아프리카대륙을 비행기로 이동하며 보는 것을 많이 선택하는 것 같습니다. 물론 한국 여행사의 아프리카 여행상품은 한국 가이드가 함께 하니 언어도 문제 될 게 없어서 편할 것입니다.

트럭킹은 장시간의 차량 이동과 숙식 문제가 다소 있지만, 아프리카대륙 구석구석을 다니고, 여행경비가 저렴하다는 데 장점이 있습니다. 비행기로 이동해서 시원한 에어컨이 나오는 관광버스를 타고 관광지에 내려서 사진 찍고 또다시 이동하는 여행이 아니라 종일 아프리카의 속살을 차창을 통해 보고 느끼는 대하드라마 같은 여행이라고 할 수 있습니다.

트럭킹은 험한 아프리카의 비포장길을 달리기 위해 트럭을 개조해서 숙식 도구를 차에 싣고 달리는 움직이는 식당이자 숙소입니다. 20명까지 탈 수 있는 트럭킹은 에어컨이 없어서 더울 때는 창문을 내리고 차 안으로 들어오는 아프리카의 흙먼지와 함께 이들의 삶을 느끼고, 식사 시간이 되면 그들이 있는 곳이면 아무 곳이나 차를 세워 전투하듯 식사를 함께 준비해서 끼니를 때우고, 볼일이 급하면 나무 덤불이 있는 아무 곳이나 세워 나무 뒤에 숨어 볼일을 보며 함께 달리는 여행입니다….

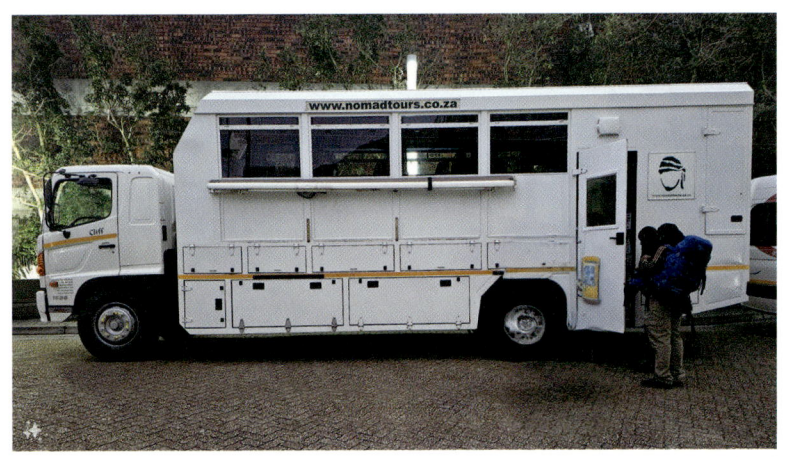

▲ 케이프타운에서 빅토리아폭포까지 노마드 트럭킹, 딘즈(가이드)와 파라(기사)

   처음 하루는 서로 서먹하지만, 어느 나라 사람이건 간에 금방 친해지는 것은 트럭킹에 함께 탄 사람들은 운명 공동체이기 때문이라고 합니다.
   처음 만난 노마드(Nomad) 여행사의 딘즈(Dins, 가이드)가 파라(Para, 기사)를 소개하고 출발 전 서류 작성을 시작합니다.
   이것저것 작성할 서류가 제법 많습니다. 가이드 딘즈가 알려주는 대로 작성하고 우리는 20일간 함께할 하얀색 트럭 앞에 서서 한껏 자랑스럽게 출발 인증 사진 셔터를 눌러댑니다. 20명이 정원인 트럭 좌석에 우리 팀 6명과 미국인 부부 2명, 영국인 부부 2명, 미국인 젊은 아가씨 1명 총 11명이 출발합니다. 각자 2명분의 자리에 혼자 앉아 다소 흥분된 편안한 이동이 시작됩니다.
   시내에서 출발한 트럭은 어느 바닷가에 멈춥니다.
   차가 왜 섰나 했더니 이제 마지막으로 테이블 마운틴을 보라고 합니다.

남아프리카공화국(Republic of South Africa)

▲ 케이프타운 테이블 마운틴

　차에서 내리니 어제 그렇게 안개 속에 숨어 있던 테이블 마운틴이 테이블 베이 건너 도시 건물 뒤에 떡하니 자태를 뽐내고 있습니다. 다들 인증샷 찍느라 바쁩니다.
　잠시 가서 다시 차가 멈추고 딘즈가 마트에 들러서 며칠 동안 먹을 간식을 준비하라고 합니다.
　이제 여기를 출발하면 며칠 동안 마트가 없으니 각자 사고 싶은 것을 사라고 합니다.
　케이프타운을 떠나 신나게 달리던 트럭이 멈칫멈칫하더니 길가 나무 아래에 정차합니다. 여기서 점심 식사를 한다고 합니다. 차에서 내리니 차 아랫부분에 있는 박스를 열고 조리도구와 식기, 점심 재료를 꺼내서 점심 준비를 합니다.
　날씨가 쌀쌀해서 다들 잔뜩 웅크리고 있습니다.

다들 몸을 움츠리고 어떻게 해야 할지 몰라 물끄러미 쳐다만 보다가 이내 다들 달려들어 도와가며 점심을 만들기 시작합니다.

▲ 노마드 트럭 내부

▲ 트럭킹 첫 점심

점심이라야 간단한 샌드위치입니다.

채소를 썰어야 할 것 같아 칼을 달라고 해서 칼을 보니 칼날이 없는 거의 도끼 수준입니다.

어떻게 이런 칼로 요리를 하는지….

하는 수 없이 돌을 주워서 한참 칼날을 갈아 딘즈에게 주니 엄지를 척 세우며 웃습니다.

간단 식사를 마치고 화장실을 물으니 딘즈가 손가락으로 풀숲을 가리키며 부시부시를 외칩니다.

부시부시? 뭐라고 하는 건지 몰라 쳐다보니 웃으며 나무 뒤에 가서 그냥 볼일을 보라고 바디랭귀지로 표현해 줍니다.

아…! 부시부시….

우리는 그렇게 첫 부시부시를 시작합니다.

남아프리카공화국(Republic of South Africa)

구불구불 찾아 들어온 어느 시골 마을….

세더버그(Cederberg) 산맥의 어느 구석진 오렌지 농장의 게스트하우스에 도착하니 비가 부슬부슬 오고 춥습니다.

다들 "아프리카 날씨가 왜 추운 거야. 더워야지" 하며 투덜댑니다.

숙소에 들어가도 추우니 다들 옷을 껴입고 자기로 합니다.

저녁 먹기 전 다들 모여서 자기소개를 하기로 합니다.

좀 어색하지만, 열심히 다들 자기소개를 하고 서로 그렇게 얼굴과 이름을 기억하려고 애를 씁니다.

저녁은 다행히 숙소에서 준다고 합니다.

으깬 감자에 닭고기 수프를 얹은 단출한 한 끼입니다.

대충 먹고 우리 팀은 숙소에 모여 간단한 간식과 맥주 한잔으로 오늘의 피로를 허공에 날려버리고 이렇게 노마드 트럭킹 시작 첫날 밤을 맞이합니다.

아프리카가 춥다…. 누가 상상이나 할 수 있을까!!!

노마드(Nomad) 트럭킹(Trucking)

외국에서는 오버랜드(Overland)라는 여행으로 알려져 있다. 개조한 트럭을 타고 2~3명의 스텝과 아프리카대륙을 여행하는 프로그램이다. 캠핑형과 숙박형을 선택할 수 있으며, 안전, 시간, 경비 등을 고려해 볼 때 아프리카 여행을 할 때 좋은 방법이다.

6일 차: 7월 21일(Nomad 2일 차)

첫 번째 경험, 사막풍경 시작

> 나마쾰란트 – 가리엡(오렌지)강(Namaqualand – Gariep(Orange) River)

▲ 남아공의 시골풍경

    해가 뜨기도 전인 새벽, 가방을 꾸려 차에 싣고 간단한 아침 식사 후 바로 출발합니다.

    죽기 살기로 달리고 있는 트럭 위 의자에 앉아 아무 생각 없이 차

남아프리카공화국(Republic of South Africa)

창밖을 응시하고 있습니다.

수시로 변하는 남아공의 풍광을 그저 쳐다만 보고 있어도 질리지가 않습니다.

오래전 중국에 여행 갔을 때가 생각납니다. 몇 시간을 달려도 끝없이 이어지는 해바라기밭을 보았던 기억이 여기서 되살아나고 있습니다.

아침에 출발해서 끊임없이 보이는 노랗게 익은 오렌지를 달고 있는 나무에 내 눈이 노랗게 물드는 것 같습니다.

이제 아프리카 여행 시작인데 벌써 아프리카대륙의 몸집에 입이 벌어집니다.

아프리카 도로 사정이 좋지 않다고 책자를 통해 알고 있는데, 남아공의 도로는 비교적 좋은 편인 것 같습니다. 우리나라 국도 정도 수준의 도로를 달리고 있습니다.

그렇게 우리는 대지를 노랗게 물들인 광활한 오렌지 농장을 칼로 오려버리듯 끊어내고 이내 연한 초록의 대지가 펼쳐지며 저 멀리 액자 속 캔버스에 그려진 그림 같은 풍경의 세더버그(Cederberg) 산맥이 우뚝 서 있습니다.

눈부신 남아공의 대자연에 호강하는 눈을 부릅뜨고 내 눈은 차 창밖에 고정되어 있고, 그렇게 우리는 노랑과 초록의 대지를 넘나들며 지는 해를 맞이하고, 이름 모를 남아공의 어느 작은 마을 스프링복(Springbok)에서 내일 국경을 넘어 나미비아 입국을 위해 하룻밤 신세를 집니다.

세더버그(Cederberg)

세더버그(Cederberg) 산맥은 남아프리카공화국 케이프타운에서 북쪽으로 약 300km 떨어진 클란윌리암(Clanwilliam) 근처에 위치하고 있으며 세더버그(Cederberg) 산맥은 남북으로 약 50km, 동서로 약 20km 뻗어 있고 서쪽으로는 산드벨드(Sandveld), 북쪽으로는 파쿠스(Pakhuis) 산맥, 동쪽으로는 스프링복플라츠(SpringbokFlats), 남쪽으로는 쾨복쾨벨드(Kouebokkeveld) 산맥과 스퀘웨버그(Skurweberge)가 경계를 이루고 있다.

▲ 세더버그 산맥

남아프리카공화국(Republic of South Africa)

나미비아 공화국은 남아프리카에 있는 공화국이며 수도는 빈트후크이고 아프리카대륙 남서부의 국토 면적은 825,615km²로 대한민국의 8배에 달하지만, 국토 대부분이 사막이라 인구는 약 260만 명에 불과하다. 북쪽에 앙골라와 잠비아, 동쪽에 보츠와나와 짐바브웨, 남쪽과 동쪽에 남아프리카공화국을 접경하고 있다. 농업, 가축 몰이(Herding), 관광, 값비싼 보석과 금속의 채굴은 나미비아의 경제의 중추를 형성한다. 대략 인구의 절반이 하루 1.25 달러의 국제적인 빈곤선 아래 살며, 2007년 HIV에 감염된 성인 인구의 15%와 함께, HIV/AIDS의 영향으로 심각한 고통을 겪고 있다.

차 창밖 아프리카

CHAPTER

나미비아 공화국

Republic of Namibia

7일 차: 7월 22일(Nomad 3일 차)

사막 속 오렌지강에서 카누 타고 사막풍경 감상하기

> **나미비아 – 가리엡(오렌지)강**(Namibia – Gariep(Orange) River)

아침 일찍부터 서두릅니다.

오늘은 남아공을 떠나 나미비아에 육로로 입국하는 첫 번째 국경을 넘는 날이고 나미비아 입국에 시간이 오래 걸리니 서둘러서 가야 한다고 합니다.

우리는 일사불란하게 차에 탑승하고 남아공 국경 출입국장에 가서 줄을 서고 금방 출국 도장을 받고 트럭을 기다립니다. 트럭도 국경을 넘어야 하니 수속이 복잡한 모양입니다.

운전기사 파라가 먼저 출국 신고를 하고 차량 수속을 하러 갔고, 우리는 출국심사를 마치고 출구에서 조금 기다리니 파라가 차를 몰고 옵니다. 차를 타고 다시 나미비아 국경을 넘어 입국 신고를 하기 위해 줄을 섭니다.

사람이 별로 없습니다.

줄을 선지 한참이 지났지만, 입국 신고를 끝내고 도장을 받은 사람은 몇 명밖에 되질 않습니다.

서서 계속 기다리려니 지쳐갑니다.

그렇게 기다리다 우리 차례가 되었고 여권을 주니 흑인 여자가 뒤에 있는 조금 높은 상사인 듯한 여자에게 계속 뭔가를 물어보더니 나미비아 사전입국 비자가 있냐고 물어봅니다.

있다고 대답했더니…. 그 파일을 자기 메일로 보내라고 합니다.

왜 그러냐고 했더니 사전비자를 인쇄해서 보관해야 하는데 지금 할 수가 없다고 합니다.

그제야 저는 전산이 안 되고 있는 걸 알았습니다.

다행히 혹시나 해서 우리 6명 사전비자를 출력해서 가지고 갔는데 이렇게 유용하게 쓰일 줄이야….

인쇄한 사전비자를 건네고 한참을 기다리니 드디어 여권에 도장을 찍어 주며 사전비자 인쇄본은 자기들이 보관한다고 합니다.

여기 나미비아에 살라고 애원해도 안 살 건데….

▲ 나미비아 국경 출입국관리소

▲ 나미비아 국경 부근 풍경

나미비아 공화국(Republic of Namibia)

출입국이 원활해야 외국인들이 많이 찾을 텐데 이렇게 느리고 복잡해서야….

그렇게 우여곡절을 겪고 우리는 붉은색 황토 가루가 날리는 나미비아에 입국하는 데 성공했습니다.

국경을 넘자마자 여태껏 내 눈을 물들이던 남아공의 오렌지색과 초록색은 사라지고 온통 붉은색입니다. 삭막하고 척박한 붉은색 아프리카 나미비아에 들어온 것이 실감이 납니다.

국경을 넘어 우리는 남아프리카에서 가장 길다는 오렌지강(Orange River) 둑 주변에 있는 오두막(Lodge)에 도착해서 카누를 타고 오렌지강의 품속에 잠시 잠겨봅니다.

그렇게 또 하루가 흘러 지는 석양 아래 한가롭게 강둑에서 풀을 뜯는 아프리카 소들을 쳐다보며 여장을 풀고, 오두막 앞에 놓인 작은 테이블에서 시원한 맥주를 한잔 마시며 바라보는 오렌지강에 비친

▲ 오렌지강 야경

달빛이 오늘 밤도 저를 행복하게 만들어 줍니다.

오렌지강(Orange River)
오렌지강은 남아프리카에서 가장 긴 강이며 총 길이가 2,432km(1,511마일)인 오렌지강 유역은 레소토에서 남아프리카와 북쪽의 나미비아로 이어진다.

◀ 오렌지강 주변 로지

◀ 오렌지강 해맞이

◀ 카누 타고 오렌지강 속으로

나미비아 공화국(Republic of Namibia)

8일 차: 7월 23일(Nomad 4일 차)

나미비아 첫 번째 경이로운 풍광들

피시 리버 캐니언, 퀴버나무 숲, 자이언트 광장
(Fish River Canyon, Quiver Tree Forest, Giants Playground)

▲ 나미비아 마을 풍경

오늘 아침도 부지런히 짐을 꾸리는 것으로 시작합니다. 오늘부터는 본격적으로 나미비아의 깊은 속살을 보기 위해서 내륙 깊숙이 파고들어 가는 날입니다.

아프리카에서 가장 규모가 크고 미국에 있는 그랜드 캐니언에 버금간다는 어마어마한 계곡을 찾아서 우리는 비포장 먼지 길을 쉬지 않고 달려갑니다.

트럭 뒤로 피어오르는 붉은색 먼지는 마치 거대한 우주선이 하늘로 치솟으며 뿜는 붉은색 화염 같습니다.

▲ 피시 리버 캐니언(Fish River Canyon) 가는 길

한낮에 더워도 흙먼지 때문에 차 창문을 내릴 엄두를 낼 수가 없습니다.

그렇게 붉은색 모랫길을 가르며 달리고 달려 피시 리버 캐니언(Fish River Canyon)에 도착합니다.

멀리서는 그냥 움푹 패인 강줄기 정도로 보이는데 가까이 갈수록 벌어진 입을 다물 수가 없습니다. 정말 한눈에 담을 수 없는 엄청난 규모입니다.

▲ 피시 리버 캐니언(Fish River Canyon)

그랜드 캐니언같이 아기자기한 맛은 없지만 어마어마한 규모입니다. 눈 앞에 펼쳐진 풍광은 정말 영겁의 세월을 느낄 수밖에 없습니다.

얼마나 오랜 세월 동안 깎이고 깎여 이 깊은 계곡이 만들어졌는지를 생각하니 깊은 탄성부터 나옵니다.

멍하니 저 깊은 계곡 속에 시선을 박아놓고 한동안 넋을 놓고 있자니 주변에서 얼른 오라고 소리를 칩니다.

▲ 피시 리버 캐니언(Fish River Canyon)

그렇게 한눈에 다 넣지 못할 피시 리버 캐니언을 허공에 뿌려버리고 떠나기 싫은 발걸음을 마지못해 차에 싣고, 또 한참을 달리다 보니 키트만슈흡(Keetmanshoop)이라는 작은 마을을 지나갑니다.

마을 근처에서 점심을 먹고 오후에는 퀴버나무 숲(Quiver Tree Forest)과 자이언트 광장(The Giants Playground)에 간다고 합니다.

퀴버나무 숲(Quiver Tree Forest)에 도착해서 차에서 내리니 마치 다른 행성에 와 있는 듯한 처음 보는 풍경이 눈앞에 펼쳐져 있습니다.

◀ 나미비아 비포장도로를
달리는 노마드 트럭

어떻게 이렇게 생길 수가 있을까…?

열악한 자연환경 속에서 최소한의 물과 최소한의 생명 활동으로 살아남은 듯한 나무의 기이한 형태는 신기하기만 합니다. 일체 쓸데없이 아무 곳에나 난 잎이 없습니다. 한 가지 끝에 하나의 잎들이 모여 있습니다. 주변은 온통 시뻘건 사막인데 여기만 이상하게 생긴 나무들이 제법 큰 바위들 사이에 모여 있거나 흩어져 있습니다. 인고의 세월을 살아온 듯 나무줄기는 트고 갈라져 살아가는 고통을 느끼게 하고, 나무를 뒤덮고 기생하는 작은 새들의 지푸라기로 만든 새집들을

나미비아 공화국(Republic of Namibia)

걷어내 주고 싶지만, 이것도 이 나무의 업보려니 하고 물끄러미 쳐다
만 보다 혀를 끌끌 차고 맙니다.

이 열악한 환경 속에서 동물들도 삶에 발버둥 치며 나무들과 함께
살아가고 있습니다.

차를 타고 또다시 잠시 이동하니 숨이 막히는 신기한 풍광이 또 보
입니다.

높은 모래사막 속에 숨어 있던 바위들이 모래가 빠져나가면서 조금
씩 내려앉아 밑에 있는 바위에 차곡차곡 걸쳐진 듯한 모습이 마술을
보는 듯합니다. 지난밤에 거인이 나타나서 저 거대한 바위를 하나씩
들어서 쌓아놓은 것 같은 바위 더미 속에서 이리저리 헤매며 우리는
신기한 눈으로 쳐다보기에 바쁘기만 합니다.

오랜 세월의 풍파에 시달려서인지 바위의 시커먼 등살이 터지고 갈
라져 마음을 안쓰럽게 합니다.

오늘은 나미비아가 우리들의 작은 입을 크게 만들어 준 놀라운 하
루입니다.

피시 리버 캐니언(Fish River Canyon)

나미비아 남쪽에 있는 협곡이며 길이 160km, 너비 27m, 깊이 55m로 세계에서 두 번째, 아프리카에서 제일 큰 협곡이다. 아이-아이스/리히터슈벨트 국립공원(Ai-Ais/Richtersveld Transfrontier National Park)의 일부이고 나미비아에서 가장 긴 내지(內地) 강인 피시강(江)을 따라 위치한 협곡으로, 오늘날에는 예전에 비해 수량이 현저히 줄어들어 있다. 강 상류는 650만 년 전 형성된 백운암 지층을 흐르며, 하류 쪽에 화강암 복합계가 드러나는데, 이 지대에서 단층이 남북 방향으로 뻗어 있고 전체적으로 전형적인 반(半)사막 기후를 보이는데, 여름철인 5~10월에는 낮 기온이 48℃, 밤 기온이 30℃까지 올라가고 짧은 겨울철에는 밤에는 영하 아래로 내려가지만 낮이 되면 더워져서 20~28℃까지 올라간다.

퀴버나무 숲과 자이언트 광장
(Quiver Tree Forest and Giants Playground)

키트만슈흡(Keetmanshoop)에서 북동쪽으로 약 14km 떨어진 쾨스(Koës)로 가는 길에 있는 가링가누스(Gariganus) 농장에 위치해 있으며 아로이덴드론 디초토뭄(Aloidendron dichotomum)의 표본이 약 250그루 있다. 이 종은 지역적으로 퀴버나무(Quiver Tree)로도 알려져 있는데, San 사람들이 전통적으로 이 나뭇가지를 사용하여 퀴버(Quiver)를 만들었기 때문이다. 숲은 자연적으로 자랐으며 가장 큰 퀴버(Quiver) 나무는 2~3세기가 되었고 이 숲은 1995년에 나미비아의 국가 기념물로 지정되었다. 숲 근처에는 독특한 지질학적 특징 때문에 아름다운 또 다른 관광 명소인 '거인의 놀이터'가 있는데, 이곳은 거대한 암석 더미이다.

▲ Quiver Tree　　　　▲ Quiver Tree 새집

나미비아 공화국(Republic of Namibia)

▲ Giants Playground

차 창밖 아프리카

9일 차: 7월 24일(Nomad 5일 차)

나미비아 붉은 모래언덕과 사막캠핑 하며
바킹 게코(Barking Gecko)의 울음소리 듣기

> 나미비아 – 나우크루프트 국립공원(Namibia – Naukluft National Park)

　이제 나미브 사막의 진정한 모습을 보기 위해 나미비아의 붉은 내륙으로 더 깊숙이 들어갑니다. 함멀스테인 로지(Hammerstein Lodge)라는 오두막에서 이틀을 머물며 아프리카에 와서 처음 하는 게임 드라이브와 그렇게 보고 싶어 했던 나미비아 붉은 사막인 듄 45(Dune 45)와 데드 플레이스(Dead Place) 등을 보기 위해서 여기를 기점으로 이동하면서 움직인다고 합니다.

▲ Hammersteim Lodge에서 첫 번째 게임 드라이브

▲ Hammersteim Lodge에서 첫 번째 게임 드라이브, 기린 가족

오늘은 아프리카에서의 첫 게임 드라이브를 나서는 날입니다. 가벼운 흥분과 설렘으로 사륜 지프를 타고 철망으로 제작된 문을 열고 미끄러져 들어갑니다.

비포장이라 이리저리 몸이 흔들리지만, 눈만큼은 크게 부릅뜨고 이리저리 금덩어리 찾듯이 열심히 뭔가를 찾고 있습니다.

▲ Hammersteim Lodge에서 첫 번째 게임 드라이브, 삶과 죽음

20분 정도가 지났는데 뭐 별로 이렇다 할 것이 보이질 않습니다.

뭐 이래…. 아프리카 맞아…? 하는데 차 왼쪽 나무 뒤에 기린이 떡하니 서서 우리를 구경하고 있습니다.

우리는 일제히 스마트폰과 카메라를 꺼내서 찍기 바쁩니다.

처음 보는 기린이라서 그렇지, 아프리카 여행의 후반에는 기린은 하도 흔해서 사진을 찍지도 않습니다. 조금을 더 가니 기린 식구들이 모여서 함께 식사하듯이 여기저기 보입니다.

▲ Hammersteim Lodge 사막 안에 지어진 로지

나미비아 공화국(Republic of Namibia)

▲ Hammersteim Lodge 사막 안에 지어진 로지 주변 동물

　그렇게 기린을 보고 크게 한 바퀴 돌아오다 보니 사막 한가운데 작은 로지(Lodge)가 일렬로 서 있고, 로지 앞 처마 밑에는 편안한 소파가 놓여 있습니다.
　평화로운 풍경입니다.
　시원한 그늘에 앉아서 동물들을 구경하라고 꾸며놓은 것 같습니다.
　로지 앞에는 큰 마당이 있고 그곳에 물과 먹이가 놓여 있어 야생 동물들에게 물과 먹이를 제공하고 자연스럽게 모이도록 유도하는 것 같습니다.
　제법 동물들이 많습니다.
　누와 코뿔소도 있습니다. 이렇게 우리는 아프리카에서 첫 경험인 게임 드라이브의 맛을 보았지만, 오늘 경험은 기대보다 별로입니다.
　나중에 안 사실이지만 여기는 개인이 운영하는 자연에 방목하는 동물원과 같은 곳이라고 합니다.

▲ Hammersteim Lodge에서 첫 번째 게임 드라이브, 코뿔소 가족

▲ Hammersteim Lodge에서 딘즈가 요리하는 닭 바베큐

어쩐지….

이제 곧 아프리카의 심장 소리가 들리는 게임 드라이브를 기대하며 오늘은 잠잠히 숨을 죽이고 숙소로 돌아옵니다.

아프리카 도착 후 제법 시설이 좋은 숙소입니다.

물도 잘 나옵니다.

나미비아에 입국하면서 머무는 숙소마다 물 사정이 좋지 않은지 물을 시원하게 사용하기가 힘들었는데 물이 시원하게 나오니 속이 후련합니다. 그동안 밀렸던 빨래를 꺼내 신나게 세탁을 해서 숙소 밖에 빨랫줄을 치고 간만에 형형색색의 속옷들을 햇볕에 널어놓고 딘즈가 만들고 있는 닭 바베큐에 코를 디밀어 봅니다.

나우크루프트 국립공원(Naukluft National Park)

나미브-나우크루프트 공원은 나미비아 서부에 있는 국립공원으로, 대서양 연안과 그레이트 에스카프먼트 가장자리 사이에 위치해 있으며 세계에서 가장 오래된 사막으로 여겨지는 나미브 사막의 일부, 나우크루프트 산맥, 샌드위치 하버의 석호를 포함한다. 이 공원에서 가장 잘 알려진 지역이자 나미비아의 주요 관광 명소 중 하나는 모래언덕으로 둘러싸인 점토판인 소수스블레이와 차우차브의 작은 협곡인 세스리엠이며 고바베브 사막 연구소가 이 공원 내에 있다.

10일 차: 7월 25일(Nomad 6일 차)

붉은 사막의 꽃, 듄 45와 나미브 사막의 혹독한 환경을 경험

> 소수스블리 모래언덕 – 나미브 – 나우크루프트 국립공원
>
> (Sossusvlei Dunes – Namib – Naukluft National Park)

 캄캄한 새벽, 듄 45에서 일출을 본다고 다들 기대에 차서 서둘러 차에 탑승하고 출발을 기다립니다. 어두운 새벽을 가르며 우리는 나미비아의 진정한 사막을 향해 달려가고 있습니다.
 캄캄해서 아무것도 보이지 않지만, 감각으로 붉은 모래사장이 가까이 있음을 느낍니다.
 어둠을 헤치고 차가 나우크루프트 국립공원(Naukluft National Park) 입구 초소에 멈추어 섭니다.
 누군가 막아놓은 바리케이드를 올려주려니 했는데, 길게 늘어선 차들은 꼼짝하질 않고 있습니다.
 무슨 영문으로 바리케이드가 안 열리는지도 모르고 그렇게 시간이 지나가 저 멀리 해가 떠오르기 시작합니다.

나미비아 공화국(Republic of Namibia)

듄 45 사막 언덕에서 일출을 보고 싶어서 다들 새벽같이 일어나 길을 나섰건만 무슨 연유로 국립공원에 입장을 못 하는지 누구 하나 설명해 주는 사람이 없습니다.

가이드도 늘상 경험하는지 그냥 앉아서 기다립니다.

답답하지만 여기는 머나먼 아프리카이니 어찌해 볼 도리가 없습니다.

해가 다 뜨고 나서 우리는 나미브 국립공원의 바리케이드를 지나 그 유명한 듄 45를 드디어 만났습니다.

먼저 온 사람들이 부지런히 칼날 같은 모래언덕 날에 발자국을 찍으며 올라가고 있고, 독사가 지나가면서 그어놓은 것 같은 자유곡선을 따라 저도 부지런히 올라가 봅니다.

▲ 나미비아 사막의 듄 45(Dune 45)

▲ 나미비아 사막의 듄 45(Dune 45) 정상

밀가루같이 부드러운 붉은 모래에 발이 푹푹 빠지는 모래언덕을 계속 올라 정상에 오르니 저 너머 끝없이 모래언덕이 계속됩니다. 올라온 길을 다시 되돌아가길 거부하고 급경사 모래언덕을 무릎까지 빠지며 내려가니 트레킹화와 바지 속에 모래가 가득합니다.

그렇게 구르듯 듄 45 사막의 모래언덕을 내려오니 삶과 죽음을 함께하고 있는 공존의 공간이 눈에 들어옵니다. 듄 45 모래언덕을 오르며 오른쪽은 이미 죽은 지 오래된 앙상하게 바싹 마른 나무가 몇 그루 보이고 좌측으로 언덕을 내려오다 보니 이 척박한 물 한 방울 안 날 듯한 모래사막에서 살아남은 생명이 붙어 있는 가녀린 나무가 붉은 모래사장에 쭈뼛하게 홀로 서 있습니다.

참 힘들겠다….

"애썼다…" 절로 나도 모르게 측은한 마음으로 나무에게 말을 던집니다.

유네스코에 등재되어 있다는 말로만 듣던 듄 45를 올라갔다는 것만으로도 저는 가슴이 벅차오릅니다.

▲ 나미비아 사막의 듄 45(Dune 45) 아래 나무 한 그루

나미비아 공화국(Republic of Namibia)

▲ 나미비아 사막의 듄 45(Dune 45) 오른쪽에 죽어 있는 나무

▲ 데드블레이(Deadvlei) 가는 길목에 말라버린 나무뿌리

 벅찬 가슴을 달래고 내려와 잠시 쉬고 있으니 다시 우리 팀을 모아 이제 사륜 지프차를 타고 데드 플레이스(Dead Place)로 이동하라고 합니다.
 굳이 사륜 지프를 타고 이동해야 하나 하고 의문을 가졌는데 차를 타고 잠시 움직이니 이 차가 아니면 안 된다는 것을 비포장도로가 깨닫게 해줍니다.
 아프리카가 겨울이라고는 하지만 나미비아의 한낮은 만만치 않게 해가 따갑습니다.

  차에서 내리자마자 눈에 들어오는 풍경은 여기는 살 곳이 못 되는 곳이구나 하는 생각이 저절로 들게 합니다. 그나마 햇빛을 피할 수 있는 나무 그늘이 있어 서 있는데, 저 멀리 있는 언덕 너머에 데드블레이(Deadvlei)가 있으니 걸어가서 보고 오라고 합니다. 더위에 한숨부터 나오지만 그래도 여기까지 왔으니 보고 가야지 하면서 윗옷을 하나씩 벗어들고 천천히 걸어 들어갑니다.

  걸어서 언덕을 넘자마자 눈에 들어온 풍경은 지구가 아닌 다른 세계인 듯합니다.

  몇백 년 전에 이 지역이 큰 강이어서 수목이 우거져 있었는데 강물이 말라 나무들이 죽어서 지금의 상황이 되었다는 영어로 된 표지판의 설명을 읽고도 이해가 가질 않습니다.

  어떻게 이럴 수가 있나 싶어 저는 순간적으로 호기심과 두려움이 함께하는 공존의 공간임을 감지하고, 신기하기도 하지만 자연의 매정한 단호함이 무섭게까지 느껴집니다.

▲ Dead Place

나미비아 공화국(Republic of Namibia)

말라서 비틀어진 나무들을 보며 세월의 무상함을 또 한 번 되새기고 그렇게 마음에 허허로움을 느끼며 우리는 삭막한 사막에 있는 로지에 도착해 짐을 숙소에 내리는 순간 다시 작은 사파리 트럭이 옵니다. 오늘은 무척 바쁜 날입니다.

차량에 탑승을 하니 자신이 부시먼이라고 하는 살짝 나이가 든 작은 키에 마른 체형의 그렇게 검지 않은 흑인 남자가 운전하며 사막의 환경과 모래 속에 사는 거미 등을 설명하는데 꽤 재미있게 설명합니다. 제스처까지 취해가면서 흥미와 호기심을 자극합니다. 부시먼의 사막 생물체 설명과 함께 맞이한 하루 해는 저 멀리 허락도 안 받고 져버리고 있습니다.

워낙 캠프가 넓어 저녁을 먹고 어둠 속에서 숙소를 찾는 데 한참을 헤매고 간신히 찾아 사막의 이름 모를 야생 동물의 울음소리를 자장가 삼아 사막 속의 캠프에서 하룻밤 신세를 집니다.

▲ Bushman Farm Campground 사막 석양

소수스블리(Sossusvlei)

나미비아의 나미브–나우크루프트 국립공원 내, 나미브 사막 남부에 위치한 높은 붉은 모래언덕으로 둘러싸인 소금과 진흙이 있는 땅이며 '소수스블리'라는 이름은 종종 주변 지역(데드블레이와 다른 높은 모래언덕과 같은 이웃 지역 포함)을 지칭하는 확장된 의미로 사용된다.

듄 45(Dune 45)

'듄(Dune)'은 '모래언덕'이라는 뜻. '듄 45'는 세스리엠에서 소수스블리로 가는 길목에서 첫 번째로 볼 수 있는 150m의 아름다운 오렌지색 모래언덕이다. 모래언덕의 이름에 숫자 '45'가 붙은 것은 듄 45(Dune 45)가 캠프장인 세스리엠에서 '45km' 떨어져 있기 때문이다. 나미브 사막에는 많은 모래사막이 있는데 과학자들이 연구를 위해 번호를 붙였고 그중 가장 유명한 곳이 이곳 듄 45이다.

데드블레이(Deadvlei)

나미비아의 나미브–나우크루프트 공원의 모래언덕 사이의 계곡에 있는, 더 유명한 소수스블리 소금판 근처에 위치한 흰 점토판이고 'Deadvlei' 또는 'Dead Vlei'라고도 쓰이며, 그 이름은 '죽은 습지(영어 Dead와 아프리칸스어로 Vlei, 호수 또는 습지를 의미)'를 의미한다.

11~12일 차: 7월 26~27일(Nomad 7~8일 차)

남회귀선을 넘어 해양관광도시에서 액티비티 즐기기

> 스바코프문트(Swakopmund)

　사막에서의 마지막 날을 보내고 우리는 나미비아 사막을 뒤에 두고 또 한참을 달려갑니다.

　신나게 나미비아의 서쪽 해안 관광도시인 스바코프문트로 달리던 트럭이 비포장도로 위에 멈춰서서 여기가 남회귀선이라고 말합니다.

　일반적으로는 세계지도에 적도를 중심으로 상하 23.5° 위치에 선을 하나씩 그었는데, 적도 이북에 있는 선이 북회귀선, 이남에 위치한 선이 남회귀선이라고 합니다. 태양의 남중고도가 90°가 될 수 있는 한계선이고 따라서 두 회귀선 사이 지역에는 매년 태양의 남중고도가 90°가 되는 시기에 그림자가 없다고 합니다.

▲ 남회귀선

내려서 부시부시도 하고 기념 촬영도 하기로 합니다.

다들 북회귀선, 남회귀선이라는 말은 들어보았는데 정확히 알지는 못하는 듯합니다.

▲ 스바코프문트(Swakopmun) 가는 길에서 휴식

나미비아 공화국(Republic of Namibia)

이렇든 저렇든 사진 찍으라고 포토존도 있습니다.

잠시의 휴식을 뒤로하고 끝없이 펼쳐진 사막 한가운데를 달리고 있는 트럭은 마치 드넓은 사막을 열심히 기어가고 있는 개미같이 느껴집니다. 열기로 아른거리는 뜨거운 공기를 보면서 사람이 이 사막을 걸어가고 있다면 어떻게 될까? 하는 물음을 스스로에게 해봅니다.

순간 저 넓은 사막에서 방향감각을 잃어버린 채 빈 물병을 들고 헤매고 있다는 생각을 해보니 공포심이 듭니다.

저 넓은 끝없는 사막에 나는 그저 티끌일 뿐이고 이 대자연 앞에서 나의 존재가 얼마나 보잘것없는지 자신을 스스로 되돌아보게 하는 풍경입니다. 그렇게 계속 먼지를 뿜어대며 사막을 가로질러 달리다 보니 아스팔트 포장도로가 나옵니다.

포장된 도로 위에 올라온 트럭은 마치 부드럽게 빙판에 미끄러지는 느낌이고, 종일을 비포장도로에서 어쩔 수 없이 의자에 부딪히고 문질러서 등짝을 마사지해서인지 나른하기까지 합니다.

아프리카 마사지 돈 안 들이고 실컷 합니다.

스바코프문트 시내는 유명한 관광지여서인지 사람과 가게들이 즐비합니다.

▲ 스바코프문트(Swakopmun) 독일인 게스트하우스 Haus Garnison

우리는 독일 사람이 운영한다는 게스트하우스에 여장을 풀고 각자 자유 시간을 보내기로 합니다.

근처에 대형마트가 있어서 구경삼아 가보니 진열장에 우리나라 신라면이 진열되어 있습니다.

너무 반갑습니다.

한국 사람을 만난 것보다 더 반갑습니다.

신라면이 이 먼 아프리카하고도 나미비아 변방의 관광지에 와 있다니….

이곳에 우리나라 사람들도 꽤 방문하는가 봅니다.

이리저리 둘러보다 고기 코너에 와서 보니 소고기가 엄청나게 싸고 꽤 고급스럽게 보입니다.

◀ 월비스 베이
(Walvis Bay)
갈매기

◀ 월비스 베이
(Walvis Bay)
물개

나미비아 공화국(Republic of Namibia)

▲ 월비스 베이(Walvis Bay) 선착장

프라이팬 하나 사서 숙소에서 그동안 부족했던 영양 보충도 할 겸 구워 먹기로 결심하고 소금과 후추도 사서 숙소로 돌아와 다들 모여 그동안의 여행담도 이야기하며 고기를 구워 한 점씩 먹어보고 다들 감탄사가 연발입니다.

너무 부드럽고 맛있습니다….

그렇게 우리는 스바코프문트에서 소고기와 함께 첫날을 보냅니다.

어제 신청한 보트 크루즈와 사막 사륜 오토바이 액티비티를 시작하기 위해 우리는 숙소 앞에서 픽업 차를 기다리고 있고 아프리카 지도를 티셔츠에 인쇄해서 판다는 흑인 남자가 계속 티셔츠 홍보를 하고 있습니다.

일행 중 몇몇 사람들이 호기심을 보이고 주문하기도 합니다.

신나는 음악이 나오는 바닷가 항구에 도착하니 선물 코너와 장식품을 파는 가게들이 줄을 서 있습니다.

보트 크루즈 회사들이 많아서인지 항구는 혼란스럽고 복잡합니다.

사람들을 모아놓고 안전에 대해서 한참을 이야기합니다.

매번 느끼는 거지만 아주 간단한 이야기를 이들은 한참을 이야기합니다.

혼자 웃기도 하고 농담도 하고….

▲ Dorob National Park 물개들

▲ 월비스 베이(Walvis Bay) 선착장

나미비아 공화국(Republic of Namibia)

듣기가 지겨워서 바다를 쳐다보고 있으니 뭐가 움직이고 있어서 자세히 보니 물개입니다.

사람들이 이야기를 듣다가 다들 물개를 보러 가버립니다.

배를 타기 위해 긴 줄을 서 있는데 물개가 이리저리 돌아다니며 곡예를 부리고 물 밖으로 점프와 잠수도 하고 귀엽게 놀고 있습니다.

여러 마리가 어울려서….

서서히 배가 출발하고 우리는 나미비아의 가장 서쪽 해변 항구에서 그렇게 놀라고 감탄을 했던 붉은 사막은 까맣게 잊어버리고, 뱃머리에 앉아 저 멀리 하얀 백사장에 검은 물체들의 움직임을 자세히 보니, 모래사장에 물개들이 빼곡히 박혀 있습니다….

엄청납니다….

물속도 까맣게 보입니다….

물개들이 하얀 물보라를 일으키며 신나게 놀고 있고 이 근방에서 수십만 마리의 물개들이 서식하고 있다고 합니다.

물개들을 구경하던 배들이 갑자기 방향을 틀어 급히 달려갑니다….

왜 이러나 했는데….

돌고래가 나타나서 그걸 보기 위해 빨리 가야 한다고 합니다. 돌고래를 보기는 쉽지 않아서 돌고래를 쫓아 배가 달려가는데, 저쪽 배 뒤에 물개가 올라가서 난동을 피우고 있습니다.

다들 보고 웃습니다….

사람들이 물개를 피해서 도망 다니고 있습니다….

순간 돌고래 몇 마리가 물속을 들락거리며 빠른 속도로 뱃전을 내달리니 "와" 소리가 크게 들리고 배가 돌고래 쫓아가기를 몇 번을 하고, 끝내 돌고래는 바닷속으로 숨어버립니다. 돌고래가 사라지고 조금 있으니 펠리컨이 날아와 사람들 사이를 거만하게 돌아다닙니다.

사람들이 자기를 귀여워해 주는 걸 아는지 사람들을 아랑곳하지 않고 거만하게 막 돌아다닙니다.

물고기를 찾고 있는가 봅니다.

◀ (좌)펠리컨 먹이주기
◀ (우)휴식 중인 펠리컨

◀ 보트 크루즈의 진수성찬

나미비아 공화국(Republic of Namibia)

우리 일행이 배 의자 밑에 숨겨둔 전갱이 생선을 꺼내서 높이 들고 있으니 얼른 달라고 모가지를 길게 빼고, 안달입니다….

오늘은 바다 생물들과 만나서 신나게 노는 날입니다.

그렇게 한참을 놀고 사진 찍고 하다 보니 어느새 뱃머리가 항구 쪽을 향하고 있습니다.

점심을 먹는다고 배 실내 안으로 들어와 테이블에 앉으라고 합니다.

간단한 샌드위치겠지 하고 별 기대도 안 했는데 바다에서 나는 식자재로 만든 음식이 진수성찬입니다. 아프리카에 와서 처음 먹는 진수성찬입니다.

다들 입을 다물지 못합니다.

너무나 맛있게 먹고 있습니다….

우리는 맥주를 곁들여 신나게 먹고 또 먹습니다. 그렇게 열심히 먹었는데도 음식이 남습니다.

나미비아 내륙 사막 지역은 물 부족에 열악한 환경으로 비참하고 힘들게 살아가고 있는데, 여기는 이렇게 풍요롭게 살고 있으니 아이러니합니다.

하나의 국가에서 도시 간 이렇게 심하게 차이가 나니….

남은 음식이 나를 또 다른 상념에 젖게 만듭니다.

그렇게 우리는 배에서 내려 물하고 거리가 먼 사막의 언덕을 사륜 오토바이로 넘어 가보기 위해서 헬멧과 장갑 등으로 중무장을 하고 가이드 뒤를 따라 달려 모래언덕을 오르내리다 보니, 또 끝없는 사막이 보입니다.

나미비아 사막의 나라….

스바코프문트(Swakopmund)

나미비아 서부 해안에 있는 도시로, B2 간선도로를 통해 나미비아 수도 빈트후크에서 서쪽으로 352km(219마일) 떨어져 있으며 2011년 기준으로 이 도시의 인구는 44,725명이고 면적은 196km²(76제곱마일)이다. 2023년에는 인구가 75,921명으로 증가했고 이 도시는 나미브 사막의 가장자리에 위치하고 있으며 나미비아에서 네 번째로 인구가 많은 곳이다. 스바코프문트는 인기 있는 해변 휴양지이며 19세기 독일 식민지 건축물이 특징이고 이 도시는 1892년 독일 남서부 아프리카의 주요 항구로 건설되었다.

13일 차: 7월 28일(Nomad 9일 차)

나미비아 서쪽 해안을 떠나 힘바(Himba) 부족을 만나고 동쪽으로

> 스바코프문트 – 코리사스(Swakopmund – Khorixas)

아침 일찍 안개가 가득한 해안가 도로를 달립니다.

오늘은 나미비아 북서부 쿠네네주 등에 있는 나미비아 국립공원으로 아프리카 최대의 국립공원 중 하나인 에토샤 국립공원(Etosha National Park)을 방문하기 위해 중간지점인 코리사스(Khorixas)에서 하루를 머무르려고 나미비아의 북쪽 내륙으로 이동 중입니다.

가는 도중에 세계 최대 규모의 물개 서식지인 케이프 크로스(Cape Cross)를 방문하려 했으나 안개 때문에 바닷가 근처도 갈 수가 없습니다. 안개가 집어삼킨 바다만 쳐다보다 우리는 그냥 스쳐 지나갑니다.

비포장도로를 한참 흙먼지를 날리며 달리던 트럭이 길 한편에 천천히 멈춥니다.

이곳은 나미비아에서 가장 독특한 부족인 힘바족(Himba)이 사는 곳

이고 도로 주변 가게에서 액세서리나 장신구 등 선물을 팔고 있으니 구경하라고 합니다.

차에서 내리니 화려한 옷으로 치장한 흑인 여인들이 호객행위를 합니다.

상점이라고는 나뭇가지로 대충 태양을 가리고 상품을 진열하는 진열대가 전부입니다.

상품도 직접 제작한 토속적인 느낌이 나는 것들이 아니라 대부분 중국이나 공장에서 만들어 낸 싼 장신구들을 늘어놓고 팔고 있습니다. 조금 있으니 웬 젊은 여자들이 가슴을 다 내놓고 아이들을 1명씩 안고 여러 명이 서서 우리를 쳐다봅니다.

▲ 힘바(Himba) 부족의 전통 예식 차림

우리도 신기해서 쳐다봅니다.

서로 쳐다봅니다.

사진을 찍으려 하니 전통 복장을 하고 있는 힘바족 여자가 손사래를 치며 사진을 찍으려면 사진에 찍히는 사람 수만큼 돈을 내라고 합니다.

나미비아 공화국(Republic of Namibia)

한 사람에 1불씩이랍니다.

대충 5달러를 주고 사진을 마구 찍어댑니다….

▲ 힘바(Himba) 부족의 예식복과 일반복장

사진을 다 찍고 각자 알아서 달러를 조금씩 주니 좋아서 천진난만하게 아이처럼 웃으며 달러를 받습니다.

한바탕 힘바족과 사진을 찍느라 소란을 부리고 차에 타는데 힘바족 여자들 중 가장 나이가 많아 보이는 할머니 같은 여자가 다른 여자들의 돈을 다 걷고 있습니다….

▲ 힘바(Himba) 부족의 예식복과 일반복장

　무슨 영문인지 몰라 딘즈에게 물어보니 저 힘바족은 한 가족이고 돈을 걷는 여자가 첫 번째 부인이랍니다. 그러면서 아프리카는 기본적으로 경제적 능력만 있으면 여자를 기본 5명까지 데리고 함께 살 수가 있다고 합니다. 마사이족은 12명도 데리고 산다고 합니다.
　왠지 기분이 씁쓸합니다….
　강한 자외선을 피하기 위해 몸에 돌가루와 진흙을 바르고 평생을 목욕하지 않는다는 힘바족의 냄새를 뒤로하고, 조금 더 달려가서 아프리카에서 가장 많은 암각화가 있다는 옛 부시먼 부락에 차를 정차하고 딘즈가 점심을 준비하는 동안 현지 가이드의 안내에 따라 코이산족(코이코이족과 부시먼을 포함한 원주민 집단)이 6,000년 동안 거주하며 그렸다는 암각화를 보기 위해 따가운 햇빛을 피하며 좁고 험한 산길을 따라갑니다.
　바위산을 조금 올라가니 세월을 느낄 수 있는 책에서만 보던 부시먼 암각화가 널려져 있습니다. 암각화에는 교육, 정보, 지리, 그리고 가장 중요한 물이 나오는 위치 등 다양한 것들이 표현되어 있습니다.

나미비아 공화국(Republic of Namibia)

그 옛날에도 인간의 본능인 종족 보존을 위한 대물림은 어쩔 수 없었나 봅니다….

그렇게 우리는 부시먼들의 영혼이 자유로운 반 추상화를 감상하고 내려와 뜨거운 햇살에 부채질하며 간단한 점심식사를 합니다.

▲ 부시먼 암각화

잠시 쉬고 우리는 조금 이동하여 현재 화석화된 선사시대 거대한 나무 기둥으로 구성된 국립 기념물인 석화림(Petrified Forest)에 도착하고, 상상하기도 어려운 영화에서나 볼 수 있는 그 오래전 선사시대의 거대한 나무화석을 직접 본다는 것이 신기하기만 합니다….

지금이나 선사시대나 나무화석은 똑같은 모양을 하고 있습니다.

어떻게 이렇게 보존이 잘되어 있는지….

도저히 감이 오지 않는 선사시대의 화석들을 뒤로하고 달리고 달려 우리는 요새같이 높은 담으로 둘러싸인 리조트에 도착하여 짐을 풀고, 사람들은 와이파이존을 찾아 다들 분주합니다.

결국 사람들은 와이파이가 되는 리셉션에 다들 모여 그 작은 스마트폰에 얼굴을 파묻고 있습니다.

처음에는 이 높은 담들이 이상하고 답답했는데….

이제 아프리카에서 며칠을 지내보니 이 높은 담이 왜 필요한지 이해가 됩니다.

치안도 좋지 않지만….

눈이 한번 마주치면 잡상인들의 끈질긴 구애를 견디기가 어렵고, 아무 곳이나 쓰레기를 버리는 민족성은 외국인들의 눈살을 찌푸리게 하고, 그 외에도 여러 가지 문제로, 숙소를 이용하는 투숙객 이외에는 저 엄청난 두께의 철문을 열고 들어올 수 없도록 한 것 같습니다.

▲ Gowati Country Hotel and Lodge

아프리카 트럭킹을 하며 숙소의 등급을 보면, 가장 시설이 좋고 규모가 큰 숙소는 리조트(Resort)이고, 그다음은 로지(Lodge), 그리고 샤워 시설과 화장실 등이 불편한 텐트 캠프(Tented Camp) 순입니다.

오늘 밤은 야자수 나무가 우거진 로지에서 야자수 나무에 빨래를 세탁해서 널고 선사시대 아프리카 선조들의 삶의 풍경을 그려보며 잠을 청합니다.

힘바족(Himba)

주로 뚱뚱한 꼬리를 가진 양과 염소를 기르는 가축 농부이지만, 그들의 재산은 소의 수에 따른다고 한다. 가축은 힘바족(Himba)의 주요 우유와 고기 공급원이며 특히 힘바족 여성은 버터 지방과 황토색 안료의 화장품 혼합물인 오트지제 페이스트로 몸을 가리는 것으로 유명하다. 오트지제는 물 부족으로 인해 장기간 피부를 정화하고 카오콜랜드의 더운 건조한 기후와 곤충 물림으로부터 보호하며 힘바족의 피부와 머리 끈에 독특한 질감, 스타일, 주황색 또는 붉은색 색조를 주며 종종 우무줌바 관목의 향기로운 수지로 향을 낸다.

14일 차: 7월 29일(Nomad 10일 차)

이불을 뒤집어쓴 여자아이와 에토샤 국립공원에서
처음 만난 야생 동물들

코리사스 – 에토샤 국립공원(Khorixas – Etosha National Park)

딘즈가 준비한 아침을 맛있게 먹고 우리는 쫓기듯이 차를 타고 출발합니다.

나미비아의 척박한 사막, 끝없이 펼쳐진 벌판에 개미집들이 꼬깔콘을 거꾸로 세운 듯한 형태의 집들을 끝도 없이 지어놓았습니다….

개미들 입장에서는 엄청나게 큰 빌딩입니다.

인간의 크기로 비교한다면 몇백 층 되는 건축물입니다….

나미비아 공화국(Republic of Namibia)

▲ 에토샤 가는 길에 보이는 수많은 개미집

 각기 형태가 다른 개미들의 건축물들을 바라보다가 우리는 작은 마을에 도착해 화장실 사용과 마트에서 간식을 보충하려고 합니다.
 차가 멈추자 여지없이 잡상인들이 몰려옵니다.
 얼른 피해서 커피숍에 들어와 눈길을 돌리니 길 건너 흙바닥에 보자기 하나 깔고 어쭙잖은 공예품들을 보자기 위에 가지런히 놓고 있는 어린 소녀가 눈에 들어옵니다.

◀ Outjo 마을 장사하는 어린 소녀

속옷도 없이 아래쪽에 보자기 하나 두르고 살아가는 소녀를 보고 있자니 가슴이 먹먹해집니다.

이곳 나미비아는 일교차가 커서 아침나절인 지금 저들은 추위에 코를 흘리며 이불을 뒤집어쓰고 있습니다. 한창 이쁜 옷 타령하고 공부할 나이에 길거리에서 저러고 있는 것을 보니 왠지 신이 공평하지 않다는 생각이 듭니다.

그렇게 모질게 애써 눈길을 외면하고 또다시 차를 타고 달리기 시작합니다.

저 멀리 나미비아 국기가 펄럭이는 것을 보니 왠지 에토샤 국립공원에 다 와 가는 듯합니다.

공원 입구에 있는 초소를 지나 우리는 국립공원 내에 들어갑니다.

먼저 숙소로 가서 체크인을 하고 점심 식사 후 노마드 트럭으로 에토샤 국립공원을 맛보기로 합니다.

차량에 탑승한 우리는 창 쪽에 바싹 붙어서 고개를 두리번거립니다.

비포장 찻길에 기린 가족이 건널목도 없는데 무조건 길을 건너갑니다….

차가 서자 일제히 고개를 창밖으로 빼고 카메라를 들이댑니다….

딘즈가 가장 먼저 워터홀(Waterhole)에 가서 동물들을 관찰하자고 합니다. 동물들이 마실 물이 있는 워터홀은 나미비아 사막 에토샤 국립공원에 사는 동물들에게 건기인 이맘때 동물들이 살아갈 수 있도록 곳곳에 물을 공급해 주는 시설이라 동물들을 많이 관찰할 수 있는 장소랍니다.

워터홀에 도착하니 엄청난 크기의 코끼리 수십 마리가 물을 마시고 등에 코로 물을 뿌리고 어슬렁거리고 있습니다.

저 멀리서 또 수십 마리의 코끼리 떼가 뛰어옵니다. 목이 엄청 마려

나미비아 공화국(Republic of Namibia)

운가 봅니다….

큰 코끼리들이 새끼 코끼리들을 빙 둘러싸 가운데 두고 교대로 물을 마시고 있는 모습이 가족애가 대단하게 느껴집니다.

새끼가 마음대로 가려고 하면 코로 밀어서 가운데에 가두어 넣습니다.

가물가물한 거리에 있는 나무 밑에 코뿔소가 한가롭게 풀을 뜯고 있습니다.

차를 타고 다른 동물들을 찾아 나서자, 검은색 옷을 입고 한껏 뽐내며 긴 목을 뽑아 든 큰 타조가 열심히 우리 차를 따라 쫓아옵니다.

뒤뚱거리며 뛰어오는 모습이 웃기기도 하고 귀엽습니다….

에토샤 국립공원을 맛보기로 돌고 돌아오는 길에 딘즈가 저기 멀리 숲속에 사자가 있다고 손을 가리킵니다….

매일 컴퓨터와 스마트폰을 쳐다보는 우리 눈에는 아무리 보아도 보이질 않습니다….

사자는 내일 다시 보기로 하고 우리는 동물들 이야기로 꽃을 피우며 숙소로 돌아와 훌륭한 바비큐와 맥주로 만찬을 즐깁니다.

내일 마주할 동물들을 상상하며 오늘은 맥주에 취해 에토샤 국립공원의 동물들과 함께 잠을 청하려고 합니다.

▲ 에토샤 국립공원

▲ 에토샤 국립공원 워터홀(Etosha National Park Waterhole)

나미비아 공화국(Republic of Namibia)

에토샤 국립공원(Etosha National Park)

나미비아 북서부에 있는 국립공원으로 아프리카에서 가장 큰 국립공원 중 하나이고 1907년 3월 독일 남서아프리카 주지사인 프리드리히 폰 린데퀴스트가 조례 88에 따라 사냥터로 선포했다.

1958년 Wildschutzgebiet로 지정되었고, 1967년 남아프리카공화국 의회의 법률에 따라 국립공원 지위를 부여받았으며, 면적은 22,270km²(8,600제곱마일)이며 공원의 거의 전부가 있는 큰 에토샤 판의 이름을 따서 명명되었다. 면적은 4,760km²(1,840제곱마일)로 국립공원 총면적의 23%를 차지하고 이 지역에는 수백 종의 포유류, 조류 및 파충류가 서식하고 있으며, 검은코뿔소와 같은 멸종 위기에 처한 종도 여러 종이 있다.

15~16일 차: 7월 30~31일(Nomad 11~12일 차)

사람 애간장 말리는 에토샤의 동물들

> 에토샤 국립공원(Etosha National Park)

　오늘은 게임 드라이브 옵션을 하는 날입니다.
　에토샤 국립공원에서 게임 드라이브를 전문으로 하는 사파리 차를 타고 동물들을 찾아 나섭니다.
　미국 부부와 영국 부부는 하루 종일 게임 드라이브를 신청해서 도시락까지 챙겨 마음 단단히 먹고 떠납니다. 종일 비포장을 달리며 겪는 먼지와의 전쟁은 야생 동물들을 보는 신비감보다 더 괴롭기 때문입니다.
　우리는 반나절만 하고 돌아와 쉬기로 하고 지프에 오릅니다.
　젊은 흑인 운전기사가 우리를 반갑게 맞이합니다.
　오늘 어떤 동물을 보고 싶냐고 물어봅니다.
　당연히 빅 5(사자, 표범, 코끼리, 코뿔소, 버펄로)를 보고 싶다고 우리 일행은 이구동성으로 일갈합니다….

흑인 청년기사는 볼 수 있으니 걱정하지 말라고 합니다.

우리는 그래도 에토샤 전문 게임 드라이버이니 어제 트럭으로 게임 드라이브 한 거와는 뭐가 달라도 다르겠지, 하고 은근히 기대를 합니다.

그렇게 우리는 앞차의 먼지와 함께 신나고 고통스럽게 출발을 합니다.

출발하자마자 우리가 오늘 처음 만나는 동물은 기린이고 찻길 옆에서 뽀얗게 먼지가 앉은 나뭇잎을 신나게 뜯어 먹고 있습니다.

한 마리가 보이더니 이제 여러 마리가 길 양쪽에서 우리를 아랑곳하지 않고 무심히 나뭇가지의 잎만 뜯어 먹고 있습니다.

잠시 머물던 눈을 다른 곳으로 돌리니 얼룩말이 한가득 벌판에 어울려 있습니다.

눈이 어지러울 정도로 검은 줄들이 현란하게 춤을 춥니다.

얼룩말의 매력 있는 엉덩이까지 자세히 보고 우리는 또다시 동물을 찾아 나섭니다.

게임 드라이버 기사들이 쓰는 언어 중에 가장 많이 나오는 단어가 있습니다.

"섬타임즈(Sometimes)"와 "메이비(Maybe)"입니다. 오늘 우리 기사도 계속해서 "섬타임즈(Sometimes)"를 외칩니다….

이건 우리가 보고 싶어 하는 동물들을 항상, 늘 볼 수 없다고 말한다는 걸 지난번 게임 드라이버에서 경험한 터라 큰 기대는 하지 않았지만, 오늘은 진짜 별 소득이 없습니다.

▲ 에토샤 국립공원(Etosha National Park) 얼룩말

▲ 에토샤 국립공원 (Etosha National Park) 기린

◀ 에토샤 국립공원 (Etosha National Park) 누

◀ 에토샤 국립공원 (Etosha National Park) 코뿔소

나미비아 공화국(Republic of Namibia)

계속 무전기로 동물들이 어디 있는지 정보를 교환하지만 별 소득이 없습니다….

그렇게 시간을 보내고 있는데….

저 멀리 벌판에 큰 나무 한 그루가 쓸쓸하게 서 있고, 시커먼 것들이 꿈틀거립니다….

▲ 에토샤 국립공원(Etosha National Park) 풍경

달려가 보니 검은색 누 떼가 한가롭게 풀을 뜯고 있습니다.

잠시 누 떼를 보고 있는데 기사가 황급히 시동을 겁니다.

차를 돌려 달려서 지프들이 많이 서 있는 곳에 간신히 차를 비집고 들어가 손가락으로 나무 밑을 가리키며 "레오파드(표범)"라고 자그마하게 소리를 지릅니다.

처음에는 아무리 봐도 보이지 않더니 표범이 누워 있다가 고개를 드니 표범 머리가 보입니다.

그것도 잠시 다시 누워버리고, 표범 때문에 불안해서 물도 못 마시고 얼음땡이 되어 있는 임팔라들이 안쓰럽습니다.

그렇게 안쓰러움을 달래고 소리를 칩니다….

"Lion!!!~~~~~~~~~~~~~~~~~~~~~~~~~~~~~~~~~"

"We want to see a lion!!!" 흑인 청년 운전기사가 난감해합니다….

표정이 정말 불쌍합니다….

▲ 에토샤 국립공원 (Etosha National Park) 영양   ▲ 에토샤 국립공원(Etosha National Park) 기린

계속해서 제가 장난을 칩니다…. "Lion!!! Lion!!!" 하고….

차 안이 웃음바다가 됩니다….

돌아오는 길에 우리는 어제와 다른 워터홀에 가서 동물들을 기다리고 있으니 저 멀리서 코끼리 무리가 달려옵니다.

물속에 들어가서 물도 먹고 샤워도 하던 코끼리들이 급히 한곳으로 모여듭니다.

왜 그러지 하고 쳐다보니 가운데에 아기 코끼리가 쓰러져 있습니다.

조금 전까지 아무 일 없었는데 웬일이지 하고 궁금해하고 있는데….

그렇게 30분 정도를 어른 코끼리들이 꼼짝도 하지 않고 서서 아기 코끼리를 둘러싸고 있습니다.

자고 있는 아기 코끼리를 다른 동물들로부터 공격을 막아주고 있는 코끼리들의 모습이 대견스럽기까지 합니다.

그렇게 아기 코끼리 쇼를 보고 돌아오는 길에 마지막 워터홀에 도착하니 코뿔소 한 마리가 능청스럽게 걸어와 여유롭게 물을 마시며 포즈를 취합니다.

마치 모델이라도 된 듯 포즈를 취합니다….
결국 우리는 사자를 보지 못하고 숙소로 돌아옵니다.

점심을 먹고 씻고 쉬고 싶어 숙소로 향하는데 우리 일행의 놀란 소리가 들려 고개를 돌려보니 세상에 2m가 훌쩍 넘는 사슴영양이 태연하게 숙소 주변에 있는 나뭇잎과 풀을 뜯고 있습니다.
리조트가 워낙 넓어서 울타리를 치고 자연 방사를 한 상태로 키우는 듯합니다.

▲ 에토샤 빌리지(Etosha Village)

저녁 시간이 되어서 우리 팀은 미리 예약된 테이블에 앉아 식사를 시작합니다.
미국인 부부 중 남편이 우리에게 사자를 보았냐고 물어봅니다.
못 보았다고 했더니 자기가 찍은 사진을 보여주겠다고 합니다.
사자가 너무 멋있게 촬영되어서 입을 벌리고 "와!" 하는데 웃음소리가 터집니다….
왜 그러나 했더니….
그들도 오늘 온종일 게임 드라이브를 했는데 사자를 보지 못해 아쉽기도 하고 우리가 못 보았다니 장난기가 발동해서 식탁에 수저와 접시를 세팅할 때 받치는 플라스틱판에 멋지게 인쇄된 사자 사진을 스마트폰으로 찍어서 우리에게 보여주었는데, 우리가 깜박 속으니 웃음이 터졌던 것입니다….
그렇게 우리는 웃음이 뒤섞인 저녁으로 하루를 마무리합니다.

오늘은 아침 일찍 노마드 트럭으로 에토샤 국립공원을 마지막으로 방문하는 날입니다.

트럭을 타고 가장 먼저 에토샤 내에 있는 소금호수에 도착합니다.

아마도 장마철에는 이 호수에도 물이 차서 볼거리를 제공하였으리라고 생각합니다. 너무나 드넓어 끝이 보이지 않는 평야는 호수가 아니라 그냥 벌판 같습니다….

그렇게 우리는 메마른 소금호수에서 사진 몇 장을 남기고 다시 차를 타고 게임 드라이브를 합니다.

어제 본 동물들을 무심히 쳐다보며 시간을 보내고 돌아가는 길에 어제 나무 밑 덤불에서 자태를 보여주지 않고 애를 태우던 표범이 차 앞을 가로막고는 보란 듯이 숲속으로 걸어갑니다.

그렇게 애타게 보고 싶어 할 때는 모른 척하더니 이제 다 포기하고 돌아가려고 하니 무심히 자신을 던져 보입니다.

에토샤 국립공원에서 마지막으로 애달프게 조우한 레오파드입니다….

▲ 에토샤 국립공원(Etosha National Park) 소금호수

나미비아 공화국(Republic of Namibia)

▲ 에토샤 국립공원 (Etosha National Park) 레오파드

17일 차: 8월 1일(Nomad 13일 차)

에토샤를 떠나 오카방고강

> 에토샤 – 디분두(Etosha – Divundu)

아침 일찍 숙소를 떠나 출발한 우리는 정신없이 디분두(Divundu)를 향해 달려가고 있습니다. 이제 나미비아에서의 여정을 마무리하기 위해 아프리카 내륙의 보츠와나 국경 쪽으로 하루 종일 이동할 것입니다.

벌써 차 창밖 아프리카를 열흘 동안 보아왔고, 나미비아의 붉은색 모래는 아직도 눈을 가득 메우고 있습니다.

스쳐 지나갔던 풍경들이 영화 필름이 돌아가듯 차 창문에 그려집니다.

아프리카 여행은 걸어 다니면서 구경하는 것보다 차 창문으로 보는 시간이 대부분입니다….

그래도 이들의 냄새와 삶, 환경이 그냥 느껴집니다.

에토샤에서 매일을 바쁘게 지내서인지 오늘 차를 타니 피곤이 몰려옵니다.

나미비아 공화국(Republic of Namibia)

그래도 눈은 차 창밖의 아프리카를 보고 있습니다.

아프리카 흑인 남자들이 나무 그늘에 삼삼오오 모여 잡담을 하고 있고 그 앞을 자기 몸집보다도 더 큰 나무 땔감을 지고 허리를 바짝 굽혀 맨발에 종종걸음으로 바쁘게 걸어가는 흑인 여자를 보니 측은한 마음이 가슴을 아프게 합니다.

나미비아에서 여러 번 보아온 풍경입니다.

왜 남자들은 그늘에서 놀고 있고, 여자들이 아이를 등에 업고, 나무를 지고, 물동이를 이고, 곡식과 채소를 이고, 매고 하는지 이해가 가질 않습니다.

그저 답답할 따름입니다.

차 창밖으로 보이는 나미비아의 시골 풍경은 메마른 끝없는 사막과 길 양쪽에 나무도 없는 사막에서 어디서 나무를 주워 왔는지 땔감을 쌓아놓고 팔고 있고, 움막 주변에 염소들이 먹거리를 찾아 돌아다니고, 발가벗은 아이들이 흙바닥에 앉아 막대기로 흙을 파고 놀고 있고, 지나가는 우리에게 두 눈 크게 뜨고 쳐다보며 손을 흔들기도 하고, 사탕이나 초콜릿을 달라고 손을 내밀기도 합니다.

오래되고 낡은 나일론 천으로 만든 질기고 질긴 추리닝에 구멍이 뻥뻥 뚫린 시커먼 러닝을 입고 까까머리 휘날리며, 먼지를 날리고 달리는 미군 트럭을 따라 달리며 "기브 미 초콜릿"을 외치던 60년 전의 코흘리개였던 저의 그 옛날 어린 시절이 갑자기 속절없이 떠오릅니다. 이제는 그 추억을 안주 삼아 소주 한잔에 이야기를 팔고 있는 나이가 되었습니다.

▲ 길가에서 파는 장작

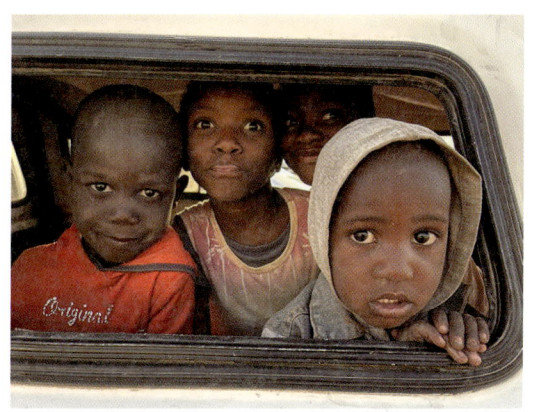

▲ 차 안에서 우리를 쳐다보는 아이들

오늘도 우리 트럭은 여지없이 먼지를 내뿜으며 달립니다….

갑자기 아스팔트 도로가 나타납니다. 이건 도시가 가까워졌다는 신호입니다.

잠시 후 도시랄 것도 없는 도로변 장터가 복잡하게 자리 잡고 사람들이 번잡하게 모여 있습니다. 주유소에서 기름을 넣으며 화장실을 다녀오라고 합니다.

아무 생각 없이 화장실을 갔다가 나오는데 웬 흑인 여자가 돈을 내

나미비아 공화국(Republic of Namibia)

라고 합니다.

　나미비아 돈이 없어서 달러를 주니 안 된다고 합니다.

　난감합니다….

　조금 기다리니 화장실을 온 우리 팀이 대충 제 것까지 돈을 줍니다.

　이제까지는 부시부시로 해결했는데 도시에 들어오니 화장실 가는 데 돈이 필요합니다….

　휴지도 들고 손에 감아서 팔고 있습니다.

　그렇게 우리는 달리고 달려 캄캄한 밤에 어딘지도 모르는 로지에 도착해서 피곤함에 바로 씻고 잠을 청하기 바쁩니다.

▲ 디분두(Etosha to Divundu) 가는 길에 작은 장터

18일 차: 8월 2일(Nomad 14일 차)

오카방고강 보트 크루즈와 보츠와나로 국경을 넘어가기

> 디분두 – 마운(Divundu – Maun)

아침 일찍 일어나 숙소 밖에서 새소리와 사람 소리가 들려 일어나서 나와보니 숙소 바로 앞에 큰 강이 흐르고 숲이 우거져 정글 속에 로지(Lodge)가 있는 듯합니다.

어젯밤에 어두워서 보질 못했는데 숲속에 파묻혀 있는 로지가 너무 멋집니다.

여태껏 지나온 메마른 나미비아와 너무 다른 풍요로운 풍경에 깜짝 놀랍니다.

지구상의 모든 생물체가 살아가는 데 물이 얼마나 중요한지를 느끼게 해주는 풍경입니다.

강 주변이라 모든 것이 너무나 풍부하고 넘쳐납니다.

물이 모든 것에 생명을 불어넣어 주는 생명의 근원인 것을 피부로

나미비아 공화국(Republic of Namibia)

느끼는 아침입니다.

▲ 오카방고강 보트 크루즈

▲ 오카방고강 하마

    오늘 아침은 특이하게 오카방고강(Okavango River)에서 보트 크루즈를 하면서 식사를 한다고 합니다. 아침부터 호강을 합니다….

    노마드가 참 잘하는 게 있다면 사람들이 지칠 때쯤 무엇인가로 피로와 기분을 풀어줍니다.

    일출을 보면서 우리 배는 서서히 강을 거슬러 올라갑니다.

간단한 조식과 커피를 마시며 우리는 물속의 하마와 물가의 악어, 물 마시러 온 소 떼들을 보면서 어제 하루 종일 차량 이동으로 쌓여 있는 피로를 씻어냅니다.

배에서 내리자마자 우리는 이제 나미비아 국경을 넘어 보츠와나로 가기 위해 차를 타고 조금 가다 대형마트 앞에 차가 멈춥니다. 기사 파라가 내려서 이리저리 차를 살핍니다. 딘즈가 우리에게 차를 점검해야 할 것 같으니 이곳 쇼핑센터에서 쇼핑과 커피를 즐기면서 1시간을 보내라고 합니다.

다들 뭐가 급한지 순식간에 사라집니다.

1시간이 훌쩍 넘어 정비를 마친 차가 돌아와서 우리는 또 차를 타고 나미비아의 국경에 도착합니다.

나미비아 출국 신고를 마치고 우리는 걸어서 여유롭게 보츠와나 입국 신고를 합니다.

시간이 조금 걸리지만 모든 것이 순조롭게 넘어갑니다. 뭐 국경이랄 것도 없고 보초도 없고 그냥 걸어가면 보츠와나입니다.

그렇게 우리는 국경을 넘어 다시 차에 탑승하고 오늘 숙소인 마운(Maun)으로 향합니다.

국경 근처라서인지 아스팔트가 깔려 있어 트럭은 미끄러지듯이 편안하게 우리를 태우고 갑니다.

국경에서 멀어질 즈음에 경찰차가 우리 차를 따라오면서 손짓으로 차를 세우라고 지시합니다.

무슨 영문인지를 몰라서 도로 옆에 서 있는 창밖의 경찰차에 시선이 다들 고정되어 있습니다.

기사 파라가 경찰과 한참 실랑이합니다….

파라가 화가 나서 차 운전석에 앉아 씩씩거리고 있으니 이번에는

나미비아 공화국(Republic of Namibia)

딘즈가 가서 또 한참을 실랑이합니다….

벌써 30분 가까이 실랑이를 합니다.

▲ 보츠와나 국경 넘어 점심 식사

경찰은 차 안에 앉아서 밖에 서서 이야기하는 딘즈를 쳐다도 보질 않습니다.

경험상 돈을 요구하는 듯합니다.

그렇게 한참을 실랑이하고 어떻게 해결했는지 모르지만 우리는 경찰차와 헤어져 조금 지나서 길가에 차를 세우고 급히 점심 식사를 합니다.

차 고장과 경찰과의 실랑이로 시간을 보내는 바람에 우리는 숙소에 캄캄해져서야 도착합니다.

바쁘게 배정받은 숙소로 가보니 처음 보는 텐트 캠프입니다.

우리나라 글램핑장과 유사하지만, 시설은 형편없습니다.

하룻밤인데 하고, 위로를 하며 늦은 저녁을 먹고 누웠는데 조금 떨어진 옆 텐트에서 소곤거리는 소리까지 다 들립니다.

잠을 청해 이리저리 뒤척이다 소음에 할 수 없이 귀마개를 장착하고 잠을 청합니다.

수도는 가보로네(Gaborone). 국토 면적은 581,730km²로 남한 면적의 약 5.8배이며 국토에 비해 인구는 많지 않아 약 263만 명 정도다. 이 때문에 인구 밀도도 km²당 3.4명 정도로 매우 낮은 편이다. 국토 전체가 해발 1,000m가량의 고지대이나 평탄한 탁상지 지형으로 이루어져 있다. 서부 지역 대부분은 칼라하리 사막이 뒤덮고 있어서 인구는 남아공과의 접경지대인 남동부에 집중되어 있다. 국토의 가운데에 마카디카디(Makgadikgadi) 분지가 있고 북쪽의 오카방고(Okabango)강 삼각주에는 사막 한가운데 습지가 형성되어 있다. 이 삼각주는 세계에서 가장 큰 내륙 삼각주로 오카방고강 습지대는 관광 지점으로도 인기가 많다.

차 창밖 아프리카
CHAPTER

보츠와나

Botswana

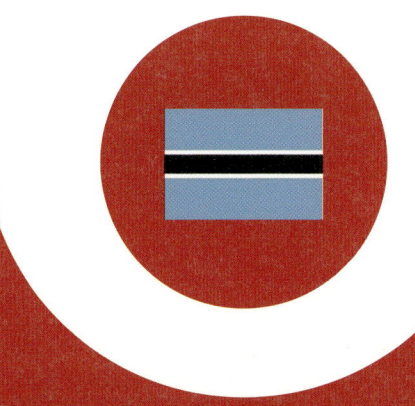

19일 차: 8월 3일(Nomad 15일 차)

모코로 타고 오카방고 델타 둘러보기

> 콰이 보호구역(Khwai Conservation Area)

▲ 마운 캠프(Maun Camp)

아침에 일어나 텐트를 나오니 원숭이들이 난리를 치고 다닙니다. 원숭이들이 텐트 속 가방에서 물건을 꺼내 가니 텐트 문을 꼭 잠그고 다니라고 가이드 딘즈가 당부합니다.

우리가 어제 오카방고 습지(Okavango Delta)를 경비행기를 타고 보고 싶다고 해서 딘즈가 비행기를 예약해 놓았는데, 공항까지 기사 파라가 인솔해 준다고 합니다.

우리는 큰 트럭에 달랑 넷이서 타고 공항으로 이동합니다.

여성분들은 피곤하신지 쉰다고 해서 남자들 4명만 경비행기를 타기로 하고 공항 내에 들어서니, 서양 사람 10여 명이 수속 중이라 카운터 앞이 분주합니다.

파라가 어느 직원에게 우리를 소개한 뒤에 의자에 편안히 앉아서 기다리라고 합니다.

30분을 기다렸는데 아무 소식이 없어 직감으로 무슨 문제가 생겼구나 하고 있는데, 10여 명의 서양 사람들이 8시 40분 오카방고 델타 투어 비행기에 탑승합니다.

우리는 9시 40분 비행기를 타라고 합니다. 분명히 딘즈가 8시 40분 비행기를 타고 바로 돌아오라고 했고 우리가 돌아오는 대로 노마드 트럭과 헤어져 지프를 타고 콰이 보호구역(Khwai Conservation Area)으로 이동해야 한다고 우리에게 말한 것을 기억하고 있습니다.

우리가 9시 40분 비행기를 타면 다른 일행들이 우리를 기다려야 하는 상황이 되며 오늘 하루 일정이 다 늦어질 수밖에 없어서 파라보고 비행기 예약한 사무실에 가보자고 했는데, 사무실이 문도 안 열었습니다.

할 수 없이 비행기 타는 걸 포기하고 캠프로 돌아가기로 하고 깊은 한숨을 쉽니다.

분명 돈 때문에 사람 수가 더 많은 서양인들을 먼저 태웠으려니 생각합니다.

이제 조금 단련이 되어서 아프리카니까 하고 마음을 내려놓지만 찜찜합니다.

캠프에 돌아오니 일찍 온 우리를 보고 딘즈가 자기가 예약해 놓았는데, 그냥 오면 어떻게 하냐고 짜증을 냅니다.

기가 막힙니다….

파라보고 설명하라고 하니 한참을 설명합니다.

그제서야 딘즈가 "노 프라브럼(No Problem)"이라고 말합니다.

이게 아프리카식인가 봅니다….

이 사람들은 자기가 잘못해도 미안해하지를 않는 것 같습니다.

그냥 괜찮다고만 합니다….

따지면 뭐 하나 싶어 마음을 추스르고 부지런히 콰이 보호구역에서 이틀 동안 지낼 옷가지와 세면도구를 챙겨서 지프에 오릅니다.

▲ 콰이 보호구역으로 이동할 지프와 가이드 겸 기사

출발 전 흑인 기사의 초점도 없는 장황한 이야기가 계속되고 지루하게 듣던 우리는 출발에 반가워합니다. 그것도 잠시 창문이 없는 게임 드라이브 차를 타니, 앞서 달리는 차와 마주 오는 차들의 모래 먼지로 우리는 앞사람의 머리도 볼 수 없을 정도로 눈을 뜰 수가 없습니다.

달리기 시작한 지 10분이 지나자 왜 노마드 트럭 대신 사륜 지프를 이용해야 하는지 이해가 갑니다. 길은 길인데 온통 모래로 된 길이라 사륜이 아니면 도저히 갈 수 없는 길입니다.

그렇게 우리는 그 먼지 길을 30분도 아닌 3시간을 달려 오카방고 델타에 있는 숙소에 도착합니다.

▲ 콰이 보호구역(Khwai Conservation Area)

차에서 내리니 온몸에서 먼지가 우수수 쏟아집니다.
다들 서로 쳐다보고 웃기 바쁩니다….
참 오랫동안 기억에 남을 이야기입니다.

▲ 모코로 타고 오카방고 델타 둘러보기

　차에서 내리자마자 흑인 청년들이 어디서 나타났는지 플라스틱으로 만든 긴 배(모코로, Mokoro)를 물가에 대고 2명씩 타라고 합니다. 얄팍하고 기다란 보트는 뒤에 서서 긴 막대기로 노를 젓는 젊은 흑인 청년의 마음대로 떠갑니다.

▲ 모코로 타고 오카방고 델타 둘러보기

▲ 모코로타고 오카방고 델타 둘러보기, 습지의 꽃   ▲ 모코로 타고 오카방고 델타 둘러보기, 새

습지에는 여기저기 이름 모를 새들이 앉아서 잡담들을 하고 있고 습지 식물들은 내 손을 쓰다듬으며 우리는 떠가고 있습니다….

그러다 물가에서 진흙과 물을 등에 뿌리며 목욕을 즐기고 있는 엄청난 크기의 코끼리들을 보고 그쪽으로 배를 밀어갑니다.

불과 10m 정도 앞에서 코끼리의 눈과 마주치는 순간 두려움을 느낍니다.

그렇게 2시간 정도 배를 타고 돌아오니 멋진 큰 텐트 밑에 식탁이 자리하고 뷔페식으로 몇 가지 음식이 차려져 있습니다.

나름 이 동네 셰프라며 하얀 긴 종이 모자를 쓰고 인사를 합니다.

일동 박수….

여기까지 우리를 인솔한 나이 많은 흑인 기사분이 설명을 합니다.

여기는 자연보호구역이라 건물도 지을 수 없고 수도 전기도 설치할 수 없어서 숙소가 많이 불편할 것이라고 미리 귀띔을 해주며 이동식 변기 사용법을 설명합니다.

이 시설도 1년 사용하고 다른 자리로 매년 옮겨야 한다고 합니다.

그러려니 하고 텐트 캠프에 들어가니 조명이 태양광을 이용해서인지 엄청 어둡습니다.

보츠와나(Botswana)

준비해 간 랜턴으로 불을 밝히고 이리저리 살펴보다 화장실을 들여다보니 함께 오신 여성분들이 걱정됩니다. 남자들이야 군대 생활을 다들 해보았으니 이 정도야 감당할 수 있지만 여성분들은 많이 힘들어하실 것 같습니다.

그렇게 걱정을 하며 잠시 침대에 앉아 쉬고 있는데 옆 텐트에서 "워터 스톱(Water Stop)"이라고 비명 소리가 들립니다….

한국말입니다….

달려가 보니 물 때문에 난리가 났습니다.

수도가 없다 보니 여기 직원들이 텐트 뒤의 물주머니에 물을 채워서 높이 걸어주면 아래 샤워 꼭지에서 물이 나오는 원리인데, 아직 물을 채워주지 않았는데 물을 틀어보니 물이(그전에 조금 남아 있던 물) 나와 샴푸와 비누칠을 하고 헹구려는데 물이 나오질 않아 난리가 난 사건입니다….

직원들에게 달려가 얼른 물을 채워서 위기를 극복했지만, 물주머니에 물이 5~7리터 정도밖에 되질 않아 먼저 샤워하는 사람이 물 조절을 잘해야 다음 사람이 낭패를 보질 않습니다.

워터 스톱….

그렇게 우리는 물난리를 뒤로하고 별들의 잔치를 보며 코를 골기 시작합니다….

▲ 모코로 타고 오카방고 델타 둘러보기, 코끼리 가족

▲ 오카방고 델타의 석양

보츠와나(Botswana)

콰이 보호구역(Khwai Conservation Area)

콰이(Khwai)는 보츠와나 북서부지역의 콰이 강(Khwai River) 북쪽 기슭에 있는 마을이며 강은 모레미 야생 동물 보호구역(Moremi Wildlife Reserve)의 북쪽 경계이며 마을은 오카방고 습지(Okavango Delta)의 동쪽에 있는 보호구역의 북문 바로 밖에 있다.

모코로(Mokoro)는 이 지역의 2인용 작은 배로 전통식은 통나무를 깎아서 만든 나무배이며 긴 장대를 이용하여 배를 이동시킨다. 요즘은 플라스틱으로 만들어진 배를 사용한다.

오카방고 습지(Okavango Delta, 보츠와나의 오카방고 델타 또는 오카방고 초원, 이전에는 '오카방고' 또는 '오코방고'로 표기)는 오카방고강이 칼라하리 내륙 분지 중앙부의 해발 930~1,000m의 지각 변동 골짜기에 도달하는 곳에서 형성된 광대한 내륙 삼각주이다. 이곳은 바다나 대양으로 흘러들지 않는 몇 안 되는 내륙 삼각주 체계 중 하나로, 습지 체계가 대부분 그대로 남아 있어 유네스코 세계문화유산으로 지정되었다.

20일 차: 8월 4일(Nomad 16일 차)

모레미 야생 동물 보호구역 사파리 즐기기

모레미 야생 동물 보호구역(Moremi Game Reserve)

▲ 오카방고 델타의 일출

숙소에서 오카방고 델타 뒤로 시뻘건 아프리카의 태양이 무섭게 불타기 시작합니다.

보츠와나(Botswana)

습지 뒤에서 떠오르는 붉은 불덩이는 가슴이 벅차다 못해 경이롭기까지 합니다.

우리는 일출을 보며 오늘 하루를 시작합니다.

새벽에 일찍 일어난 서양 사람들이 모닥불 앞에 모여서 커피를 마시고 있습니다.

그렇게 벅찬 일출을 뒤로하고 우리는 게임 드라이브 차에 올라 다들 담요를 덮고 만반의 준비를 합니다. 새벽녘은 제법 쌀쌀합니다. 아프리카에 어울리지 않는 찬 바람을 마주하며 모레미 야생 동물 보호구역으로 달려갑니다.

오늘도 흙먼지는 여전합니다.

▲ 모레미 야생 동물 보호구역
(Moremi Wildlife Reserve)

그래도 마주 오는 차량이 적어 어제보다는 조금 좋은 상황입니다.

공원 근처에서 차가 멈춥니다.

길가에 백골이 된 코끼리 머리를 보며 가이드 겸 기사가 설명을 합니다.

머리가 엄청나게 큰 코끼리 머리 백골에서 영겁의 세월이 느껴집니다.

그 옆에서 버펄로가 우리가 무슨 생각을 하든 아랑곳하지 않고 무심히 마른 풀을 뜯고 있습니다.

아프리카의 겨울이라서 길가에는 누렇게 마른 풀이 보이고 작은 강 주변에는 싱싱한 푸른 잎들이 보입니다.

비교적 푸른 나무숲도 있고 메마른 에토샤 국립공원과는 사뭇 달라

보입니다.

공원 입구에서 조금 가니 벌판에 폼 나는 큰 수사자가 턱 버티고 풀숲에 앉아 저쪽 벌판에 있는 임팔라나 작은 영양들을 쳐다보고 있습니다.

▲ 모레미 야생 동물 보호구역(Moremi Wildlife Reserve), 버펄로

풀을 뜯던 동물들이 잔뜩 긴장을 하고 사자가 풀숲에 앉아 있는 쪽을 주시합니다.

범상치 않은 포스를 지닌 사자는 너무 편안하게 앉아서 주변을 두리번거리다 졸고 있습니다.

에토샤 국립공원에서 그렇게 보기 힘들었던 사자를 너무 쉽게 보는 게 이상합니다.

조금 더 가니 영화 〈라이언 킹〉에 나오는 돼지 품바가 열심히 땅을 파고 있습니다.

▲ 모레미 야생 동물 보호구역 (Moremi Wildlife Reserve), 돼지

품바를 보니 정말 귀엽습니다….

생김새에 저절로 웃음이 나옵니다.

차를 타고 가다 보니 군데군데 큰 웅덩이가 있어서 뭔가 하고 궁금했었는데 나중에 알고 보니 코끼리 목욕탕이랍니다….

물웅덩이가 있는 큰 연못에 가보니 정말 코끼리들이 자기 몸집이 들어갈 만한 웅덩이를 파놓고 그 웅덩이 속에서 마구 뒹굴고 있습니다.

코끼리 새끼들도 귀엽게 짧은 다리를 하늘로 들고 등을 웅덩이에

보츠와나(Botswana)

비비고 있습니다.

  그렇게 코끼리 가족은 한참 목욕하고 놀다가 유유히 숲속으로 사라져 버립니다.

  어느새 종일 떠 있던 태양도 힘이 드는지 서서히 기울어 넘어가기 시작합니다….

  언제 시간이 갔는지 모르게 순식간에 하루가 지나갔습니다….

◀ 모레미 야생 동물 보호구역
(Moremi Wildlife Reserve), 사자

▲ 모레미 야생 동물 보호구역(Moremi Wildlife Reserve), 하마와 영양

▲ 모레미 야생 동물 보호구역(Moremi Wildlife Reserve), 코끼리 샤워

이제 어둠을 피해 캠프로 돌아가려고 차를 숙소 쪽으로 방향을 잡습니다.

이번에는 암사자 한 마리가 혼자서 떡하니 길에 엎드려 있습니다.

차가 가니 대충 어슬렁어슬렁 일어나 작은 언덕 위에 앉아서 교태를 부립니다.

▲ 모레미 야생 동물 보호구역 (Moremi Wildlife Reserve) 게임 드라이브 지프

차를 돌려 조금 오다 보니 숲속에 다른 게임 드라이브 차가 한 대 서 있습니다.

기사가 재빨리 차를 그곳으로 몰고 갑니다….

수사자와 암사자 둘이서 얼굴을 맞대고 자고 있습니다.

우리가 가까이 가도 천연덕스럽게 하품을 하고는 이내 또 눈을 감습니다….

기사 말로는 이 두 마리 사자는 합방을 하기 위해서 여기 함께 있는 것이라고 합니다….

오늘 신혼여행 와서 첫날밤인가 봅니다….

다들 너희는 좋겠다 하는 눈빛입니다.

그렇게 우리는 모레미 국립공원에서의 황홀한 하루를 보내고 숙소로 돌아와 어제의 실수를 반복하지 않기 위해서 조심스럽게 물주머니에 물이 있나 확인하고 샤워를 합니다.

오늘 밤도 옆 텐트에서 소곤거리는 소리와 하품하는 소리, 뭘 남몰래 먹는지 부스럭거리는 소리와 함께 잠을 청합니다.

▲ 모레미 야생 동물 보호구역(Moremi Wildlife Reserve), 사자 합방

모레미 야생 동물 보호구역(Moremi Wildlife Reserve)

모레미 야생 동물 보호구역(Moremi Wildlife Reserve)은 오카방고 델타의 동쪽에 위치하고 있으며, 바타와나 부족의 수장 모레미(Moremi)의 이름을 따서 명명되었고 면적이 약 5,000km^2(1,900제곱마일)로 오카방고 삼각주 동쪽의 대부분을 덮고 있으며 영구적인 물과 건조한 지역이 결합되어 예상치 못한 대조를 만들어 낸다.

21일 차: 8월 5일(Nomad 17일 차)

광활한 소금호수에서 황홀한 석양 보기

콰이 – 나타(Khwai – Nata)

다들 아침 일찍 일어나 모닥불 주변에 모여 손에 커피를 한 잔씩 들고 어제 본 동물들 그리고 오늘은 어디로 가는지에 대해서 대화를 하고 있습니다.

아침 일출 사진을 한 장 찍으려고 물가로 가니 가이드가 물 가까이 가지 말라고 합니다.

악어가 나올지 모른다고요….

그냥 멀리서 인증샷 한 장 찍고 물러섭니다….

우리는 콰이 보호구역에 올 때와 똑같이

▲ 모레미 야생 동물 보호구역 이른 아침

차를 나누어 타고 다시 노마드 트럭을 만나기 위해 마운(Maun)으로 달려갑니다. 오늘도 새벽 찬 바람에 담요를 둘러쓰고, 마스크를 장착하고, 모자를 깊게 눌러쓰고, 달리기 시작합니다.

바람 방향으로 인해서 올 때보다 먼지가 차로 훨씬 덜 들어옵니다.

바람이 우리를 살려줍니다.

그래도 모래 웅덩이와 비틀비틀 비포장도로는 오늘도 여지없이 우리를 아프리카 마사지로 대접합니다. 그렇게 길게만 느껴지던 마운까지 오는 길이 어느새 우리가 처음 만났던 광장에 도착해 기사 겸 가이드인 연세가 좀 있어 보이는 흑인 어르신께 악수와 약간의 봉사료를 건네며 인사를 합니다.

사실 흑인들이 나이가 있어 보여도 우리들보다 나이가 적습니다.

제가 보기에는 60세 정도 되어 보이는데 우리보다 훨씬 나이 들어 보입니다.

강렬한 아프리카의 태양이 피부를 빨리 늙게 하고 고생을 많이 해서인가 봅니다.

반갑게 다시 만난 기사 파라와 우리의 보금자리인 노마드 트럭이 마냥 반갑습니다.

항상 그렇듯이 차에 탑승해서 자기 자리를 일사불란하게 찾아가고 우리는 한쪽이 낮은 의자에서 미끄러지지 않으려고 엉덩이에 힘을 줍니다.

그렇게 우리는 늘 하듯이 가지런히 차에 앉아 의자를 부여잡고 부지런히 나타(Nata)로 달려갑니다.

꽤 고급스러워 보이는 리조트 주차장에서 다시 나타 보호구역을 방문할 게임 드라이브 지프로 바꿔 타고 우리는 쉴 틈도 없이 나타 보호구역인 소금호수(Salt Pans)로 들어갑니다.

우기에는 물이 차 있겠지만 지금은 건기라 그냥 메마른 넓디넓은 평야로 보이는 호수입니다.

아프리카의 풍광은 끝이 안 보이는 것이 그냥 늘상 풍경입니다. 소금호수의 느낌은 에토샤 국립공원과 비슷하지만 에토샤보다 동물들을 별로 볼 수 없습니다.

우기에 비가 와서 물이 차면 엄청난 수의 홍학이 몰려와 장관을 이룬다고 합니다.

지금은 건기라 물이 없어서 새와 동물들이 별로인가 봅니다.

그렇게 빙글빙글 소금호수를 방황하다가 사정없이 달리기 시작합니다.

▲ 소금호수(Botswanan Salt Pans) 게임 드라이브

▲ 소금호수(Botswanan Salt Pans)의 석양

멀리 벌판에 차들이 잔뜩 몰려서 서 있습니다.

여기서 보는 석양이 너무 아름답다고 합니다.

가이드들이 아이스박스에서 시원한 맥주와 음료수를 한 병씩 주고 석양을 즐기라고 합니다.

점점 해가 기울어 가니 온통 시뻘겋게 세상이 변해갑니다.

아프리카는 흙도 붉고, 일출도 붉고, 일몰도 붉고 온통 붉은색입니다.

그렇게 맥주 한 잔과 함께 져버린 해를 버리고 다시 노마드 차량에 탑승합니다. 여기서 1시간 정도를 가야 우리 숙소가 있다고 합니다. 벌써 날은 어두워졌습니다. 캄캄한 밤을 우리는 희미한 자동차 전조등에 의지해서 달려갑니다.

우리는 엘레판트 샌드 로지(Elepant Sand Lodge)에 도착해서 방을 배정받고 여기서는 코끼리를 조심하라는 주의사항을 듣습니다.

땅바닥에 엄청난 크기의 코끼리 똥이 널려 있습니다….

조심조심 숙소에 도착해서 하루의 피로를 풀고 싶어 샤워를 하다가 깜짝 놀랍니다….

발가벗고 샤워하다 말고 놀라서 뛰쳐나옵니다.

창문 너머로 코끼리가 저를 쳐다보며 어슬렁어슬렁 지나가며 "뿌~우" 하고 소리를 지릅니다.

코끼리가 건드리면 힘없이 넘어질 듯한 건물이 불안합니다.

우리는 그나마 숙소를 이용하지만, 텐트를 치고 자는 사람들은 코끼리에게 밟히면 어쩌나 하는 생각에 머릿속이 복잡합니다.

숙소 이름답게 모래와 코끼리가 그득합니다.

우리는 코끼리 울음소리를 자장가 삼아 잠을 청합니다….

오늘은 코끼리들이 살아가는 공간에 우리가 들어와 숨을 쉬고 있습니다.

한국의 관광도시 속초에서 저는 지금 아프리카대륙의 보츠와나라는 나라의 시골인 어느 로지에 와 있습니다. 엄청나게 먼 거리를 공간이동 하여 이곳에서 먹고, 마시고, 자고, 느끼고, 생각하고 있습니다.
　이곳 사람들의 삶의 공간 속에 들어와 이들의 삶을 냄새 맡고 있습니다.
　상상의 냄새와 다른 실제의 냄새는 오감을 자극합니다.
　인간은 매일 공간이동을 합니다.
　그 공간이동을 통해서 우리는 끊임없이 정보를 수집하고 의사소통하며 살아갑니다.
　오늘도 나는 아프리카에서 내가 비워놓은 공간을 메워갑니다.

▲ Elepant Sand Lodge의 코끼리들

보츠와나 소금호수(Botswana Salt Pans)

보츠와나 북동부의 건조한 사바나 중앙에 위치한 소금호수로, 세계에서 가장 큰 소금호수 중 하나다. 이 소금호수는 예전에는 엄청났던 Makgadikgadi 호수의 유일한 잔해로, 한때는 스위스보다 더 넓은 지역을 덮고 있었지만 수만 년 전에 말라버렸다. 대부분 1년 내내 건조하고 짜고 진흙 껍질인 소금 평원은 계절에 따라 물과 풀로 덮여 있으며, 이 매우 건조한 지역에서 새와 동물의 피난처가 된다. 기후는 덥고 건조하지만, 매년 정기적으로 비가 내린다.

22일 차: 8월 6일(Nomad 18일 차)

보트 크루즈로 쵸베 국립공원 야생 동물 구경하기

> 나타 – 카사네 – 쵸베 국립공원
>
> (Nata – Kasane – Chobe National Park)

　오늘은 코끼리들이 설쳐대는 로지를 떠나 카사네(Kasane)에 도착해 쵸베 국립공원을 방문하기 위해 새벽부터 부지런히 짐을 쌉니다.
　아마 오래전에 도로를 포장한 듯합니다.
　2차선인 고속도로는 양쪽 도로 끝이 다 없어지고 가운데만 남아 차선이 하나만 있는 상태입니다.
　그것도 1km를 미처 못 가서 도로가 패이고 비포장이라 차가 빨리 갈 수가 없습니다.
　가다가 멈추기를 계속하며 기어갑니다.
　고속도로라고 합니다….
　그렇게 답답함을 달래가며, 이리저리 피해 가까스로 카사네에 도착합니다.

우리는 간단한 점심 후 바로 쵸베 국립공원을 구경할 수 있는 크루즈 보트를 탑니다.

크루즈 보트라야 큰 게 아니고 한 20~30명 정도 타고 가는 바지선 같은 형태에 접이식 의자가 놓여진 배입니다. 아이스박스에 시원한 맥주를 담고 두근거리는 가슴을 손으로 부여잡고 저 너머 섬을 향해 미끄러져 갑니다.

▲ 쵸베 국립공원(Chobe National Park), 하마 무리

TV에서만 보던 쵸베 국립공원의 속살을 만져보고 느껴보기 위해서 살살 미끄러져 갑니다.

눈앞에서 하마들이 풀을 뜯고 있습니다.

물속에서 고개만 내밀고 조용히 있는 악어 옆에 가마우지가 깃털을 말리겠다고 온 날개를 펴고 햇빛을 향해 있습니다.

▲ 쵸베 국립공원
(Chobe National Park), 가마우지

▲ 쵸베 국립공원(Chobe National Park), 하마

▲ 쵸베 국립공원(Chobe National Park), 악어

그렇게 유유히 흐르는 강물에 지금은 풍요와 평화가 가득함이 느껴지는데, 언제 이 평화가 깨질지는 아무도 모릅니다.

하마 무리가 서로 겹쳐서 불편하게 머리를 이고 지고 자고 있다가 눈을 부릅뜹니다.

우리가 찍어대는 카메라 셔터 소리가 거슬렸는지….

쵸베 국립공원에도 게임 드라이브와 워킹 사파리 등 다양한 액티비티가 있는데, 우리는 몇 번의 게임 드라이브를 하고 난 후라 이번에는 보트 크루즈로 야생 동물들을 관찰합니다.

쵸베강은 강의 중간지점을 경계로 나미비아, 보츠와나, 짐바브웨, 잠비아 이 4개의 국가가 국경을 맞대고 있으며, 쵸베 국립공원은 보츠와나와 나미비아 국경 사이에 엄청난 크기의 섬을 중심으로 형성되어 있는 국립공원입니다.

보트 크루즈는 약 3시간 동안 가장 동물들을 보기 쉬운 몇 군데를 보여줍니다.

오늘도 여지없이 넘어가는 해를 쵸베 국립공원을 배경으로 촬영하며, 우리는 숙소로 돌아와 차에서 짐을 내려 풀기 바쁩니다.

오늘은 여자 선생님들께서 맛난 걸 해주신다고 합니다.

어제 잠시 들른 마트에서 감자를 샀다고 합니다.

오늘 밤은 쵸베 국립공원에 방문한 기념으로 감자전에 소맥 한잔하면서 이야기꽃을 피울까 합니다.

숙소 가운데 마당에 분위기 있는 파골라 밑에 돌로 만든 테이블과 의자가 있습니다.

숙소에 사람들도 거의 없어서 요리해서 먹기에는 그만입니다.

◀ 쵸베 국립공원
(Chobe National Park),
코끼리 가족

여선생님 두 분이서 트럭에 있는 도구로 감자를 갈아서 왔습니다.

감자전이 짜니 싱겁니 하면서 만들어지고, 우리는 그렇거나 말거나 "아프리카에서 웬 감자전" 하면서 먹기 바쁩니다….

그때 마침 초대한 딘즈가 달달 볶은 듯한 레게 머리를 흔들며 걸어 옵니다.

딘즈가 감자전을 먹어보고 엄지를 척 하고는 잘 먹습니다.

딘즈는 한국 사람을 보면 무조건 친구라고 부릅니다.

언젠가 트럭킹 온 한국 사람이 가르쳐 주었답니다.

딘즈에게 돈 많이 버냐고 물었더니, 많이 벌어야 한다고 대답합니다….

왜 그래야 하는지 물으니 부양할 식구가 많답니다….

우리는 "아!!!"

한국식으로 부모님이나 동생들 또는 챙겨야 할 가족들이 많이 있나 보다 했는데….

와이프가 2명이고 아이가 3명이라고 합니다.

순간 남자들이 "와!!!" 하고 소리를 지릅니다.

서른 중반이면 우리 아들뻘인데 와이프 2명에 아이 3명입니다.

그래서 제게 친구라고 부르는가 봅니다….

아프리카니까!!! 웃으며 넘어갑니다.

그렇게 우리는 감자전과 라면 그리고 소맥으로 오늘 하루를 마무리 합니다.

죠베 국립공원(Chobe National Park)

죠베 국립공원은 보츠와나 최초의 국립공원이자 가장 생물학적으로 다양한 국립공원이며 이 나라 북부에 위치한 이 국립공원은 센트럴 칼라하리 게임 리저브와 젬스복 국립공원에 이어 보츠와나에서 세 번째로 큰 국립공원이다. 이 공원은 약 5만 마리로 추산되는 대규모 코끼리 개체군으로 널리 알려져 있고 여기에 사는 코끼리는 칼라하리 코끼리로, 알려진 모든 코끼리 개체군 중에서 무리 규모가 가장 크다. 이들은 토양의 칼슘 결핍으로 인해 다소 부서지기 쉬운 상아와 짧은 엄니가 특징이며 일부 지역에서는 코끼리의 수가 너무 많아서 피해가 심각하다.

짐바브웨공화국(영어: Republic of Zimbabwe) 또는 짐바브웨는 남아프리카의 내륙국으로, 잠베지강과 림포포강 사이에 위치하고 있으며, 남아프리카공화국, 보츠와나, 잠비아, 그리고 모잠비크와 국경을 맞대고 있다. 짐바브웨의 수도이자 최대 도시는 하라레이다. 짐바브웨에는 대략 1,400만 명이 살고 있으며, 영어, 쇼나어, 은데벨레어를 포함한 16개의 공용어가 쓰이고 있다. 짐바브웨의 국토 면적은 39만km²이며 남한 면적의 약 3.8배 정도다.

차 창밖 아프리카
CHAPTER

짐바브웨

Republic of Zimbabwe

23일 차: 8월 7일(Nomad 19일 차)

세계 3대 폭포인 빅토리아폭포 탐방하기

짐바브웨 - 빅토리아폭포(Zimbabwe - Victoria Falls)

▲ 짐바브웨 국경 출입국관리소

오늘은 모레미 국립공원과 쵸베 국립공원, 오코방코 델타 등 놀랍고도 신비로운 풍광과 동물들 그리고 사건 사고가 많았던 정든 보츠와나를 떠나 짐바브웨로 국경을 넘어가는 날입니다.

보츠와나 국경에서 출국 신고를 하고 짐바브웨로 넘어오니 입국 신고 줄이 길게 늘어져 있습니다.

한참을 기다리다 우리 팀 차례가 되니 여권과 비자 피(Fee) 30달러를 받고는 저쪽으로 가서 기다리라고 합니다.

한참을 기다리니 딘즈가 여권을 한꺼번에 다 들고 옵니다.

뭐!!! 얼굴이고, 지문 대조, 여권검사, 이런 것도 없고 그냥 비자 피(Fee) 받을 목적이 전부인 것 같습니다.

어찌 되었든 우리는 짐바브웨 국경을 넘어 입국합니다.

짐바브웨 국경을 넘으니 물이 풍부해서 그런지 초목이 풍성한 것이 나미비아, 보츠와나와 사뭇 다른 풍광입니다.

역시 물은 풍요를 부르는가 봅니다….

국경을 넘어서니 고도가 계속 높아지는지 차가 헉헉대며 오르막을 계속 오릅니다.

저 높은 평야 지대에 엄청난 규모의 폭포가 있다니 빨리 보고 싶은 마음에 눈은 벌써 도착한 듯합니다.

우리가 그렇게 마음을 조아리며 서서히 다가간 빅토리아 폴스 마을은 여태껏 보아온 아프리카 마을과 많이 다릅니다.

유명한 관광지라서 그런지 제법 세련되고 잘 꾸며진 카페와 레스토랑, 외국인들, 그리고 선물 가게 등 볼거리가 많이 있습니다.

도착하자마자 딘즈가 우리를 내일 즐길 액티비티 예약 센터에 풀어 놓습니다.

저는 폭포 밑까지 가는 제트 보트를 타려고 했는데 아쉽게도 보트

짐바브웨(Republic of Zimbabwe)

가 고장이라 운행 중지라고 합니다.

　다른 건 별로 흥미롭지 않아 포기하는데 우리 팀 네 분이 내일 아침 경비행기로 빅토리아폭포를 돌아보는 액티비티를 예약합니다.

　그렇게 우리는 대충 예약을 끝내고 오늘 숙소인 리조트로 들어가 보니 여태껏 지나온 숙소 중 시설이 가장 훌륭하고 모든 게 잘되어 있습니다.

　딘즈가 준비한 점심을 먹고 여기까지 함께한 일행이 모여 자리합니다.

　오늘은 가이드 딘즈와 운전기사 파라와 케이프타운에서 빅토리아폭포까지 노마드 트럭킹 여행의 마지막 날입니다….

　모두 모여 앉아 딘즈의 말에 귀를 기울입니다.

　다들 서운한 표정이 역력합니다….

　우리는 말없이 웃으며 딘즈와 파라에게 박수를 쳐주고 가슴으로 악수를 합니다.

▲ 남아프리카 케이프타운에서 짐바브웨 빅토리아폭포까지 20일 여정의 마지막 모임

그렇게 우리는 20일 동안 함께한 팀이 해체되고 내일 잠비아 리빙스턴에서 케냐 나이로비까지 가는 또 다른 팀을 만나 다시 출발합니다.

서운한 마음을 가슴에 가득 품고 우리는 배정받은 숙소에 짐을 풀고 부지런히 모여 빅토리아폭포를 보기 위해서 전쟁터에 출정하듯 사뭇 진지한 마음으로 폭포 쪽으로 발길을 재촉합니다.

숙소에서 빅토리아폭포까지 약 2km 정도 되는 것 같아서 운동도 할 겸 우리는 신발 끈을 단단히 묶고 출발합니다.

리조트 정문을 나가 조금 걸으니 팔찌, 목걸이 등을 들고 흑인 젊은 청년이 따라붙습니다.

끝까지 따라옵니다.

우리도 끝까지 모른 체하며 걸어갑니다….

빅토리아폭포 입구가 보여 들뜬 마음으로 달려가 매표소를 들여다보니 입장료가 외국인은 50불입니다. 엄청 비쌉니다….

그런데 지금 들어가면 늦어서 1시간 정도 보면 퇴장해야 한다고 합니다….

우리는 내일 아침 일찍 와서 보기로 하고 기왕 여기까지 온 김에 조금 더 걸어가 보기로 합니다.

조금 더 도로를 따라 걸어가니 철문이 있고 군인이 보초를 서고 있습니다.

지나가도 되냐고 했더니 저기 출입국관리소를 지나오랍니다.

자세히 보니 짐바브웨와 잠비아의 국경입니다.

사람들의 통행량이 많아서인지 출입국관리소에서 여권을 보여주고 도장 찍은 종이를 국경 초소에 내면 바로 국경을 넘어갈 수 있다고 합니다.

짐바브웨(Republic of Zimbabwe)

▲ 짐바브웨-잠비아 국경 다리   ▲ 짐바브웨-잠비아 국경 다리
　　　　　　　　　　　　　　　　　열차에 매달린 상인들

▲ 짐바브웨-잠비아 국경 다리에서 빅토리아폭포 풍경

　우리가 국경을 넘어 계속 잠비아 쪽으로 걸어가니 사람과 기차가 통행하는 철교가 나옵니다.
　생각지도 않았는데 철교 위에서 보는 빅토리아폭포가 장관입니다….
　우리는 한참을 서서 폭포를 감상하고 있는데 정말 오래된 기차가 다리로 들어옵니다.
　다리에 진입해서 기차가 멈추니 상인들이 기차에 매달려 물건을 들이밀고 사라고 아우성칩니다.

　우리는 신기하게 기차를 바라보다 어둠을 피해 숙소로 발길을 돌립니다.

　숙소 근처에 도착하자 아까 갈 때 따라붙었던 흑인 청년이 기다렸다는 듯이 우리에게 물건을 들고 돌격합니다.

　우리가 졌습니다….

　우리는 그 끈질김과 노력에 10불을 주고 몇 가지 액세서리를 받아 숙소로 들어갑니다.

　오늘이 제 생일이기도 하고 내일은 케이프타운에서 빅토리아폭포까지 함께 여행한 우리 팀 네 분이 한국으로 돌아가야 하는 날입니다. 오늘 밤이 마지막이라 우리는 조촐하게 서운함을 달래려고, 저녁과 이별주를 한잔하기 위해 딘즈가 소개해 준 중국 식당에서 오래간만에 맛나게 식사하고, 케이크도 자르고, 아쉬움에 허공에 소리를 지르며 떠들고 웃어댑니다….

　그렇게 웃음소리와 함께 오늘도 하루가 갑니다….

빅토리아폭포(Victoria Falls)

빅토리아폭포(영어: Victoria Falls, 문화어: 빅토리아폭포)는 잠비아와 짐바브웨 사이 잠베지강에 위치한 폭포이다. 빅토리아폭포는 스코틀랜드인 탐험가 데이비드 리빙스턴이 영국의 빅토리아 여왕의 이름을 따서 지어졌으며, 이것은 짐바브웨에서 사용 중인 이름이다. 더 오래된, 토착 이름인 모시오아툰야 폭포(Mosi-Oa-Tunya, 뜻: 천둥소리 내는 연기, 문화어: 모지라뚜리아 대폭포)는 잠비아에서 공식적으로 사용 중이다. 세계 유산 목록은 두 이름 다 인정한다. 빅토리아폭포는 너비 1.7km와 높이 108m의 규모이다.

짐바브웨(Republic of Zimbabwe)

잠비아공화국(Republic of Zambia)은 아프리카에 있는 내륙국으로 수도는 루사카이다. 북쪽으로 콩고민주공화국, 북동쪽으로 탄자니아, 동쪽으로 말라위, 남쪽으로 모잠비크, 짐바브웨, 보츠와나, 나미비아, 서쪽으로 앙골라와 국경을 접한다. 아프리카 남부의 내륙국으로서 높은 평원이며 언덕과 산악 지대뿐만 아니라 강과 계곡도 많이 있다. 전체 면적으로는 세계에서 39번째로 큰 나라이며 미국 텍사스주보다 약간 큰 정도이다. 잠비아의 국토 면적은 752,614km²로 남한 면적의 약 7.5배 정도이다.

차 창밖 아프리카
CHAPTER

잠비아

Republic of Zambia

24일 차: 8월 8일(Nomad 20일 차)

빅토리아폭포 탐방 후 이별, 그리고 국경 넘어 잠비아 리빙스턴

> 빅토리아폭포 – 리빙스턴(Victoria Falls – Livingstone)

   오늘은 무척 바쁜 날입니다.

   오전에 빅토리아폭포를 서둘러 방문하고 우리 일행 중 네 분은 빅폴스공항에서 남아공 케이프타운 가는 비행기를 타야 합니다. 케이프타운에서 하루를 자고 다음 날 싱가포르 창이공항을 거쳐 한국으로 가야 하기 때문입니다.

◀ 빅토리아폭포(Victoria Falls) 입구 흑인들의 전통음악 연주

아침 일찍 택시를 불러서 타고 빅폴스 내셔널파크에 거금 50불씩 주고 입장합니다.

폭포 소리가 귓등을 때려서 아플 정도로 소리가 엄청납니다.

역시 세계 3대 폭포인 빅토리아폭포인가 봅니다.

어제 헬기로 폭포를 돌아보신 분들의 입가에 미소가 번집니다….

어제 헬기 투어 하고 난 뒤에 하늘에서는 너무 볼 게 없다고 푸념들을 하셨는데….

너무 웅장하고 아름답다고 이야기하기에는 그 스케일을 표현할 길이 없습니다.

우리는 뷰 포인트인 1번부터 열심히 보고 사진 촬영을 반복하며 계속 걸어갑니다.

가는 곳마다 감탄사가 절로 나옵니다.

너무나 황홀합니다….

저 높은 절벽 위에서 까마득한 계곡으로 떨어지는 거대한 물줄기는 무서운 공포감까지 불러일으킵니다. 부럽습니다….

우리도 이런 폭포 하나 있어서 세계 사람들이 보러 우리나라로 왔으면 하는 생각을 해봅니다.

그렇게 우리는 마지막 뷰 포인트에 도달해서 저 멀리 계곡 넘어 폭포로 가는 코스를 쳐다보며 발길을 돌립니다.

잠비아(Republic of Zambia)

▲ 빅토리아폭포(Victoria Falls)

▲ 빅토리아폭포(Victoria Falls)

▲ 빅폴스공항 짐바브웨 전통음악 공연

잠비아(Republic of Zambia)

서둘러 숙소에 돌아와서 택시를 부르려고 하는데 딘즈가 차를 가져와 공항에 데려다준다고 합니다.

우리는 딘즈의 배려에 감사하며 아담하고 깨끗한 빅폴스공항에 도착하니 아프리카 원주민 복장을 한 여러 명의 흑인들이 자신들의 전통음악과 춤으로 공연을 하고 있습니다.

잠시 서서 구경하고 바로 비행 수속을 시작합니다.

수속을 하면서 네 분만 가시는 게 불안해서 항공사 직원에게 짐이 케이프타운까지 바로 가냐고 물었더니 요하네스버그에서 짐을 찾아서 케이프타운 가는 수속을 다시 해야 한다고 합니다.

확인하지 않았으면 큰 문제가 생길 뻔했습니다….

그렇게 몇 번이고 조심해서 가시라고 당부에 당부를 하고 호주 후배와 저는 발길을 돌려 빅폴스 마을로 돌아와 쓰리몽키즈 레스토랑(Three Monkeys Restaurant)에서 햄버거와 콜라로 점심을 하고 숙소로 돌아가 오후에 짐바브웨 국경을 넘어 잠비아의 리빙스턴으로 가려고 준비를 합니다.

숙소 로비에서 잠비아 리빙스턴으로 가기 위해 한참을 기다리고 있는데 딘즈가 나타납니다.

조금 전에 딘즈와 바이 바이 했는데….

갑자기 본사에서 케냐까지 가이드 가라고 해서 또 함께 가게 됐다고 좋아합니다.

"친구, 친구!" 하면서 반갑게 우리에게 노마드와 함께한 한국 친구들도 많은 듯 사진을 보여줍니다.

한국 사람들이 인간적이고 의리 있고 친절해서 너무 좋다고 합니다….

조금 있으니 노마드 차량이 와 우리를 픽업해서 리빙스턴에 있는 잠베지강 주변의 숙소에 내려줍니다.

내일부터 우리 둘과 미국인 부부, 영국인 부부 이렇게 6명 기존 멤버와 새로운 다른 멤버들이 합류하여 케냐 나이로비까지 22일간의 트럭킹이 다시 시작됩니다.

빅폴스까지는 숙소를 이용했는데 이제부터는 텐트를 이용하는 캠핑을 하기로 되어 있습니다.

숙소에서 잠시 쉬다가 강가로 나오니 많은 사람들이 잠베지강의 석양을 보기 위해서 여기저기 삼삼오오 모여 유난히 붉은 잠베지강으로 떨어지는 석양을 조용히 그윽한 눈으로 쳐다보고 있습니다.

조용하고 잠잠하게 잠베지강은 멈춰 있는 듯 고요합니다….

왠지 모를 도도함과 자신감이 느껴집니다….

조금 더 가서 천둥소리와 함께 물 폭탄으로 너희들을 놀라게 할 것이라고 내심 자신감으로 가득 차 있는 붉은색 황혼을 품은 잠베지강 속으로 마음을 던져봅니다….

▲ 잠베지강(Zambezi River)의 석양

잠비아(Republic of Zambia)

그렇게 오늘도 잠베지강의 석양과 함께 유난히 바쁜 하루를 마무리합니다.

잠베지강(Zambezi River)

아프리카에서 네 번째로 긴 강이며, 아프리카로부터 인도양으로 흐르는 가장 큰 강이다.

면적은 1,390,000km^{2}이다. 2,574km 길이의 잠베지강은 잠비아에 수원이 있으며 앙골라를 통과하여, 나미비아, 보츠와나, 잠비아, 짐바브웨의 국경을 따라 흐르다가 모잠비크를 지나 인도양과 만난다. 잠베지강의 가장 장관인 풍경은 세계에서 가장 큰, 아름다운 빅토리아폭포이다.

25일 차: 8월 9일(Nomad 21일 차)

컬러풀한 거리의 건물색과 애국심

리빙스턴 – 루사카(Livingstone – Lusaka)

이른 아침의 잠베지강은 아프리카에서 가장 유명한 빅토리아폭포에 흘릴 엄청난 물을 품고 있어서인지 자신감이 있는 차분함이 돋보입니다.

여기서 1km만 가면 이 강물은 까마득한 절벽 아래로 떨어져 짐바브웨와 나누어 갖게 됩니다.

▲ 리빙스턴에서 케냐까지 함께할 빅브라더 마이크(기사)와 딘즈(가이드)

우리가 오늘 잠베지강을 떠나듯 내 앞의 강물은 조용히 흘러 세상에서 하나밖에 없는 장엄한 빅토리아폭포를 만들기 위해 조용히 떠납

잠비아(Republic of Zambia)

니다.

우리는 그런 잠베지강을 바라보며 가벼운 조식 후 이제 동아프리카로 떠날 트럭에 탑승합니다.

스페인에서 온 남녀 두 쌍, 미국 플로리다에서 오신 미국 할머니 한 분, 호주 어르신 부부, 영국 할아버지 한 분, 미국 부부, 영국 부부, 우리 둘, 14명이 한 팀이 되어 트럭에 자리 잡고 앉아 있습니다.

▲ 칼라풀한 잠비아의 시골 마을

잠시 후 딘즈가 리빙스턴에서 케냐 나이로비까지 우리의 발이 되어줄 트럭 기사와 함께 차에 올라 출발 전 우리에게 자신들을 소개합니다.

연세가 좀 들어 보이는 기사를 소개하며 딘즈가 말합니다….

노마드 여행사에서 가장 나이가 많은 빅브라더라고 합니다.

큰형이니 연세가 드셨을 거라 짐작합니다.

소개가 끝나고 드디어 차가 리빙스턴을 떠나 달리기 시작합니다.

확실히 여태껏 차 창밖으로 보아온 풍경과 많이 다릅니다.

보츠와나를 지나오자 고도도 높아지고 물이 풍부해서인지 수목이 우거져 초록색이 많이 보입니다. 그렇게 달리다 보니 조그마한 마을을 지나갑니다.

　늘어져 있는 상가를 칠한 색들이 컬러풀합니다.

　아프리카에 들어와서 시골 마을 작은 상가들이 화려한 색으로 칠해져 있어서 역시 흑인들이 컬러풀한 걸 좋아한다고 생각했는데 자세히 보고 곰곰이 생각을 해보니 지나온 나라마다 칠한 색이 조금씩 틀립니다….

　아!!! 나라마다 자기 국가의 국기에 있는 색을 주로 칠한 겁니다….

　잠비아도 역시 국기에 있는 색 중에 하나를 골라서 칠한 겁니다….

　자신의 나라에 대한 애국심인지?

　아니면 국가에서 시킨 건지?

　잘 몰라서 그냥 국기 색으로 칠한 건지? 궁금합니다….

　차 창밖으로 보이는 잠비아 사람들의 삶은 복잡해 보입니다.

　작은 마을에도 사람들이 많이 보입니다.

　많다기보다는 바글바글합니다.

▲ 잠비아 시골 마을 풍경

잠비아(Republic of Zambia)

식자재를 사기 위해서 마트에 갔더니 사람들이 엄청납니다.
마트 주변 길가 노점에서 과일이나 채소 등 생필품을 팔기도 합니다.
한적한 시골 도로 주변에 숯과 도자기를 파는 모습도 보입니다.

▲ 잠비아 시골 마을 풍경

잠베지강의 은혜를 입은 풍요로운 수목이 우거진 잠비아의 사람들의 삶은 얼마나 풍요로운 삶을 살아가고 있는지 사뭇 궁금합니다.
잠베지강의 축복이려니 합니다….
차 창밖으로 사람들의 활기찬 모습이 계속 보이고 우리는 동아프리카 여행 첫날부터 강행군입니다.
저녁이 다 되어가는데 차는 멈출 기미를 보이지 않고 계속 달려가고 있습니다.

지도상으로 현재 약 400km를 이동 중이고, 한국 같으면 5~6시간 걸릴 거리를 10시간 정도가 걸리는 것 같습니다.

그래도 잠비아는 도로 사정이 그나마 좀 좋아서 이 정도 걸린 것 같습니다.

나미비아나 보츠와나 같으면 이틀 동안 이동할 거리입니다….

언제 숙소에 도착하나 하고 고개를 빼고 쳐다보는데 큰 철문이 열리고 드디어 오늘 숙소에 도착합니다.

20일 동안은 숙소를 이용해서 따뜻하고 안락한 밤을 보냈지만, 이제부터 22일 동안은 텐트를 치고 야영해야 합니다.

무슨 사정인지 일정표에는 오늘 치룬드(Chirundu)에서 하루 숙박인데 루사카(Lusaka)로 방향이 바뀌었습니다.

아무튼 피곤함에 물어볼 기운도 없습니다.

캄캄한 어둠 속에서 처음 치는 텐트라 시간이 조금 걸렸지만, 무사히 오늘 밤 안식처를 완공하였습니다.

여러 사람이 사용해서인지 내부는 지저분합니다….

물티슈로 한참을 청소하고 드디어 짐을 풉니다.

짐을 풀어 헤치니 텐트 가득합니다….

그렇게 침낭 속에 들어가 동아프리카 여행의 첫날 밤을 지새웁니다….

원래 계획은 전 일정 텐트 야영을 생각했지만, 일행들이 생겨서 빅토리아폭포에서 일행들이 떠나면 야영하기로 계획을 수정했습니다.

잠비아(Republic of Zambia)

26일 차: 8월 10일(Nomad 22일 차)

잠비아 루앙와 시장에서 과일 사 먹기

> 루사카 – 페타우케(Lusaka – Petauke)

어제 온종일 차를 타서인지 일찍 잠이 들었나 봅니다.

아침 일찍 눈을 뜨니 장거리 이동에 피곤한 나는 조그마한 새장 안 둥지에서 몸을 웅크리고 있습니다.

아프리카 출발 전 텐트 숙박 시에 준비할 것을 찾아보니 따뜻한 침낭이 필요하다고 합니다.

아무래도 숙소와 달리 야외 취침이니 더위나 추위 문제가 있을 거라고 합니다.

여러 개의 침낭이 있지만 이번에는 배터리를 이용해 침낭 안에 열선이 작동하여 따뜻하게 만들어 주는 부피가 작은 침낭을 하나 구매해서 가지고 온 것이 신의 한 수였습니다.

새벽에 더워서 전원을 끄고 잠이 들었는데 아침에 텐트 밖을 나오니 좌우에 있는 텐트에서 스페인 젊은 친구들이 오들오들 떨면서 나옵니다.

추워서 한숨도 못 잤다고 합니다.

안타까움보다 웃음이 나옵니다….

그렇게 일어나서 나온 텐트는 제법 안락했습니다.

샤워실하고 화장실이 떨어져 있어서 불편한 것만 빼면 지낼 만합니다.

서양 사람들은 유년기부터 학교나 가정에서 캠핑을 자주 해서인지 캠핑 생활에 매우 익숙해 보입니다. 남녀 공동화장실이나 샤워실 사용도 거리낌 없이 공유하고 자연스럽게 사용하며, 도로에 차가 서면 스스럼없이 풀숲으로 휴지를 들고 들어갑니다.

야생에 강한 듯합니다….

일어나 씻고 부지런히 텐트를 걷어서 정리합니다. 처음이라 조금 힘들지만, 곧 익숙해지면 금방 할 거로 생각합니다.

젊은 스페인 연인들이 꾸물댑니다.

조금 있으니 딘즈가 아침 식사하고 30분 후에 출발한다고 하니 이 친구들 갑자기 바빠집니다….

그렇게 우리는 또 트럭에 올라타고 시계방향으로 자리를 한 칸씩 돌아가며 스스로 알아서 착석합니다.

습기가 가득 찬 차 유리창을 휴지로 닦으며, 오늘은 이 창문이 내게 무얼 보여주려나 하고 기대를 해봅니다.

빅브라더 마이크(운전기사)가 "에브리바디 굿 모닝!" 하면서 브레이크에서 발을 떼고 액셀러레이터에 힘을 줍니다.

부드럽게 우리는 알라딘의 양탄자려니 하고 출발합니다….

잠비아의 수도 루사카(Lusaka)입니다.

수도라고는 하지만 그냥 우리나라의 작은 마을 정도의 규모입니다.

잠비아(Republic of Zambia)

그래도 사람들은 엄청납니다.

사람 수로 보면 수도인 것 같습니다.

루사카를 벗어나 조금 달리니 온통 흰색 포대에 검은색 숯을 가득 담은 포대들이 엄청나게 쌓여 있는 어느 마을을 지납니다. 나무도 별로 없는데 어디서 숯을 만들어 오는지 신기합니다. 대체 연료가 없으니 유일한 연료인 것 같습니다.

짙은 색 고압선들이 정신없이 널려 있고, 검은색 나무들이 누워 회색 이불을 감싸고 있고, 검은색 사람들이 색깔 옷을 입고, 점 찍듯이 서 있는 풍경이 한 편의 추상화를 보는 듯합니다.

조금을 더 달리니 멀리 커다란 안테나가 보이고 와이파이가 터집니다.

버스 안에서 갑자기 다들 작은 스마트폰을 들고 화면을 열어 각자 무엇인가를 합니다.

저도 구글 맵을 열어 우리가 어디로 가고 있는지를 확인합니다….

▲ 잠비아 수도 부근의 풍경

그렇게 시작한 인터넷은 제 눈을 스마트폰 화면에 못 박아버립니다.

마치 문명에 중독되거나 세뇌된 것 같이 스마트폰에서 눈을 떼지 못합니다.

한참을 나는 차 창밖의 풍경을 잃어버렸음을 와이파이 신호가 꺼지면서 깨달았습니다.

인터넷이 안 잡힐 때는 아무 생각 없이 불멍을 때리듯이 창멍을 때리고 있었는데….

그래서 일부러 해외 로밍도 신청하지 않고, 유심도 사지 않고 가능하면 인터넷 사용을 자제하려고 했는데, 잠시 유혹에 빠졌습니다.

그렇게 후회하는 동안 트럭이 헉헉대며 언덕을 오르고 있습니다.

엄청나게 큰 산맥을 지나는 것 같습니다.

한참을 올라 차는 이름 모를 작은 휴게소 같은 곳에 섭니다. 나뭇가지로 길가에 얼기설기 엮어서 만들어 놓은 화장실에 여자들이 들어가고, 남자들이 밖에서 보초를 서주고 있습니다.

▲ 페테우케 가는 길목의 이름 모를 휴게소

딘즈는 부지런히 점심 준비를 합니다.

점심이라야 야채와 토마토 등을 씻고, 통조림 캔을 열고, 밀가루로 만든 케밥 싸 먹는 난이 전부입니다.

다들 난 한 장에 먹고 싶은 것 조금씩 넣고 후딱 먹고 또 출발합니다.

오늘 오전은 창밖으로 아주 평범한 산과 나무만 보며 여기까지 왔습니다.

오후는 무엇을 볼 수 있을지 또 다른 기대를 해봅니다.

갑자기 황열병과 말라리아에 대한 지인들의 걱정이 생각납니다.

잠비아(Republic of Zambia)

정작 아프리카에 오니 황열병과 말라리아에 대해서 걱정하고 이야기하는 사람이 1명도 없습니다.

지나친 우려였습니다.

외국 사람들이 우리나라에서 무슨 일이 조금 있으면 전쟁 난다고 걱정하는 것과 다를 바 없습니다.

겨울이라 모기도 별로 없고, 있어도 비실비실 힘이 없습니다.

갑자기 어린 바오바브나무들이 보입니다.

바오바브나무는 마다가스카르에만 있는 줄 알았는데….

바오바브나무는 아프리카 전역에서 볼 수 있는데, 크고 오래된 바오바브나무는 마다가스카르에 있다고 딘즈가 설명합니다. 어쨌건 새로운 풍경에 다들 눈을 크게 뜨고 카메라를 들이댑니다.

차 창밖에 그려진 바오바브나무는 참 신기하고 예쁩니다.

바오바브나무가 신에게 자신이 너무 못생겼다고 왜 자기를 이렇게 못나게 만들었냐고 울면서 불평을 했다고 합니다. 예쁘게 만들어 달라고….

듣고 있던 신이 화가 나서 바오바브나무를 뽑아서 뿌리가 하늘로 향하게 거꾸로 심어버렸답니다.

그게 지금의 바오바브나무라고 어디선가 읽은 기억이 어렴풋이 납니다….

▲ 페타우케 가는 중간도시 Nyimba 마을의 과일상들

　바오바브나무에 정신이 팔려 구경하는 동안 차는 열심히 달려 어느 시골 작은 마을에 도착하고, 차에서 내려 과일도 먹어보고 시간을 조금 보내라고 합니다.

　차에서 내리니 과일가게들이 즐비합니다….

　어느 책에서 아프리카 가면 꼭 먹어보라는 과일 마사우를 찾아봅니다. 웬 이쁜 흑인 아가씨에게 물어보니 이게 마사우라고 가르쳐 줍니다. 하나를 맛봐도 되냐고 바디랭귀지를 했더니 먹어보라고 합니다.

　먹어보니 맛이 묘합니다.

　한 번도 느끼지 못한 맛입니다….

　도저히 먹을 자신이 없어서 팔아주지는 못하고, 포기하고 잠시 구경 후 차를 다시 타고 출발합니다.

　여기는 참 열심히 살아가는 사람들의 모습이 아름답습니다.

　차가 산에서 내려와 평지를 달리다 보니 길가에 유심칩을 파는 박스들이 줄을 서 있습니다.

　아프리카도 정보의 속도와 전쟁을 벌이고 있는 듯합니다.

　여기는 대부분 통신용 2G, 3G가 주로 사용되고 있습니다.

　일반인이 데이터용 4G, 5G를 사용하는 건 상상하기 어렵다고 합니다.

잠비아(Republic of Zambia)

하긴 100만 원이 넘는 돈이면 이곳에서 일반인은 1년 치 생활비이니 상상이 어려울 듯합니다.

▲ 시골 마을의 유심 파는 가게들

계속 달리는 차 안에서 오늘은 어디서 멈춰서 저녁을 먹고 잘까?

갑자기 상상을 해봅니다.

인간이 상상을 할 수 있는 능력은 신이 주신 가장 큰 선물일 것입니다.

인간이 만들어진 이후 인간들은 자신들이 가진 상상력으로 수없이 많은 실패를 극복하고 현재를 만들었습니다. 인간은 끝없는 교육과 경험, 그리고 정보를 통해서 무한의 상상을 할 수 있고 그 상상은 현실이 됩니다.

인간의 꿈은 그렇게 이루어져 왔습니다.

인간으로 태어나서 한 평짜리 공간에서 평생을 살았다면 그 사람은 무한의 상상력을 가질 수 없고 한 평만큼의 상상력을 가질 것입니다.

무한의 상상력은 교육과 더불어 직접경험을 통해 비로소 자신만의 상상력이 됩니다. 자신만의 상상력만 가지고는 그 꿈을 이룰 수는 없습니다. 인간에게는 교육과 경험, 그리고 광범위한 정보가 필요하고, 이것들이 종합적이고 복합적이며 유기적으로 움직여져야 비로소 자유로운 무한의 공간을 창출할 수 있는 보다 큰 상상력을 가질 수 있습니다.

상상의 나래는 이런 것들이 종합되어야 펼쳐질 수 있을 거라고 생각합니다.

여기까지 오는 동안 아프리카 사람들이 대부분 영어를 합니다.

아마 모국어가 발달하지 못해서 영어를 국어로 사용하고 있는 나라도 있겠지만, 오랜 식민지 생활과 살아남기 위해서 영어가 많이 사용되기 때문일 거로 추측해 봅니다.

왠지 아프리카는 바보도 영어를 잘하는 것 같습니다….

어렸을 때부터 영어로 말을 하니까요…. 왠지 저는 아프리카 바보보다 영어를 못하는 것 같아 조금 한심스럽습니다….

그렇게 저 스스로를 자조하면서 우리는 오늘도 어두워져서야 페타 우케의 숙소로 찾아들어 갑니다.

잠비아(Republic of Zambia)

27~28일 차: 8월 11~12일(Nomad 23~24일 차)

강을 뒤덮고 있는 하마들의 천국

사우스 루앙와 국립공원(South Luangwa National Park)

여지없이 새벽 4시에 눈이 떠집니다.

오늘은 페타우케를 떠나 사우스 루앙와 국립공원(South Luangwa National Park)에서 2박을 한다고 합니다.

아침이랄 것도 없는 계란프라이 하나와 식빵 한 장을 후딱 먹고 부지런히 출발합니다.

도대체 뭘 보여주려고 이렇게 잠비아에서 3일 동안을 계속 달려왔는지 궁금합니다.

뭐든 세월이 가면 다 그렇겠지만….

차를 하도 오래 타서 그런지 오늘은 저 자신이 처량한 느낌이 듭니다.

여행은 역시 젊었을 때 다녀야 한다는 생각이 듭니다.

피곤하고 힘도 들지만 젊었을 때의 호기심과 예민함이 어느 순간부터 느려짐을 느낍니다.

14명의 일행 중 스페인 젊은 친구 4명, 두 커플은 뭐든 궁금한 것이 많습니다.

영국 부부, 호주 부부, 미국 부부는 전부 은퇴하고 60에서 70세 정도의 나이들인 것 같습니다.

이 세 부부는 관심사가 별로 없는 듯합니다.

어디로 가는지…?

무얼 먹는지…?

무엇을 보는지…? 그리 적극적이거나 궁금함이 없습니다….

집에 있는 것이 싫증이 나서 그냥 차 타고 드라이브 나온 느낌입니다.

아침 식사를 하기 위해서 트럭 주변에 다들 모이는데 미국 플로리다에서 오셨다는 이쁜 지나 할머니께서 내게 "안녕하세요"라고 인사를 하십니다.

나는 "굿 모닝"이라고 인사를 했는데.

거꾸로 됐습니다.

우리나라에 대해서 관심이 많고 우리나라 드라마도 많이 보신다고 하십니다.

오늘은 우리 팀에서 남편은 가장 소극적이고 여자는 가장 적극적인 영국 부부 이야기를 조금 소개할까 합니다.

이들 부부는 조금 이상합니다.

차에 타서 함께 자리에 앉아 이야기하는 걸 본 적이 별로 없습니다.

여자는 다른 사람들과 이야기도 잘하고 표정도 밝고 모든 일에 지나칠 정도로 간섭하며 적극적입니다. 나중에 알았지만, 여자는 교사 출신이라고 합니다.

잠비아(Republic of Zambia)

그래서인지 모든 일에 적극적으로 참여하고 감독합니다.

남자는 차 안에서도, 식사 때도, 거의 말이 없습니다.

식사도 거의 하지 않는 것 같습니다.

두 사람 분위기가 묘합니다.

꼭 마지막 이별 여행을 온 것 같은 기분이 듭니다.

저는 그래도 두 분이 행복하고 아름다운 여행이 되길 기도합니다.

사우스 루앙와 국립공원에 가는 길목에 점심을 먹기 위해 작은 공원 같은 곳에 차를 대고 식사를 하기로 합니다.

딘즈가 점심을 준비하는 동안 공원 안에 있는 원주민 주얼리 공예 숍을 구경하라고 합니다.

안쪽에 간단한 공예 공구들이 있고 입구 쪽은 작은 가게입니다.

제법 깨끗하고 숲이 우거져 있어 여태껏 보아온 잠비아의 이미지와 사뭇 다릅니다.

원주민 공예라고 하지만….

찬찬히 보면 중국에서 가져온 주얼리 재료들을 이용하여 만들어 놓은 장신구들이 대부분입니다.

중국이 참 대단합니다. 이 먼 아프리카 골짜기까지 손이 뻗어 있습니다.

별 볼거리가 없어 밖에 나와 나무 그늘 아래 벤치에서 먼 하늘을 바라보고 있는데 공원 입구에 있는 대문에 동네 아이들이 매달려 우리를 구경하고 있습니다.

오늘도 구경하러 온 우리가 구경을 당하고 있습니다.

▲ 부끄러워서 수줍어하며 우리를 구경하는 마을 아이들

점심을 간단히 먹고 조금 더 이동하여 캠프에 도착해 텐트를 칩니다. 한낮 더위에 온몸이 땀으로 흥건합니다.

그늘막 시원한 곳에 앉아 오는 길에 마트에서 사 온 프라이드치킨으로 딘즈와 마이크를 불러 시원한 맥주를 한잔 마시며 오늘의 피로를 날려버립니다.

토마스가 빅토리아폭포에서 우리 일행이 남은 것을 주고 간 김을 안주로 가져옵니다.

▲ 원숭이를 조심해야 하는 우리 숙소(텐트)

운전기사 마이크가 김을 한 장 들고 이게 뭐냐고 묻습니다.

제가 장난스럽게 대답합니다….

블랙스네이크 스킨 드라이라고….

김을 들고 있는 마이크의 표정이 너무 웃깁니다….

진짜인지 장난인지 모를 묘한 표정으로 저를 쳐다봅니다.

웃으면서 김을 입에 넣으니 쳐다만 봅니다….

맛있다고 먹어보라고 했더니 입에 조금 넣어보고는 엄지를 척 듭니다….

우리나라 김을 토마스가 열심히 설명해 줍니다.

잠비아(Republic of Zambia)

운전기사 마이크는 아프리카 내륙 출신인지 해조류를 잘 모르는 듯합니다.

고개를 갸웃거립니다. 암튼 맛은 좋답니다….

딘즈와 마이크가 김과 맥주를 너무 맛나게 먹고 마십니다.

내일은 사우스 루앙와 국립공원에서 게임 드라이브하기 위해서 새벽 6시에 출발이라고 합니다.

살아온 모든 날의 밤이 다르겠지만….

아프리카에서의 밤은 유독 남다른 것 같습니다.

매일 밤을 맞이하지만 매일 밤이 다르게 다가옵니다.

오늘 지나온 길과 내일 달려가야 할 길이 달라서 그런 것 같습니다.

오늘도 주의사항은 원숭이와 코끼리입니다.

가능하면 가방에 과자나 먹거리를 넣어두지 말라고 합니다.

원숭이가 텐트 지퍼를 열고 가방을 뒤진다고 합니다.

할 수 없이 여행용 자물쇠를 꺼냅니다.

딘즈가 손가락으로 가리키며 눈앞에 보이는 저기는 절대 넘어가지 말라고 합니다.

저기를 넘어가면 코끼리가 진을 치고 있다고 합니다.

그렇게 우리는 코끼리가 있다는 곳을 쳐다보며 텐트 지퍼를 열고 미끄러지듯 들어갑니다.

오늘은 사우스 루앙와강의 일몰을 보며 하루를 강 너머로 지고 있는 석양과 함께 어둠 속으로 몸을 던집니다.

12일 이른 아침 게임 드라이브를 나가기 위해 부지런히 서두릅니다.

오늘은 또 어떤 동물들을 볼 수 있을지 궁금함을 가슴에 품고 지프에 오릅니다.

여기 와서 아프리카 동물들을 많이 보았지만 볼 때마다 야생의 자연에서 살아가는 동물들을 보는 것은 새롭습니다. 사람들이 각자의 희로애락이 있듯이 세상의 모든 생물들도 그것들만의 세월이 있으려니 합니다.

　게임 드라이브도 내용이 다 틀립니다.

　한 편의 영화같이 줄거리와 배경 그리고 주인공과 주변의 조연배우들이 등장하여 극적으로 한 장면을 만들듯이 게임 드라이브에도 배경이 있고, 주인공이 있고, 조연이 있고, 줄거리가 있습니다.

　오늘의 영화제목은 사우스 루앙와 국립공원의 하루입니다.

　나미브 내셔널파크,

　에토샤 내셔널파크,

　모레미 콰이 내셔널파크,

　쵸베 내셔널파크,

　사우스 루앙와 내셔널파크,

　다섯 번째 게임 드라이브이지만 매번 내용이 다릅니다. 아침 일찍 출발한 오늘 게임 드라이브의 주인공은 하마인 듯합니다. 강 속과 강가에 하마들이 셀 수 없이 많이 있습니다. 강 속에 있는 하마들은 미동도 하지 않고 서로 등을 맞대고 있고, 강가를 천천히 거닐며 풀을 뜯는 하마, 그리고 땅 웅덩이 속에 몸을 묻고 우리를 노려보는 하마 등, 하마들 천국입니다.

　그렇게 우리는 하마들의 세상에서 하마들과 함께 차 한잔하고 숙소로 돌아옵니다.

　오래간만에 이른 점심 후 자유 시간입니다.

　옷 세탁을 하고 그늘막에 앉아서 에티오피아 여행 정보를 찾다 보니 졸음이 옵니다.

　좁은 나무 벤치 위에 등을 대고 누우니 시원한 바람이 내 몸을 휘감아 적십니다.

  그것도 잠시, 옆에서 원숭이들이 음식을 서로 먹겠다며 소리를 지르며 싸우고 난리입니다.

  이름 모를 동물들도 제 주위를 계속 맴돌고 있습니다.

▲ 사우스 루앙와강(South Luangwa River)의 석양

▲ 숙소 주변 원숭이들

▲ 사우스 루앙와 국립공원(South Luangwa National Park) 코끼리 발자국

▲ 사우스 루앙와 국립공원(South Luangwa National Park) 풍경

잠비아(Republic of Zambia)

▲ 사우스 루앙와 국립공원(South Luangwa National Park) 캠프 텐트

할 수 없이 몸을 일으킵니다.

간만의 제 평화로운 낮잠을 빼앗아 갑니다.

저녁 식사 시간에 미국 할머니가 노 땡큐를 한국말로 어떻게 하냐고 제게 물어봅니다. "싫어요"라고 알려줬더니 "싫어요"를 웅얼거리며 다니십니다.

은근히 귀엽습니다.

밤에는 라이트를 켜고 야간 라이트 게임 드라이브를 한다고 합니다.

야간 게임 드라이브는 처음이라 은근히 기대를 했는데….

별건 없습니다.

몇 시간을 허공과 숲속에 라이트를 쏘다가 들쥐 몇 마리를 보고 허망하게 숙소로 돌아와 사우스 루앙와 국립공원의 엄청 많은 하마들을 생각하며 그리운 텐트 속으로 들어갑니다.

사우스 루앙와 국립공원(South Luangwa National Park)

사우스 루앙와 국립공원은 잠비아 동부의 하이라이트다. 지역 주민들에게 간단히 '사우스 파크'로 알려진 이 공원은 원래 1904년 루앙와 게임 파크로 설립되었으며, 1938년 3개의 게임 보호구역 중 하나로 전환되었다. 이 인상적인 공원은 루앙와 밸리 바닥의 약 9,050km²에 달하는 면적을 차지하며, 해발 500m에서 800m 사이에 있다. 서쪽과 북서쪽 가장자리는 무친다 벼랑으로 둘러싸여 있고, 남쪽 경계는 구불구불한 루앙와강으로 둘러싸여 있어, 게임 드라이브를 전문으로 하는 매혹적인 공원이다.

말라위공화국(Republic of Malawi)은 과거 니아살랜드라고 불리던 동남부 아프리카에 있는 내륙국이다. 북서부로는 잠비아, 북말라위 동부로는 탄자니아, 동부, 남부, 서부로는 모잠비크와 국경을 이루고 있고, 말라위호수에 의해 탄자니아와 모잠비크로 나뉘어 있으며 영토는 118,000km²(45,560 sq mi)를 넘고 추정 인구는 1,390만 명 이상이다. 수도는 릴롱궤이며 두 번째, 세 번째로 큰 도시는 각각 블랜타이어와 음주주이다. 말라위는 세계에서 가장 저개발된 국가군에 속하며 인구밀도도 매우 높다. 경제는 농업 중심이며, 인구 다수는 비도시 지역에 살고 있으며 말라위 경제는 해외 원조 의존도가 높다. 말라위는 평균 수명이 낮고 유아 사망률이 높다. HIV/AIDS가 만연하여, 이 때문에 노동력 감소와 에이즈를 막기 위한 국가지출 비중이 높은 원인이 된다.

차 창밖 아프리카

CHAPTER

말라위

Republic of Malawi

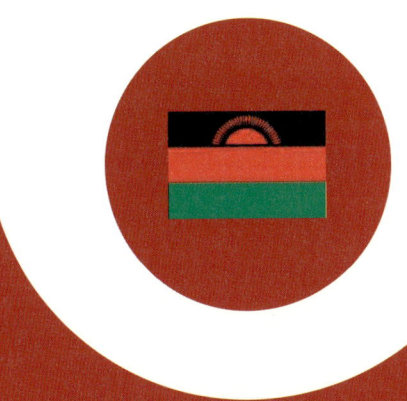

29일 차: 8월 13일(Nomad 25일 차)

루앙와 국립공원을 떠나 아프리카의 심장 말라위호수를 향해서

사우스 루앙와 국립공원 - 말라위호수
(South Luangwa National Park - Lake Malawi)

사우스 루앙와 강기슭….

워낙 잠비아에서도 오지라 차 소리, 사람 소리가 전혀 들리지 않습니다.

하긴 캠프 주변에 이렇게 동물들이 돌아다니니 문명의 소음이 들릴 리가 없을 거로 생각합니다.

또 다른 이른 새벽, 출발 시간보다 3시간이나 일찍 일어나 보니 새벽하늘에 별이 가득합니다.

오늘은 3일 동안 계속 달려와 사우스 루앙와 국립공원에서 이틀을 보내고 잠비아 국경을 넘어 말라위로 가는 날입니다.

아프리카에 도착해서 벌써 다섯 번째 국경을 넘어갑니다.

이제 국경을 넘어가는 것이 일상같이 느껴집니다.

아프리카 여행에서 가장 비중이 큰 여행 중의 일정을 보면

첫째, 게임 드라이브입니다.

가는 곳마다 보이는 인간과 함께 살아가는 자연 상태의 동물들을 보고 인간과 동물과의 상호관계와 공존을 느끼는 것입니다.

둘째, 아프리카대륙의 광활함과 매일 뜨고 지는 너무나 고혹적이고 매력적인 일출과 일몰을 보는 것입니다.

일출은 설렘과 흥분을…. 일몰은 자기 스스로를 관조하고 들여다보는 듯한 느낌을….

세 번째, 검은 피부에 큰 하얀 눈을 가진 너무도 순진무구한 아이들입니다.

때로는 벌거벗고, 때로는 팬티만 입고, 때로는 맨발로, 그래도 뭐가 신난다고 뛰어다니고, 소리를 지르고, 땅을 뒹굴며, 흙을 집어 먹으며, 훌쩍이는 코를 들이마시며 웃음꽃을 피우고 있는 것을 보는 것입니다. 안쓰러움과 슬픔 가득한 사랑으로 아이들을 내려다보며 속상해하는 것입니다.

네 번째, 삶의 일상입니다.

이른 아침 차 창밖으로 정겨운 아프리카의 아침 일상이 지나갑니다.

보자기 같은 것을 두른듯한 치맛자락을 허리춤에 꽂고 담벼락도 없는 어디가 경계인지도 모르는 집 앞 흙 마당을 몽당빗자루 하나로 허리를 깊게 숙여 부지런히 뽀얀 먼지를 날리며 붉은색 흙바닥에 체크무늬를 그리며 비질하고 있습니다.

우리는 계속 말라위 국경을 향해 달려가고 드디어 말라위 국경에 도착합니다.

비자 피(Fee)가 엄청 비쌉니다.

미화 50불이라고 합니다.

말라위(Republic of Malawi)

잠비아와 말라위 출입국장이 한 건물에 나란히 붙어 있습니다. 잠비아에서 출국 도장 받으면 바로 옆에서 말라위 입국심사를 받을 수 있습니다.

저는 사전비자가 아니고 입국비자라서 50불과 서류를 주니 기다리라고 합니다.

전산망이 느려서인지 시간이 오래 걸립니다.

아프리카에 도착해서 여태껏 넘어온 국경 출입국 관리하는 건물 중 최고입니다.

폼이 납니다….

비자 받는 사람이 별로 없어서 다행이지 비자 받는 사람들이 많으면 세월 여기서 다 보낼 것 같습니다.

40분을 넘게 기다리다가 창밖을 보고 웃음을 터져 나옵니다.

건물 창문 하나에 흑인 여자 한 사람씩 붙어서 열댓 명이 대충 창을 문지르고 엄청 시끄럽게 떠들며 유리 창문 하나를 40분째 청소하고 있습니다.

아프리카식 일자리 창출인 듯합니다.

국경을 넘어 줄곧 달리다 갑자기 산길을 넘어가니 국립공원이라고 써진 간판이 나타납니다.

산속 비포장도로에서 총을 든 경비가 큰 철문을 열어줍니다.

▲ 잠비아–말라위 국경 출입국관리소

길이라고 보기 힘든 비포장도로를 80km 정도 지나가야 한다고 합니다.

공원 지나가는 데 80km 거리라니….

아프리카가 넓다는 것을 새삼 또 느낍니다.

말라위는 아프리카에서 그리 큰 나라도 아닌데, 국립공원 규모가 대단합니다.

▲ 말라위 시골 풍경

사실 국립공원이라고 해도 특별한 시설이 있는 것이 아니고 지도에선 그어놓은 게 전부일 것 같습니다.

길이 엉망입니다.

오늘 제대로 아프리카 마사지를 받고 있습니다.

그 와중에 코끼리며 기린들이 아무 생각 없이 마구 돌아다니고 있습니다.

덜컹거리는 차가 내 몸과 머리를 사정없이 흔들어 놓고 있고 여태껏 보아온 아프리카와 풍광과는 조금 다릅니다.

▲ 말라위 시골 풍경

우리나라의 야산 같은 느낌입니다.

원숭이 떼가 길을 가로막고 행패를 부립니다.

경적을 울려도 별반 반응을 보이지 않고 째려봅니다.

하는 수 없이 차가 원숭이를 피해 간신히 빠져나갑니다.

국립공원이라서 그런지 수목이 우거져 있지만 공원을 벗어나자 바로 온 산이 벌거숭이 민둥산입니다. 나무를 베어 숯을 만들기도 했겠지만, 농사를 지으려고 산과 들판에 불을 질러 놓아둡니다.

매캐한 냄새가 코를 찌릅니다.

그렇게 우리는 아침 6시에 출발해서 저녁 7시에 말라위호수 앞에 위치한 로지에 도착합니다.

이제 텐트 치는 기술자가 되었습니다.

금방 오늘 밤을 지낼 집을 세웁니다.

오늘은 피곤함에 찌들어 아무 생각 없이 그냥 잠자리에 숨어들어 갑니다.

말라위호수(Lake Malawi)

말라위호수는 동아프리카 지구대 최남단에 있는 호수이다. 탄자니아에서는 냐사('호수'라는 뜻)라고 불리며 모잠비크에서는 니아사호라고 부른다. 말라위, 모잠비크, 탄자니아에 걸쳐 위치해 있으며 아프리카에서는 세 번째, 세계에서는 아홉 번째로 큰 호수이다. 스코틀랜드의 탐험가이자 선교사인 리빙스턴에 의해 발견되어 영미권에서는 리빙스턴 호수라고 부르기도 한다. 열대 지방에 위치해서 지구상에 서식하는 다양한 어종이 서식하는 곳으로 알려져 있다. 한 종에서 분화한 여러 종류의 시클리드가 많다.

말라위(Republic of Malawi)

30일 차: 8월 14일(Nomad 26일 차)

말라위호수에서 뜨는 일출 보기

> 말라위호수(Lake Malawi)

텐트 모기장 문으로 보이는 세계에서 10번째 안에 든다는 크기의 말라위호수의 풍경은 어제의 피로를 뒤로하게 합니다.

어제 종일 차를 타서 그런지, 늘 캄캄한 새벽에 눈을 떴는데….

오늘은 텐트 밖 호수 뒤에서 해가 솟아오르며 시뻘건 물감이 제 눈을 물들이고 있습니다.

▲ 말라위호수(Lake Malawi) 일출

텐트 밖을 나와보니 토마스는 벌써 트라이포드에 큰 카메라를 장착하고 말라위호수 위에 떠오르는 태양을 찍으려고 카메라에 얼굴을 들이박고 있습니다.

  온통 세상이 붉은색입니다.

  끝이 보이지 않는 호수에 비치는 태양의 은빛 출렁임과 그 위를 노저어 다니는 어부들의 몸짓이 너무 아름답습니다.

  말라위호수의 풍경은 호수가 아니라 바다 같은 느낌입니다.

  끝이 보이질 않습니다.

  밤늦게 헤드랜턴을 켜고 대충 자리 잡고 친 텐트는 아침에 일어나 보니 엄청나게 큰 나무 밑입니다. 낮에도 햇빛을 피할 수 있는 명당자리입니다.

▲ 말라위호수(Lake Malawi)

◀ 말라위호수(Lake Malawi) 아이들

말라위(Republic of Malawi)

새들이 낯선 이방인이 왔다고 지저귀며 정신없이 방정맞게 뛰어다닙니다.

오늘 아침은 간만에 일회용 미역국에 한국서 가져온 간단 반찬으로 한국 음식 비슷하게 준비해서 맛있게 한 끼를 해결했습니다.

별것도 없지만, 한국 음식 비슷한 거라도 먹은 것이 너무 행복합니다.

특별한 것도 없지만 그냥 맛있습니다.

이런 행복을 느끼려고 그 먼 한국에서부터 버너와 코펠을 죽기 살기로 끌고 왔나 봅니다.

▲ 텐트 속에서 요리 중

▲ 말라위호수(Lake Malawi) 아이들

거의 한 달 만에 오롯이 하루를 쉽니다.

말라위호수 나무 그늘 아래서···.

눈을 감으니 이름 모를 빛들이 어지럽게 아른거립니다.

한껏 말라위호수의 풍요를 즐기고 있습니다.

매일 이 시간이면 차를 타고 이동이나 게임 드라이브 등 뭔가를 하고 있었는데 오늘은 나무 그늘에서 시원한 호수의 바람에 몸을 적시고 있으니 이상합니다.

갑작스러운 호사가 왠지 불안하기까지 합니다.

이게 맞는 건지 하고 스스로에게 물어봅니다….

오늘 하루 정도는 푹 쉬어도 되는데 왜 불안한지….

습관이란 참 무서운 것 같습니다.

한참을 쉬다 보니 한국에서 요즘 들어 자주 쓰는 말이 생각이 납니다. '옛날에는'이라는 단어입니다. 지나온 과거도 중요하지만 다가올 미래는 더 중요합니다.

그래서 '옛날에는'보다는 '현재는', '앞으로는', '미래에는'이라는 단어를 쓰는 것이 과거의 영광이나 추억에 사로잡혀서 깊은 수렁에서 허우적거리지 않고 젊은 사람들과 함께 새로운 세상을 만들어 나가는 데 조금이라도 도움이 되리라 생각합니다.

나이가 들수록 누군가의 허물을 이야기하지 말고 그 사람의 좋은 점을 많이 이해하려고 노력하는 것, 장단점은 공존한다는 걸 저 넓은 말라위호수는 제게 일갈합니다.

며칠 전부터 소변을 볼 때 요도가 쓰리더니 오늘은 소변이 자주 마렵습니다.

한국에 있을 때 한번 걸려본 요도염이나 전립선염 증상과 똑같습니다.

차에 너무 오랫동안 앉아서 아무래도 요도 쪽이 눌려서 스트레스를 받아 염증이 생긴 듯합니다.

병원을 물어보면 다들 걱정할까 싶어서 아침 내내 고민 중입니다.

햄버거로 점심을 먹고 토마스는 인터넷 하러 리셉션으로 가고 저는 혼자 한참을 고민합니다….

아무리 생각을 해도 이 상태로 계속되는 여행이 힘들 것 같아 구글맵으로 병원을 찾아보니 여기서 걸어서 20분 거리에 병원표시가 있습니다.

혼자 동네 구경 간다고 하고 몰래 병원을 찾아갔습니다.

병원 같지 않은 병원 안에 들어서니 아기를 안고 있는 여자아이 1명이 있고 아무도 없습니다.

사실 병원이라고 하기에는 시설이 좀 그렇습니다.

역시 하면서 포기를 하고 돌아서려는데 병원 저쪽 마당에 말끔하게 차려입은 젊은 흑인 한 사람이 서 있습니다.

가까이 가서 "도와주실 수 있나요?" 하니 무슨 일이고 어디서 왔냐고 물어봅니다.

몸이 아파서 그러니 의사를 만나게 해달라고 이야기하니, 의사에게 전화를 걸어볼 테니 잠시 기다리라고 합니다.

여기서 기다리면 의사가 올 테니 조금 기다리라고 친절하게 이야기를 해줍니다.

15분쯤 기다리고 있으니 약간 뚱뚱한 흑인 여자 의사가 나타나서 진료실 문을 열며 들어오라고 손짓합니다.

삼성 갤럭시 오프라인 번역기가 이렇게 유용하게 사용될 줄은 꿈에도 몰랐습니다.

전문의학 용어가 필요하니 삼성 AI 통역기를 열어서 대화할 준비를 합니다….

의사가 제 스마트폰을 의아하게 쳐다봅니다.

통역기를 돌리기 시작하니 의사가 신기하게 쳐다봅니다.

여기는 말라위에서도 좀 시골입니다.

내게 매독 검사했냐? 에이즈 검사했냐? 이것저것을 물어봅니다.

물론 통역기를 통해서입니다.

저는 요도염으로 한국에서 치료받은 적이 있는데 그때 증세와 똑같으니 항생제 주사와 약이 필요하다고 의사를 전달했습니다.

어쨌든 의사소통은 삼성 갤럭시 AI 통역기 덕분에 서로 잘 통했습니다.

의사가 고개를 끄덕이며 치료를 해주겠다며 알았다고 합니다.

주사기가 엄청나게 큽니다. "쏘리" 하더니 사정없이 찌릅니다.

무지 아픕니다.

요령이고 뭐고 없습니다….

그냥 찌르고 주사약을 사정없이 눌러 넣습니다.

아파도 일단 안심은 됩니다.

일주일 치 약도 챙겨줍니다.

고맙다고 인사를 하며 어디서 계산하냐고 물었더니 공짜랍니다.

이 가난한 나라에서 병원이 무료라니 이해가 되질 않습니다.

여의사에게 "굿 말라위"라고 했더니 좋아하며 웃습니다.

그래도 남의 나라 와서 신세 지는 게 좀 그래서 베트남에서 사서 가지고 다니던 접이식 양반 부채를 원하면 주겠다고 했더니 너무 좋아합니다.

세상일 알 수 없습니다.

▲ 말라위호수(Lake Malawi) 아이들

아프리카 내륙의 가난한 나라 말라위에서 병원 가서 주사 맞고 약을 공짜로 얻을지 누가 알았겠습니까?

병원에서 로지로 돌아오는데 동네 아이들이 사진을 찍어달라고 조르며 따라옵니다.

"포토, 포토" 소리를 지르면서 따라옵니다….

사진을 찍어서 보여주니 자기들끼리 서로 쳐다보며 웃으며 너무 좋아합니다.

철옹성 같은 로지의 대문 앞에 오니 경비가 고개를 내밀고 쳐다보고는 작은 덧문을 열어줍니다.

아픈 엉덩이를 문지르며 시간을 보내고 조금 있으니 산 너머로 해가 넘어가고 오늘은 말라위 병원 흑인 여자 의사가 처방해 준 약을 먹으며 밤을 맞이합니다.

31일 차: 8월 15일(Nomad 27일 차)

말라위 시골 풍경 감상하며 탄자니아 국경 쪽으로 이동

> 말라위호수(Lake Malawi)

집을 떠난 지 꼭 한 달이 되는 날입니다.

오늘도 어김없이 이른 새벽에 눈을 뜹니다.

어두운 새벽이지만 저는 분주하기만 합니다.

오늘은 모레 탄자니아 국경을 넘어가야 해서 탄자니아 말라위호수 북쪽의 국경에서 가까운 로지로 이동한다고 합니다.

▲ 말라위호수(Lake Malawi)의 이른 아침

어제와 같은 장소, 같은 위치에서 끓어오르는 시뻘건 아프리카의 이글거리는 태양이 솟아오릅니다.

운전기사 마이크가 땀을 뻘뻘 흘리며 바쁘게 무언가를 하고 있습니다.

▲ 노마드 트럭 타이어 교체

차바퀴가 펑크가 나서 큰 트럭 타이어를 갈아 끼우려고 끙끙대고 있습니다.

아침을 먹고 하라고 하니 바빠서 못 먹는다고 합니다.

서양 할아버지들이 옆에서 분주하게 돕고 있습니다.

서양 사람들은 자동차 정비를 스스로 하니 익숙하게 돕습니다.

이렇게 펑크 난 타이어와 함께 또 다른 하루가 시작됩니다.

가난한 말라위 아이들이 집 앞에서 우리 차를 보고 마냥 손을 흔들고 있습니다.

현재의 행복이 내일도 행복하란 법은 없습니다.

하지만 어제는 행복했다고 말할 수 있습니다.

오늘의 행복이 내일 이 시간에는 어제 행복했다고….

현재를 사랑하고 즐기는 것이 현명한 삶의 방식이라고 생각이 듭니다.

그것은 내일 나는 어제가 행복했었다고 말할 수 있기 때문입니다.

길가 나무에 양이 목에 줄을 감고 매달려 있습니다. 아무렇지도 않게 차가 다니는 도로에서 양가죽을 벗기고 도축하고 있습니다. 어렸을 때 복날 동네 다리 밑에서 어른들이 멍멍이를 잡아먹듯이….

이들이 가난하고 비위생적이고 못 배우고 못 입었다고 인상 찌푸리지 말고 우리의 어린 시절을 돌아보면 지금 이들과 뭐 그리 크게 다를 것도 없습니다.

 우리도 지금 아프리카 같은 이런 시절을 다 지나 지금의 안락한 삶을 살고 있으니까요….

 스마트폰이 세상을 살아가는 데 얼마나 편리함을 주는지는 저도 인정하지 않을 수가 없습니다.

 스마트폰이 없으면 이제 일상생활이 어렵습니다.

▲ 말라위호수(Lake Malawi) 풍경

 늙어가는 저도 어린 내 손주들도 같이 스마트폰을 일어나서 잘 때까지 들고 살아갑니다.

 아프리카 여행에서 그동안 잊고 있었던(스마트폰이 없던 시절) 걸 찾은 것 같습니다.

 거쳐 가는 나라마다 유심을 사서 사용해야 하는데, 무척 번거롭고 그럴 시간도 없습니다.

 숙소 리셉션 이외에는 인터넷이 안 되니 스마트폰으로 음악이나 사진을 찍는 용도 외에는 낮에는 무용지물입니다.

말라위(Republic of Malawi)

덕분에 차를 타면 그동안 못 했던 상상의 세계로 여행합니다.

귀는 음악 여행을, 눈은 세상여행을, 머리는 과거와 미래 그리고 또 다른 세계를 뛰어 넘나드는 여행을 합니다.

300km 조금 넘는 거리를 7시간째 달리고 있습니다. 말라위는 산악지역이 많아서인지 달린다는 표현이 무색하게 우리 트럭은 기어갑니다.

포장이랄 것도 없는 우리나라 대관령 같은 고갯길은 너무 힘듭니다.

여태껏 버텨왔으니 어지간하면 견디겠는데, 이 길은 정말 여행이 아니라 고행길입니다.

좀 많이 힘이 듭니다.

힘겹게 고개 정상을 넘어가는 트럭은 여기까지 오면서 겪은 피곤과 짜증을 한 번에 해소시켜 줍니다.

내려다보는 말라위호수와 농촌 풍경은 너무나 아름답습니다.

은빛 출렁이는 호수와 연한 초록의 대지는 보기만 하기에는 아까울 정도입니다.

그렇게 우리는 아름다운 호수와 초록의 대지, 그리고 비포장도로의 고행을 반복하다 드디어 호수 주변 숙소에 도착합니다.

▲ 말라위호수(Lake Malawi) 주변 캠프

▲ 말라위호수(Lake Malawi) 주변 캠프

늦은 점심을 먹고 있는데 이 지역 로컬 가이드라는 남자가 시골 마을 투어를 시켜 준다고 합니다.

다들 간단하게 점심 식사 후 로컬 가이드를 따라나섭니다.

로지 안과 밖은 지옥과 천국 같은 환경입니다.

로지 안은 꽃이 피고 잔디와 숲이 잘 정돈된 아름답고 예쁜 정원이 있습니다.

경비가 지키는 큰 대문을 나서자 흙먼지와 함께 누군지도 모르는 남자 흑인들이 따라붙으며 끊임없이 말을 붙입니다.

너무 시끄럽습니다.

이들이 살아가는 모습이 보고 싶어 나왔는데 정신이 없습니다.

말라위(Republic of Malawi)

▲ 말라위호수(Lake Malawi) 주변 마을 유치원   ▲ 말라위호수(Lake Malawi) 주변 마을 유치원 기부금 함

가이드가 데리고 온 곳은 이곳 말라위의 유치원입니다.

유치원이라고 할 것도 없습니다.

나뭇가지로 담을 두르고 맨땅에 돗자리를 깔고 아이들을 다닥다닥 붙여 앉혀놓고 노래를 가르치고 있습니다.

외국인들이 구경 오니 아이들을 줄 세워놓은 듯합니다.

아이들이 너무 안쓰럽습니다.

선생이 고함을 지르며 아이들에게 노래를 하라고 합니다.

아이들이 깜짝 놀라 눈을 굴리며 대충 노래를 부릅니다.

아이들에게 노래를 부르라고 시켜놓고 우리를 기부금 상자 앞으로 데리고 갑니다.

기부금을 받으려고 아이들을 관광 상품화시킨 것이 너무 화가 납니다.

저 어리고 순진한 아이들을 데리고 하는 짓이 너무너무 화가 나지만 결국 기부금 상자에 약간의 달러를 넣고 맙니다.

그래도 조금이라도 아이들을 위해서 쓰겠지 하고 자신을 스스로 위로합니다.

찜찜함을 뒤로하고 우리는 별 볼 것도 없는 동네를 한 바퀴 돌고 로컬 가이드에게 약간의 팁을 주고 로지로 돌아옵니다.

마음을 무겁게 하는 말라위의 시골 동네 투어였습니다….

말라위호수는 오늘 밤이 마지막입니다.

그래도 장기간 여행하는 동안에 유일하게 낮잠을 잘 수 있었던 호수 앞의 잔디밭이 그리울 것 같습니다. 오늘도 외로운 텐트는 가슴을 비워놓고 저를 기다리고 있습니다.

◀ 말라위호수(Lake Malawi) 주변 마을 장터

동아프리카에 있는 나라이며, 1961년에 독립한 탕가니카와 1963년에 독립한 잔지바르가 1964년에 통합하여 생긴 나라이다. 또한 탄자니아의 법적인 수도는 도도마이지만, 실질적인 수도의 기능은 탄자니아의 최대 도시인 다르 에스 살람이 하고 있으며, 각국의 대사관을 포함한 많은 공공기관과 기업들이 현재까지도 이전을 거부하고 있는 상태이다. 탄자니아의 면적은 945,087km²로서(약 한국의 10배 정도) 31번째로 넓은 나라이다.

차 창밖 아프리카
CHAPTER

탄자니아
연합 공화국

United Republic of Tanzania

32일 차: 8월 16일(Nomad 28일 차)

말라위호수 멀리 국경 넘어 탄자니아로

> 말라위호수 – 음베야(Lake Malawi – Mbeya)

오늘은 조금 더 일찍 출발합니다.

5시 30분 조식, 6시 출발이라고 딘즈가 크게 말합니다.

탄자니아로 국경을 넘어가는 날이라 서둘러 출발해야 한다고 합니다.

탄자니아 도착 비자를 받는 데 시간이 오래 걸린다고 합니다.

남아프리카공화국을 떠난 이후로 구름이 낀 흐린 날씨가 오늘 처음입니다.

오래간만에 뜨거운 태양을 가려줄 구름을 보니 너무 반갑습니다.

구름 사이로 떠오르는 시뻘건 일출을 보며 우리는 말라위에서 도망가기 위해 국경으로 열심히 달려가고 있습니다.

▲ 말라위(Malawi) 국경 주변 마을

말라위는 사람들이 조금이라도 모여 사는 곳이라면 여지없이 플라스틱 쓰레기들이 길을 메우고 있습니다. 너무 태연하게 플라스틱 쓰레기들과 일상을 함께하고 있습니다.

염소들도 플라스틱 쓰레기가 산더미처럼 쌓여 있는 곳에서 쓰레기를 뒤적이며 먹이를 찾고 있습니다.

▲ 걸어서 탄자니아 입국

탄자니아 연합 공화국(United Republic of Tanzania)

안타까운 마음을 쓰다듬으며 우리는 초라한 말라위 출국장을 지나 대형트럭과 사람들이 가득한 복잡하고 혼란스러운 말라위 국경을 걸어서 탄자니아 입국장으로 향합니다.

탄자니아 입국장에 들어서니 말라위 출국장과 너무 비교됩니다.

바로 옆 나라인데 어떻게 이렇게 다르지 하는 생각이 듭니다.

여권과 입국신고서를 작성해서 비자 피(Fee) 50불과 함께 건네줍니다.

갑자기 우리와 등을 맞대고 있는 북한이 생각납니다.

한 나라의 지도자가 이렇게 중요하다는 것을 새삼 실감합니다.

엄청 느립니다.

줄 서서 기다리는데 다리가 아픕니다.

그래도 여긴 지문등록을 전산으로 합니다. 말라위보다는 전산망이 발달한 것 같습니다.

어제 저녁 식사 후 딘즈가 내일 일정을 말해주었습니다.

그때 탄자니아에 입국 시 옐로카드(황열병 예방주사 카드)가 반드시 있어야 한다고 하자, 갑자기 스페인 젊은 커플이 옐로카드가 없다고 합니다.

그러면 입국할 수 없다고 하자….

이 젊은 커플은 정말 가관입니다.

자기네 나라 인터넷 정보에는 탄자니아는 비자가 필요 없다고 했답니다.

순간, 이 젊은 친구들이 바보들인가 했습니다.

비자는 다른 나라 입국 시 제일 중요한 서류라서 반드시 자국의 외교부와 가고자 하는 나라의 대사관에 크로스 체크가 필수인데 인터넷에 돌아다니는 정보를 믿었다니 답답하기만 합니다.

예순이 훌쩍 넘는 저도 입출국이 많은 이번 여행에 필요한 비자와 옐로카드 등을 몇 번이고 크로스 체크 하고 외교통상부 자료까지 참고하고 현지 대사관 홈페이지까지 들어가서 검토했는데….

답답한 젊은이들입니다.

딘즈가 아프리카니까….

편법으로 탄자니아 입국은 달러를 조금 주고 해결할 수도 있는데….

잔지바르섬에 들어갈 때는 반드시 옐로카드가 있어야 들어갈 수 있다고 재차 강조합니다.

결국 스페인 젊은 여자아이가 눈물을 터트립니다.

운다고 해결될 일이 아닌 줄 알면서도 속이 상한 것 같습니다.

저 젊은이들에게는 이번 경험이 세상을 살아가는 데 큰 도움이 되리라 생각합니다.

젊은 여자아이가 잠시 안정을 취하고 난 뒤에 딘즈가 일단 탄자니아 입국부터 하고 잔지바르는 다시 해결하자고 하고 일단락합니다.

기가 막힙니다.

우리는 줄 서서 옐로카드 검사와 확인 등록을 하려고 기다리고 있는데, 옐로카드 없는 두 사람을 다른 곳으로 딘즈가 데리고 갑니다.

카드등록을 마치고 입국심사 창구 앞에서 줄을 서서 기다리고 있는데 그 두 스페인 젊은이들이 서로 이야기하며 웃고 있습니다.

저 친구들이 왜 저기 있지, 줄도 안 서고…. 기가 막힙니다.

어떻게 했는지 옐로카드 들고 입국심사 도장까지 받고 낄낄거리고 있습니다.

호주에서 온 사람들은 황열병 주사 맞는데 300불 냈다고 하는데….

한숨을 쉬며 한참을 서서 기다립니다.

역시 아프리카입니다.

우리는 정상적으로 비자 받고 입국하는 데 3시간이 넘게 걸렸는데, 250불 주고 다 해결했으니 거꾸로 부럽습니다.

스페인 여자아이, 어제의 눈물이 오늘의 웃음이 되었습니다.

씁쓸한 기분입니다….

▲ 국경을 넘어가는 대형트럭들   ▲ 국경에서 움직이는 환전 박스

국경 주변은 먼지로 자욱하고 분주히 대형트럭들이 굉음을 내며 지나갑니다.

그 먼지와 대형트럭 사이로 뚱뚱한 흑인 아줌마가 계산기를 들고 분주히 움직입니다.

자세히 보니, 움직이는 환전 박스 아줌마입니다….

화전민이 불을 질러 온 산이 연기로 자욱한데, 매캐한 냄새를 뒤로 하니 시원한 아프리카 탄자니아의 신선한 바람이 우리의 얼굴을 스쳐 갑니다.

왠지 바람에서도 아프리카 특유의 냄새가 나는 것 같습니다.

비리면서도 쉰, 그리고 곰삭는, 그러면서도 신선한, 참 묘합니다.

말라위와 달리 탄자니아는 스케일이 좀 남다른 것 같습니다.

도로 사정도 비교적 좋은 편입니다.

간만에 비포장이 아닌 아스팔트 도로를 조용하고 안락하게 이동합니다.

우리 차가 스케이트를 신고 빙판을 달리는 것 같이 미끄러집니다.

말라위에서는 사람 사는 곳에 쌓여 있는 플라스틱 쓰레기가 인상을 찌푸리게 했는데….

◀ 탄자니아 국경을 넘어 음베야 가는 길에서 시골 마을 장터 풍경

탄자니아 연합 공화국(United Republic of Tanzania)

참 신기합니다.

국경을 넘어 탄자니아에 들어오자마자 비교되는 것이 쓰레기가 많이 보이지 않습니다.

학교도 많이 보이고 길거리의 사람들도 여느 아프리카 사람들과 다르게 풍요로워 보입니다.

늘 이 시간(현재 오후 4시)이면 따가운 햇볕과 더위에 그늘로 몸을 피하기 위해 몸부림쳤는데….

오늘 우리가 달리고 있는 탄자니아는 고산지역인가 봅니다.

귀가 먹먹하고 추위에 몸을 움츠립니다.

점심때만 해도 말라위에서 더워서 그늘을 찾았는데 지금 탄자니아에서 추워서 패딩을 찾으니 아프리카도 기온 차이가 크게 나는 걸 새삼 또 느낍니다. 다행히 오늘은 방갈로를 배정받아 텐트를 치지 않아도 되는 날입니다.

텐트에서 자다가 숙소에 들어오니 세상이 아름답습니다.

오늘 밤은 침대에서 신나게 코를 골아보고 싶습니다.

33일 차: 8월 17일(Nomad 29일 차)

진한 커피 한 잔과 마사이족, 그리고 하루 종일 이동

> 탄자니아 음베야 – 이링가(Tanzania Mbeya – Iringa)

아프리카에서 춥다고 말하면 이상하게 생각하겠지만….

새벽이 제법 춥습니다.

여기 사람들은 두툼한 패딩 점퍼를 입고 다닙니다.

오늘은 로지 주변에 있는 커피농장을 방문하고 아침 식사 후 출발한다고 합니다.

우리는 커피농장에서 보내준 차를 타고 잠시 이동합니다.

▲ 탄자니아 음베야 커피농장 풍경

커피농장 정문에 마사이 부족 전통의상을 입은 젊은 청년들이 허리춤에 칼을 차고, 정문 보초를 서고 있습니다.

마사이족은 케냐 마사이마라에 있어야 하는데 왜 여기서 보초를 설까? 하는 의문을 잠시 미루고 커피에 관한 설명을 열심히 듣습니다.

주로 아라비카와 킬리만자로 커피를 재배한다고 합니다.

그렇게 여러 가지 커피를 시음하고 약간의 팁을 놓고 우리는 다시 캠프로 돌아와 간단한 조식을 먹습니다.

트럭킹은 여느 패키지여행과 매우 다릅니다.

식사 준비, 식사 후 정리 등, 매일 매 끼니를 함께 만들고 서로 도와가며 생활해야 합니다.

가이드 겸 주방장인 딘즈가 십여 명이 넘는 식구들의 식사 등, 모든 것을 해결해 주기는 어렵습니다.

아프리카 여행은 이동시간이 길기 때문에 아침과 저녁은 숙소에서 해결한다고 해도 점심을 해결하기는 쉽지 않습니다.

비포장 시골과 산속 등을 이동하는 중에는 레스토랑도 없고 설사 있다고 해도 십여 명이 한 번에 들어가면 갑자기 음식을 만들어 오기도 쉽지 않을 것입니다.

오늘도 이동시간이 길어서 샌드위치 하나와 삶은 계란 2개를 비닐봉지에 넣어줍니다.

점심을 이동하면서 차 안에서 해결해야 한다는 겁니다.

결론은 온종일 쉬지 않고 달려야 한다는 의미가 샌드위치 하나와 계란 2개에 담겨져 있습니다.

세 시간째 오른쪽에는 산이, 왼쪽에는 벌판이 계속되고 있습니다.

탄자니아는 엄청나게 큰 나라입니다.

땅덩어리가 큰 것이 너무 부럽습니다.

우리나라 열 배가 넘으니 그저 한숨만 나옵니다.

우리나라가 이 정도 땅을 가지고 있으면 아시아에서도 대국일 텐데…. 하고 부러워합니다.

멍하니 차 창밖을 보고 있으니 어느 순간 3년 전 생각이 납니다. 명예퇴직이 결정되고 더 이상 학교에 출근하지 않게 된 것이 너무 행복하고 좋았습니다.

남들은 그 좋은 직장을 왜 그만두냐고 핀잔을 주지만 진정 자유인이 된 느낌이었습니다.

아직 학교에 근무하고 있다면 이번 아프리카 여행은 있을 수 없는 일입니다.

조금 더 일찍 아프리카 여행을 했더라면 어땠을까 하는 욕심 담긴 생각을 해봅니다.

세상의 모든 여행은 가능하면 어리고 젊었을 때 용기와 호기심으로 무장하고 경험을 하는 것이 삶의 질을 풍요롭게 설계하는 데 도움이 될 거로 생각합니다.

장시간 차량 이동으로 피곤함에 졸다가도 번뜩 눈을 뜨면 끝없는 아프리카대륙의 지평선으로 눈길이 갑니다.

캠프에 도착해서 샤워하니 저녁 시간까지 30분이 남아 있습니다.

장시간 차량 이동으로 쌓인 피곤을 시원한 맥주로 풀어보려고 리셉션으로 갔더니….

이런….

우리 팀원 전부 리셉션에 앉아서 맥주 한 병씩 들고 핸드폰을 쳐다보고 있습니다.

부부들도 연인들도 누가 오든 말든 신경 쓰지 않고 핸드폰 화면에 얼굴을 빠뜨리고 눈에 불을 켜고 들여다보고 있습니다.

스마트폰 좀비들이 된 것 같습니다.

한 달 동안 연락이 안 돼서인지 카톡도, 문자도, 전화도, 일절 오지 않습니다.

세상 편합니다.

가능하면 여행 중에는 스마트폰 와이파이를 끄고 있습니다.

이동 중에는 되지도 않지만….

따뜻한 봄날, 뒷짐 지고 동네 뒷산에 가벼운 산행을 가면 아기 피부 같은 가녀린 잎사귀에 햇빛이 투과되어 나뭇잎의 피부 속살이 보이는 그 계절과 과년한 처녀가 시집가려고 예쁘게 색깔 옷 입고 뽐을 내는 가을에 세상 구경 가

▲ 캠프 사이트 내 바(Bar)

고 싶어서 모든 걸 팽개치고 훌훌 운동화 끈 고쳐 매고 길 떠나는 심정으로 떠난 아프리카에서 많은 걸 느끼고 있습니다.

오늘 밤은 올가을 설악산 단풍 구경을 꿈꾸면서 잠자리에 듭니다.

34일 차: 8월 18일(Nomad 30일 차)

탄자니아 바오바브나무 계곡과 미쿠미 국립공원

> 이링가 – 미쿠미(Iringa – Mikumi)

어젯밤 저녁 식사 후 가이드 딘즈가 모두에게 본인에 대해서 말합니다.

자기는 짐바브웨 빅폴스 출신이라며….

이야기를 이어나갑니다.

지름 2~3m 정도 되는 원기둥에 갈대 같은 재료로 고깔 모양의 지붕이 얹어진 아프리카 전통가옥인 흙바닥 집에서 그 좁은 공간에서 부모님과 형제들이 흙바닥에 누워 잠이 들곤 했었다고….

지금 이 일이 아니면 지금도 흙바닥에서 누워 자고 있을 거라고….

매일 새벽 네 시만 되면 부엌살림 덜그럭거리는 소리가 납니다.

다들 잠든 시간에 딘즈는 십여 명의 아침을 챙기려고 분주합니다.

벌써 한 달이 넘게 매일 하루 세끼를 책임지느라 뼛골이 빠집니다.

탄자니아 연합 공화국(United Republic of Tanzania)

그래도 힘든 표정 한 번 안 보입니다.

항상 웃으며 농담합니다.

우리는 참 힘든 직업이라고 생각할 수 있지만 딘즈에게는 새로운 삶을 살아갈 수 있는 절호의 기회였으려니 합니다.

오늘도 여지없이 우리는 출발합니다.

차창 안으로 들어오는 햇볕이 따사롭게 느낄 정도로 차 밖은 춥습니다.

아프리카에서 햇빛을 따사롭게 느낄 수 있다는 걸 누가 곧이들을까 합니다.

이링가(Iringa)에서 아프리카 여행 중 가장 깨끗하고 규모가 큰 현대식 화장실을 만났습니다.

이링가는 좌우가 산악지역이고 산꼭대기 지역에는 군사 시설이 있는 탄자니아의 군사 도시라고 합니다.

▲ 바오바브나무 군락지

이링가에서 미쿠미로 가는 길에 바오바브나무들이 많이 보입니다.
바오바브나무들도 자기네들끼리 모여 사는가 봅니다.
잠시 보이다가 없어지고 또 그러길 반복합니다.
잠시 바오바브나무 군락지에 내려서 부시부시도 하고 사진도 찍습니다.
강이나 개울이 있으면 여지없이 사람들이 씻고 빨래를 하고 있습니다.
강 주변 나무들은 아낙네들의 세탁물로 모자이크 그림같이 형형색색 늘어져 있습니다.
기사 마이크에게 "사랑합니다"가 아프리카 말로 뭐라고 물으니 "라쿠펜다"라고 가르쳐 줍니다.
마침 로지 대문을 지키던 흑인 아주머니가 우리에게 다가옵니다.
딘즈가 저녁 준비를 하다가 뭔가를 아주머니에게 줍니다.
자세히 보니 점심때 먹다 남은 오렌지입니다.
이제 보니 남는 음식을 깨끗이 포장해서 가는 곳마다 문지기 또는 세차 등을 하는 가난한 사람들에게 나눠주는 걸 이제야 알았습니다.
남은 음식들은 어떻게 버리지, 하고 은근히 걱정했던 것이 공연한 우려였습니다.
옆에서 듣고 있던 토마스가 오렌지를 먹고 있던 흑인 여자에게 냅다 "라쿠펜다" 하고 소리치니 흑인 아줌마가 웃으면서 "밤에 몇 시에 올까?" 하고 받아칩니다.
순간 우리는 폭소가 쏟아집니다.
"라쿠펜다", 잘못 말하면 큰일 치를 것 같습니다….
토마스와 리셉션에서 작품에 대해서 긴 이야기를 나누고 텐트로 돌아오는데 스페인 젊은 남자 친구가 야외 테이블에 엎드려서 힘들어하고 있습니다.

어제부터 배가 엄청 아팠다고 합니다.

증세를 물어보고 가져온 약을 챙겨서 나눠주고 빨리 좋아지라고 하니 너무 고마워합니다.

후진국을 여행할 때는 약을 구하기 어려워서 일반적인 약은 충분히 가지고 다니는 터라 다행히 약을 나누어 줄 수 있었습니다.

"제대로 배운 수영이 아니면 물속에서 헤엄쳐 봐야 그 자리에서 물장구치는 거다"라는 말이 갑자기 생각이 납니다. 제가 어설픈 의사 짓을 한 건 아닌가 합니다.

35일 차: 8월 19일(Nomad 31일 차)

라면과 한국 음식의 향연

> 미쿠미(Mikumi)

이른 새벽 리빙스턴에서 합류한 스페인 젊은이들과 미국 부부가 미쿠미 국립공원(Mikumi National Park)에 게임 드라이브를 간다고 텐트 밖이 시끌시끌합니다.

우리는 별다를 게 없을 듯해서 오늘은 나머지 여행을 위해서 이것저것 챙기며 쉬기로 하고 간만에 라면도 끓여서 얼큰하게 먹고 원기를 회복하기로 합니다.

▲ 한국 음식 향연

외국에서 지쳐 있을 때 먹는 매운 라면 한 끼는 인삼을 먹듯 기력

회복에 탁월한 효과가 있습니다.

얼큰하게 속이 따뜻해지는 매운 음식은 한국적 신체 리듬으로 몸을 회복시켜 주는 듯합니다.

한국 사람이 빵을 며칠 먹으면 얼큰한 국물이 생각나기 마련입니다.

물론 빵을 좋아하는 사람들도 있겠지만, 특히 아프리카에서는 쉽게 찾아볼 수 없는 라면을 먹을 수 있는 날은 행복한 하루일 것입니다.

오늘 아침은 한국 캠핑장에서 하듯이 버너에 불을 붙이고 코펠에 물을 부어 라면을 끓여서 밥, 깻잎과 김, 그리고 볶음김치로 고향의 집밥 맛을 만끽합니다.

어제 배탈이 나서 몇 끼를 못 먹고 아픈 배를 부여잡고 식은땀을 흘리던 스페인 젊은 친구가 안 보이길래 컨디션이 좋아져서 게임 드라이브를 나갔구나 하고 짐작을 했는데….

조금 있으니 사파리 지프가 들어오고 스페인 청년이 웃으면서 내려서 제게 다가오더니 어제 준 약으로 몸이 좋아졌다며 연신 고맙다고 인사를 합니다.

스페인 젊은 친구들은 빅폴스에서 출발해서 게임 드라이브가 처음이라 엄청 좋았다고 흥분을 감추지 못합니다.

마사이족이 불을 뛰어넘는 쇼도 보았다고 자랑을 합니다.

그런데 미국 부부는 별 반응이 없습니다.

그저 그랬다고 합니다.

미국 부부는 이전에 보았던 게임 드라이브에 비해 별로였던가 봅니다.

사실 아침 일찍 딘즈에게 물어보았습니다.

미쿠미 국립공원 게임 드라이브와 마사이족 방문에 대해서요….

딘즈가 살짝 귀띔을 해줍니다.

앞으로 더 좋은 걸 볼 수 있다고요.

게임 드라이브도 그렇고 마사이족 부락에도 간답니다….

스페인 젊은 친구들은 이제 한국을 다른 시각으로 볼 것 같습니다.

▲ 미쿠미 캠프 으슥한 화장실

한국 사람들의 친절과 따뜻함에 대해서 좋은 감정을 느낄 거로 생각합니다.

확실한 애국입니다….

▲ 미쿠미(Mikumi) 캠프 사이트 내 예쁜 야외 바(Bar)

아무것도 안 하고 하루를 보내는 게 지겨울 줄 알았는데….

금방 저녁이 다가옵니다.

오늘도 여지없이 별을 봅니다.

쏟아지는 별에 머리를 다칠까 봐 얼른 텐트 속으로 몸을 감춥니다.

탄자니아 연합 공화국(United Republic of Tanzania)

별이 무서워서 눈을 감고 잠을 청해봅니다.

미쿠미 국립공원(Mikumi National Park)

미쿠미 국립공원은 탄자니아 모로고로 근처에 있는 국립공원으로 면적은 3,230km²이며, 1964년에 지정되었다. 이 국립공원은 이 나라에서 네 번째로 크고, 남쪽으로 셀루스 게임 리저브와 접하고 있으며, 두 지역은 독특한 생태계를 형성한다. 미쿠미의 풍경은 종종 세렝게티의 풍경과 비교된다. 공원을 가로지르는 도로는 부분적으로 다른 환경을 가진 두 지역으로 나눈다. 북서쪽 지역은 미카타 강(Mkata River) 유역의 충적 평야가 특징이다. 이 지역의 식생은 아카시아, 바오바브, 타마린드, 희귀한 야자수가 잠재하는 사바나로 구성되어 있다. 도로에서 가장 먼 이 지역에는 루베호(Rubeho)와 울루구루(Uluguru)산의 멋진 암석 지형이 있다. 공원의 남동쪽 부분은 야생 동물이 많지 않고 접근성이 좋지 않다.

36일 차: 8월 20일(Nomad 32일 차)

복잡하고 혼란스러운 도시와 전통시장, 그리고 한국식당

> 미쿠미 – 다르 에스 살람(Mikumi – Dar es Salaam)

새벽 네 시….

아직 캄캄합니다. 그래도 부지런히 일어나 멀리 떨어진 화장실과 샤워실이 있는 공동시설로 발길을 재촉합니다. 일찍 가야 누가 쓰지 않은 깨끗하고 따뜻한 물이 나오는 샤워실을 사용할 수 있기 때문입니다. 공동화장실과 샤워실은 영어 속담에 있는 "일찍 일어나는 새가 먹이를 많이 먹는다"와 똑같습니다.

이렇게 우리는 또 하루가 시작됩니다.

다르 에스 살람과 잔지바르섬으로 가는 오늘부터 나흘 동안은 텐트를 치지 않아도 되게 숙소를 준다고 합니다.

"와!!!" 소리가 저절로 나옵니다….

갑자기 화장실이 실내에 없고 실외에 있던 어린 시절, 아침에 일어

▲ 미쿠미에서 다르 에스 살람으로 가기 위해 이른 새벽 출발 준비

나 화장실 앞에 줄을 서 있던 풍경이 떠오릅니다.

그때는 화장실 앞에 줄 서서 기다리는 것이 불편하다는 생각을 못 했는데 편안함과 풍요 속에서 불편함 없이 살아서인지 지금은 그런 환경에서 못 살 것 같은데, 아프리카에 와서 나이 먹고 다시 경험하니 새삼스럽습니다.

옆집 살던 여동생뻘 여자아이는 급해서 먼저 화장실을 들어갔다가 나오면서 부끄러움에 눈길을 땅에 두고 얼른 도망치듯 뛰어가던 그 아이도 이제는 할머니가 되어 있으려니 하니, 소리 없는 미소가 입가에 머물다 흘러갑니다.

출발하고 조금 지나니 아프리카의 하늘이 붉게 물들기 시작하고 하늘엔 달마티안 강아지의 검은 점들이 붉은 하늘에 구멍을 뚫어놓고 있습니다.

점점 붉은색이 바래지고 커다란 하얀 점이 빛을 발하며 실루엣으로 보이던 풍광의 속살들이 보이기 시작합니다.

검은 피부에 초록색 치마를 입고 하얀 히잡을 쓴 중학생 정도의 여자아이들이 등교하느라 도로 옆 가장자리를 부지런히 걸어가고 있습니다.

조금 더 가니 초등학교 2~3학년 정도의 아이들이 책가방을 메고 자기 키보다 훨씬 크고 무거워 보이는 나무토막을 하나씩 어깨에 메고 열심히 학교를 향해 가고 있습니다.

나무토막을 왜 메고 학교에 가는지 궁금합니다.

초등학교 시절 집이나 길거리에서 주워 모은 폐지나 공병을 일주일에 한 번씩 학교에 가져가서 담임선생님께 보여드리고, 교실 뒤쪽에 모으던 그때가 생각이 납니다.

그렇게 모은 폐지를 팔아서 불우 아동 돕는 데 쓰고 비품을 사는 데 사용한 걸로 기억하고 있습니다.

요즘 시대에는 있을 수 없는 일이지만 모든 게 힘들던 어려웠던 그 시절은 당연한 일이었습니다.

지금 시대에 아이들에게 폐지나 유리병 등 폐품을 학교에서 가져오라고 하면 학교에 전화가 불이 날 것입니다.

왜 아이들에게 무겁게 이런 걸 가져오라고 하냐고….

국도보다 못한 고속도로를 달리다 얄궂은 휴게소에서 점심으로 닭튀김과 감자튀김을 사준다고 합니다.

여기가 아프리카라서 그런지 노랗게 익어야 할 치킨이 새카맣게 익어 튀겨져 있습니다.

오래된 기름인 것 같습니다.

주방 안에서 연신 튀겨내고 있습니다.

망설이다 한 점 먹어보니 새까매도 역시 기름에 튀긴 프라이드치킨은 맛있습니다.

그냥 못 이기는 척 뜯어 먹습니다.

어쩌다 한번 먹는 프라이드치킨….

별일 있을까 하고 맛나게 뜯고 있습니다.

먹으면서도 나만 찝찝한 걸까? 하는데, 미국·호주·스페인 사람들은 그냥 맛나게 잘 먹고 있습니다. 괜스레 저만 예민을 떤 듯합니다.

무역도시이자 유명 휴양도시인 다르 에스 살람에 가까워져 갑니다. 왠지 정리되지 않은 큰 도시라는 느낌이 들게 합니다.

▲ 다르 에스 살람(Dar es Salaam)의 전통시장 풍경

사람들도 어지럽고 혼란스럽게 질서 없이 마구 뒤엉켜 밀려가고 있는 모습이 마치 인도의 델리역이 생각나게 합니다.

낡은 건물들이 얼기설기 복잡하게 자리 잡고 종잡을 수 없는 삼륜 오토바이, 낡은 자동차, 알 수 없는 말로 떠드는 스피커 소리, 사람을 정신없게 만드는 도시입니다.

여태껏 조용한 사막과 동물들이 많이 살고 있는 대자연 속을 돌아다니다 큰 도시에 오니 도시 냄새가 역겹게 다가옵니다.

미국 플로리다에서 온 할머니(지나)와 체크인 후 엘리베이터를 함께 탔는데….

오늘 저녁은 뭐 먹냐고 물어봅니다.

오랜만에 다르 에스 살람에 있는 코리아 레스토랑에 찾아가려고 한다고 하니, 자기도 한국 음식 좋아한다고 함께 가게 해달라고 합니다.

우리는 셋이서 택시를 타고 코리아 레스토랑을 침을 흘리며 찾아갑니다.

퇴근 시간이라 차가 많이 막힙니다.

그래도 한국 음식 먹을 생각에 아무 문제가 없습니다.

음식을 주문하고 기다리고 있는데 지나 할머니가 자신이 한국 음악도 좋아하니 한국 음악을 줄 수 있냐고 해서, 내 핸드폰에 있는 음악을 담아주고 있는데, 지나 할머니가 자신의 이야기를 합니다.

자신은 유고슬라비아 출신이며, 자신이 유고슬라비아에 살던 당시 있었던 내전에 관해 이야기합니다. 이후 미국으로 가서 부동산을 20년 동안 했고, 돈을 벌어서 샀다는 플로리다 비치에 있는 근사한 집을 보여주며 자기 거라고 플로리다로 여행하러 오면 숙소로 제공하겠다고 오라고 합니다.

▲ 다르 에스 살람(Dar es Salaam) 한국 식당에서 만찬

지나 할머니는 불고기와 냉면을, 우리는 한국보다도 훨씬 비싼 삼겹살을 주문했습니다.

삼겹살이 1인분에 2만 8천 원입니다.

여기 탄자니아 사람들이 죽을 때까지 한번 먹어보기 힘든 한 끼 가격인 듯합니다.

비싸도 여기 말곤 먹을 곳이 없으니 어쩌겠습니까….

어쨌든 맛나고 배부르게 먹었습니다.

오래간만에 소맥과 함께….

아프리카에 도착해서 이용한 숙소 중에 오늘 숙소가 가장 최악입니다.

시장 주변의 여인숙 정도 수준의 숙소입니다.

좁고 불결해서 결국 침낭을 꺼내서 침낭 속에서 잠을 잡니다.

숙소가 다르 에스 살람에서 가장 큰 전통시장 근처라서 그런지 시끄러워서 잘 수가 없습니다.

아마 이곳 전통시장을 구경하라고 시장과 가까운 숙소를 잡은 것 같습니다.

오래된 도시라 좋은 호텔이 없는 사정을 이해는 하지만….

차라리 텐트가 나은 듯합니다.

밤새 뭐를 하는지 사람 소리가 끊이지 않고 시끄럽게 나지만 사람 소음을 자장가 삼아 억지로 잠을 청해봅니다.

다르 에스 살람(Dar es Salaam)

탄자니아의 옛 수도이며 가장 큰 도시이다. 1961년에서 1964년까지는 탕가니카의 수도였다. 다르 에스 살람은 아랍어로 '평화의 집', '평화의 땅'을 뜻한다. 다르 에스 살람은 현재 탄자니아의 행정 주이며 3개의 지방 정부 지역과 행정 지구로 구성된다. 이는 각각 북쪽의 키논도니(Kinondoni), 지역의 중심에 있는 일라라(Ilala), 남쪽의 테메케(Temeke)이다. 다르 에스 살람 지방은 공식적인 2022년 인구 조사에 따르면 약 538.4만 명 정도의 인구를 가지고 있다. 탄자니아의 공공기관들과 각국의 대사관, 기업들이 여기에 위치해 있다.

37일 차: 8월 21일(Nomad 33일 차)

세계문화유산인 잔지바르 스톤타운으로

> 스톤타운(잔지바르)(Stone Town(Zanzibar))

새벽 네 시, 온 동네가 시끄럽습니다.

탄자니아가 이슬람 국가라서인지 새벽 기도문 소리가 스피커를 통해 온 동네 사람들 잠을 깨웁니다….

▲ 잔지바르(Zanzibar)행 쾌속선

별것도 없는 여인숙의 초라한 조식을 하고 우리는 잔지바르섬으로 가기 위해 부지런히 서두릅니다.

여객선 터미널에 도착하니 터미널이 혼란 그 자체입니다.

배를 타기 위한 사람들보다 암표를 팔려고 하는 호객꾼과 별것 없는 간식을 팔려고 하는 장사꾼들, 그리고 외국인을 상대로 친절을 베

풀고 팁을 받으려는 흑인들이 뒤섞여서 정신이 하나도 없습니다.

탄자니아 안에서 국내 섬으로 가는 데 출입국 신고를 해야 한다고 합니다.

▲ 다르 에스 살람(Dar es Salaam) 선착장 대합실

다르 에스 살람에서 출국 신고를 하고 잔지바르섬에서 또 입국 신고를 한다고 합니다.

혼란과 짜증 속에 감옥 같은 대합실은 철창으로 격리되어 있고, 라면 박스에 꽉 채워져 있는 병아리들같이 서로 등을 맞대고 서 있다가 간신히 배에 승선합니다.

◀ 잔지바르(Zanzibar) 프레디 머큐리 생가(현재는 박물관)

탄자니아 연합 공화국(United Republic of Tanzania)

그래도 배는 현대식이고 안락한 편입니다.

배에서 내리자 또다시 경우 없는 새치기와 혼란이 시작됩니다.

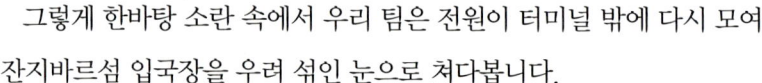

▲ 잔지바르(Zanzibar) 선착장

입국 신고 창구는 2개인데 줄은 몇 개인지 셀 수도 없습니다.

그냥 들이밀고 창구로 돌진합니다.

그렇게 한바탕 소란 속에서 우리 팀은 전원이 터미널 밖에 다시 모여 잔지바르섬 입국장을 우려 섞인 눈으로 쳐다봅니다.

점심을 잔지바르에서 맛집이라는 곳으로 데리고 갑니다.

이 비싼 레스토랑에서 점심을 준다고 의아해했는데….

역시 오늘 점심은 각자 먹고 싶은 것 주문하고 각자가 식대를 지불한다고 합니다.

점심 식사 후 우리는 워킹 시티투어에 나서고 복잡한 잔지바르의 골목을 누비고 다닙니다.

제 고등학교와 대학교 시절에 유명했던 보컬 그룹 퀸(Queen)의 메인 보컬인 프레디 머큐리의 고향이 잔지바르라는 것을 저는 잔지바르의 어느 골목에 붙어 있는 프레디 머큐리의 사진을 보고 알았습니다.

프레디 머큐리의 사진을 뒤로하고 인증샷을 찍습니다.

잔지바르의 스톤타운은 세계문화유산에 등록이 되어 있다고 현지 로컬 가이드가 설명을 해줍니다.

잔지바르의 뒷골목은 작은 상점들이 엄청나게 많이 자리하고 있습니다.

▲ 잔지바르(Zanzibar) 옛 아랍 요새

우리나라 유치원생 가방도 걸려 있습니다.

골목골목 재미있지만, 골목이 복잡해서 길을 잃어버리기 안성맞춤입니다.

◀ 잔지바르(Zanzibar) 풍경

탄자니아 연합 공화국(United Republic of Tanzania)

말이 씨가 된다고….

어느 순간 열심히 골목에서 사진을 찍어대던 토마스가 보이질 않습니다.

딘즈에게 토마스가 보이질 않는다고 했더니 다들 여기서 기다리라고 하고 찾으러 나섭니다.

▲ 우리나라 유치원생 가방이 걸려 있는 골목 상가

20분이 넘도록 다들 서서 기다려도 딘즈가 오질 않습니다.

30분이 되니 딘즈가 돌아오며 토마스를 찾을 수 없다고 합니다.

저는 우리 팀에게 미안해서, 토마스가 호텔로 돌아올 거니까 걱정하지 말고 계속 투어를 하자고 하고 우리는 걸어갑니다.

조금 걸어가고 있으니 토마스에게서 딘즈에게 연락이 왔답니다.

호텔로 가고 있다고….

냉장고도 없고 위생 관념이 전혀 없는 생선 비린내와 고기 비린내가 진동하는 전통 재래시장을 지나 노예박물관과 기념품점, 그리고 노예들을 가두어 두었던 작은 지하실 방의 쇠사슬을 보며 인간들의 잔인함과 그런 아픔의 역사를 소홀히 관리하는 이들의 역사관과 정체성에 한숨이 나옵니다.

또다시 교육의 중요성을 느낍니다.

▲ 잔지바르(Zanzibar) 노예박물관

우리도 6.25 전쟁이 끝나고 그 어려운 시절에 한글도 모르던 부모님들이 시장에서 생선과 채소 장사를 해서라도 힘들게 자식들을 학교에 보내 교육을 시켜서 이 정도 삶을 살고 있다는 것을 다시 한번 일깨웁니다.

우리는 바닷가 나이트 마켓(밤에 바닷가 광장에서 푸드코트를 하는 것)에 가서 간단히 저녁 요기를 하기 위해 개조한 삼륜 오토바이(아시아에서는 툭툭이라고 함)를 타고 달립니다.

먼지와 자동차 매연 냄새가 너무 심해서 눈과 코, 입을 막고 달립니다.

나이트 마켓에 갔으나 정작 음식을 먹을 자신이 없습니다.

내가 유별나게 깔끔을 떠는 게 아니라 종이를 들고 파리를 쫓고 있는 풍경을 보니 먹고 싶은 생각이 일순간 사라집니다.

나이트 마켓 옆 바닷가 난간 위에서 잔지바르 아이들이 연신 바닷속으로 다이빙을 하고 있습니다. 유별난 놀이입니다.

관광객들에게 볼거리를 제공하고 팁을 받는 듯합니다.

◀ 잔지바르(Zanzibar) 아이들의 다이빙

▲ 잔지바르(Zanzibar) 바닷가 야경

　잠깐의 눈요기를 뒤로하고 근처에 있는 생선 전문 요리 집을 찾아 저녁을 해결하기 위해 들어갑니다.

　대부분 관광객입니다.

　이렇게 비싼 생선 요리는 이곳 사람들이 먹어보기 힘들 만큼 가격이 비쌉니다.

　관광객들만을 대상으로 하다 보니 비싸게 받는 것 같습니다.

　저녁 식사 후 아까 다이빙하는 장소를 지나오며 다이빙하는 아이들 사진을 한 장 찍으니 아이들이 따라오며 10불을 달라고 합니다.

아이들이 간도 큽니다.

1달러 같으면 모르겠는데 조금 심합니다.

여긴 관광객이 봉인가 봅니다.

이게 정상은 아닌 것 같습니다.

세계적인 휴양지라는 잔지바르….

이러다 우리나라 제주도 꼴 되려니 하며, 지는 석양과 함께 하루를 마무리하고 있습니다.

잔지바르(Zanzibar)

잔지바르는 동아프리카 탄자니아에 위치한 자치령으로, 웅구자섬과 펨바섬을 중심으로 한 잔지바르 제도로 이루어져 있다. 잔지바르에 있는 스톤타운은 세계문화유산으로 지정되었으며, 육두구, 계피, 후추 등의 향신료 산지로 유명하다. 잔지바르는 현재도 드물게 향신료 섬으로 언급되기도 한다. 웅구자(Unguja)섬과 펨바섬, 2개의 큰 섬과 기타 부속 도서로 이루어져 있으며 총 면적은 2,461km². 서울특별시 면적(605.25km²)의 약 4배 크기이며 제주특별자치도 면적(1,850.3km²)의 약 1.33배 크기이다.

인구는 약 130만 명 수준(2022년 기준)으로 수원시보다 조금 많고 광주광역시보다는 조금 적다. 인구와 면적은 탄자니아 전체에 비해 미미하지만, 역사적인 이유로 하나의 국가에 비견될 정도로 강한 자치권을 가지고 있다. 일부 경제 통계에서는 잔지바르까지 별개의 국가로 간주하며 통계에 넣을 정도. 잔지바르에서 가장 큰 섬이자 중심지라고 할 수 있는 웅구자는 다르 에스 살람과 20km 정도로 비교적 가까이 있어서 비행기로 15분 걸린다. 다만 비행기표 값이 일반 탄자니아인들에게 매우 부담되는 가격이기 때문에, 1시간 20분 정도 소요되는 배편으로 가는 경우가 대다수다.

탄자니아 연합 공화국(United Republic of Tanzania)

38일 차: 8월 22일(Nomad 34일 차)

인도양 넘어 대한민국

> 잔지바르 비치(Zanzibar Beaches)

오늘은 잔지바르 시내 근처 향신료 농장을 간다고 합니다.

50분 정도 버스로 이동하니 향신료 농장이 나오고 역시나 현지 농장 가이드가 우리를 인솔합니다. 진저, 바닐라, 커피, 정향, 시나몬 등 여러 가지 향신료 나무나 풀들이 심어져 있습니다.

가이드가 숲속을 걸어 다니며 향신료 냄새도 맡게 하고 향신료에 관해서 설명합니다.

직접 재배하는 농장이 아니고 관광객 유치를 위해 묘목 이식 및 접목 등을 통해 작은 농장을 만들고 시장에서 향신료를 구입해서 숍에서 팔고 있습니다.

가이드 중 1명이 까마득한 코코넛 나무를 타고 올라가며 "하쿠나마타타"를 외치고 분위기를 한껏 돋우며 코코넛 주스를 우리에게 마시라고 줍니다.

    결국 우리는 팁으로 마무리합니다.

    상술이 대단합니다….

    팁을 주지 않고는 못 버티게 만들어 놓습니다.

    조금 어설프고 엉성하지만, 마땅히 잔지바르 내에서 이런 관광코스나 어드벤처를 빼고는 별것이 없는 휴양지인 듯합니다.

▲ 잔지바르(Zanzibar) 향신료 농장 "하쿠나마타타"

▲ 잔지바르(Zanzibar) 향신료 농장 닭

    점심을 먹기 위해 우리는 다시 50분을 달려 시내로 갑니다.

    트럭킹을 시작하고 가장 크고 좋은 바닷가 리조트에서 우리 방을 배정받고 다들 신이 났습니다.

    여기서 이틀을 머문다고 합니다.

    쉬면서 옵션으로 이것저것 하면서 시간을 보내는, 말 그대로 홀리데이인 듯합니다.

▲ 잔지바르(Zanzibar) Paradise Beach Resort에서 보는 인도양

남아공 케이프타운에서 빅폴스까지의 여정과 빅폴스에서 케냐까지의 여정은 사뭇 다릅니다.

전자가 자연과 인간 그리고 아프리카의 열악한 자연환경과 그 속에서 살아가는 아프리카인들의 단면을 보여준다면, 후자는 드넓은 아프리카대륙을 서에서 동으로 가로지르는 차량 이동과 동쪽으로 갈수록 경제활동이 활발한 바쁘고 혼란스러움 속에서 발버둥 치며 살아가는 아프리카인들의 삶이 크게 비교됩니다.

서쪽의 나미비아 일대의 가혹한 사막 기후와 초록이 만발한 동쪽의 탄자니아 쪽은 빈부의 격차는 심하지만, 서쪽보다는 삶의 질이 좋아 보입니다.

침대에 누워 창밖을 보니 비췻빛 드넓은 인도양이 한눈에 들어옵니다. 저 너머로 계속 가면 인도가 나오고 조금 더 가면 우리나라가 나옵니다.

왠지 서아프리카에 여행할 때 느끼지 못했던 감정입니다.

인도양 저 너머 우리나라….

여기 리조트는 레스토랑이 3개가 있답니다. 인터내셔널식, 인도식, 아시아식 레스토랑이 있고 미리 예약해야 사용이 가능하다고 합니다.

우리는 오늘 인도식을 예약하고 저녁에 인도식 레스토랑을 찾아갑니다.

그냥 먹을 만합니다.

아프리카에서 이 정도면 감사해야 합니다.

▲ 잔지바르(Zanzibar) Paradise Beach Resort 야경

그렇게 우리는 저녁까지 호사를 누리고 밤바다를 구경하러 이리저리 천천히 걸어 다니다 보니 해변에서 바다 한가운데로 약 200m 정도의 나무로 만든 부교가 있고, 그 끝에 나무로 만든 바가 멋지게 폼을 잡고 있고, 사람들이 음악과 춤으로 흥겹게 어깨동무하고, 서로 어우러져 있습니다.

마치 흑인 가족들이 부모님 팔순 잔치 행사를 하는 듯합니다.

탄자니아 연합 공화국(United Republic of Tanzania)

▲ 잔지바르(Zanzibar) Paradise Beach Resort 신나는 가족 파티

밤바다의 신나는 흥에 바다가 넘실거립니다.

낮에는 그렇게 아름다운 비췻빛 바다가 검게 물든 것을 보고 바다도 잠자리에 드는 것 같아 저도 잠을 청하러 숙소로 돌아갑니다.

39일 차: 8월 23일(Nomad 35일 차)

인도양의 일출과 돌고래, 그리고 마사이족

> 잔지바르 비치(Zanzibar Beaches)

검붉은 하늘이 점점 붉은색으로 변하며 창으로 스멀스멀 적셔옵니다. 오늘은 또 어떤 일들이 있으려나 하고 기대를 해봅니다.

해가 뜨기 전 검푸른 바다 저 멀리 수평선 위에 구름이 잔뜩 걸려 있습니다.

태양이 구름에 가려 일출을 못 볼 것 같아 마음을 조아립니다.

구름은 서서히 대문이 열리듯이 갈라지고 그 사이로 인도양에서 아프리카대륙을 밝혀줄 뜨거운 태양이

▲ 잔지바르(Zanzibar) Paradise Beach Resort, 인도양에서 뜨는 태양

탄자니아 연합 공화국(United Republic of Tanzania)

성난 듯 근엄하게 떠오르기 시작합니다.

  잔지바르의 새벽은 건전하고 신선하기까지 합니다.

  이곳 리조트는 시내에서 멀리 떨어져서인지 자동차나 오토바이 엔진소리보다는 인도양의 파도 소리와 새소리로 가득합니다.

  바닷가 벤치에 앉아서 작은 나룻배 뒤로 오늘 하루가 떠오르기를 기다리고 있습니다.

▲ 잔지바르(Zanzibar) Paradise Beach Resort, 마사이

  언어 기득권….

  우리 팀은 미국, 영국, 호주, 스페인, 터키, 한국 모두 18명이 움직입니다.

  누구 한 사람도 언어 양보 또는 언어 배려가 없습니다.

  당연히 이들은 늘 생활하던 대로 그냥 그릇에 담긴 물을 바닥에 붓듯이 영어를 부어버립니다.

  그렇게 순식간에 뿌려지는 단어들을 내 귀로는 주워 담기가 너무 힘이 듭니다.

  조금만 천천히 말을 해주면 주워 담으며 고마워할 텐데 하고 생각합니다….

  우리나라에서 외국인이 한국말로 뭘 물으면 알아듣기 쉽게 짧고 간단하고 천천히 이야기해 주고 못 알아들으면 더 천천히 말해주는데….

  이들은 상대방을 배려하는 마음이 별로 보이지 않습니다.

겉으로는 신사이고 친절한 척하지만 내심 진정성은 느껴지지 않습니다.

이들은 기득권을 한껏 자랑하는 듯합니다.

오후에 리조트에 도착하니 대문(리조트나 호텔 등은 대부분 담장을 치고 전기 고압선 등을 설치하여 리조트 고객 외에는 접근을 못 하도록 철저히 경계함) 앞에 TV에서 보던 마사이족과 흡사한 흑인이 보입니다. 여태껏 보아 오던 흑인과는 외모가 매우 다릅니다.

키가 크고 체크무늬가 그려진 붉은색 천을 두르고 씩씩하게 걸어옵니다.

리셉션 매니저가 "헤이…" "마사히… 손님 짐 방에 갖다 드려" 했더니 제 배낭을 메고 씩씩하게 열쇠를 들고 앞장서서 갑니다. 21세기에 총도 아니고 짧은 칼을 차고 얇고 긴 막대기 하나를 들고 다닙니다….

나는 리조트에서 손님들을 위해서 재미있게 연출한 것이려니 하고 생각합니다.

우리 일행은 리조트를 나와 잔지바르 북쪽 끝에 있는 돌고래 서식지를 향해서 달리고 있는데 도로를 따라 걸어서 오가는 마사이족들이 많이 눈에 보입니다. 케냐 마사이마라 마을에 있어야 할 마사이 부족들이 왜 여기 잔지바르 리조트 문지기와 방 지킴이가 되어 있는지 사뭇 궁금합니다.

이들도 좀 더 나은 삶을 찾아서 고향과 집을 버리고 이동했으리라 추측하고 있는데….

딘즈가 마사이 부족에 대해서 간단히 설명을 해줍니다.

마사이 부족은 케냐와 탄자니아에 많이 거주해서 자주 보이는 것이라고 합니다.

그렇게 우리는 마사이족에 관한 이야기를 듣다가 돌고래를 보기 위해 차에서 내려 작은 엔진이 달린 조그마한 카누로 옮겨 탑니다.

형형색색의 카누들이 돌고래를 찾아서 마구 헤매고 다닙니다.

카누 한 대가 속도를 내고 달리면 그쪽에 돌고래가 나타난 줄 알고 다른 배들이 쏜살같이 그 배를 따라가기를 계속 반복합니다.

30분이 지나도 돌고래는 보이지 않고 있습니다.

우리가 지쳐갈 무렵 갑자기 사람들 환호 소리와 바닷물 속으로 몸을 던지는 소리가 납니다.

젊은 친구들이 돌고래가 나타나니 물속에서 보고 싶어서 스노클링 장비를 장착하고 물속에서 돌고래를 두리번거리며 찾고 있습니다.

◀ 잔지바르(Zanzibar) 돌고래 투어와 스킨스쿠버

드디어 몇 마리의 돌고래가 우리 배 앞에 나타나고 우리는 놓칠세라 돌고래를 따라서 속도를 냅니다.

신나기도 하고 멋지기까지 합니다.

다들 난리가 났습니다.

그렇게 10분 정도를 돌고래와 실랑이하다가 사라진 돌고래의 꼬리를 마지막으로 본 바다를 그저 바라봅니다.

그렇게 한바탕 소란을 피우고 우리는 스노클링을 하러 자리를 이동합니다.

저 멀리 에메랄드빛 바다에서 스노클링을 한다고 합니다.

바닷속에 아무것도 없습니다.

물고기가 없습니다.

▲ 잔지바르 음넴바(Zanzibar Mnemba) 섬

탄자니아 연합 공화국(United Republic of Tanzania)

바다색은 세상을 품고 있듯이 아름다운데….

생명체가 보이질 않습니다.

카누를 운전하는 흑인 청년이 식빵을 뜯어서 바다에 던지니 그제서야 새끼손가락보다도 작은 물고기가 조금 보입니다.

바다가 낮아서 그런지, 해초가 없어서 그런지, 물고기는 별로 없습니다.

카누를 타고 돌아오는데 갑자기 파도가 높아집니다.

작은 카누가 힘들게 파도를 헤치며 나아갑니다.

그렇게 잔지바르에서 물놀이는 끝이 나고 우리는 숙소로 돌아와 아시아식 저녁으로 허기를 달랩니다.

마사이족(Maasai)

아프리카 동부 케냐와 탄자니아에 거주하는 유목민족. 인종은 나일로트계(系) 흑인종이다. 나일사하라어족에 속하는 마사이어를 사용하고 있다. 남성과 여성을 모두 합친 평균 키는 177cm로 매우 장신을 자랑하며 원래는 나일사하라어족의 샤리나일어군에 속하는 동수단어를 쓰는 사람을 가리키는 언어학 용어를 나타내는 말인데 이것이 부족명으로 굳혀진 케이스이며, 몇몇 부족이 뭉쳐서 1개의 집단을 이루며 생활한다. 소똥으로 만든 반원형의 지붕이 낮은 집을 짓고 가시나무로 만든 울타리를 치며 생활하는데, 그레이트리프트밸리 지역에는 가시나무가 굉장히 많아 구하기 쉽고 가시가 달려 동물로 인한 피해에 방어하기가 유용하기 때문이다. 잠시 머무는 의미가 강해 규모가 크고 웅장한 느낌이 아닌 조그마한 창고 같은 느낌을 준다. 이 집에 4~5명의 가족이 함께 생활한다. 우기에는 진흙이 무너지는 걸 방지하기 위해 동물 가죽을 지붕 위에 씌운다. 남자는 송아지나 염소 가죽으로 된 케이프를 걸치고, 여자는 케이프나 스커트를 착용하며, 머리는 붉은 흙으로 굳힌 특이한 모양의 헤어스타일로 꾸민다. 남성 중심의 사회이며 모든 씨족은 남자들이 우선권, 결정권을 가지고 움직인다. 또한 일부다처제로서 씨족 외혼이 이루어지며 같은 연령 집단에 속한 남자들끼리 아내를 빌려주는 풍습이 있다.

40일 차: 8월 24일(Nomad 36일 차)

아름다운 휴양지 잔지바르를 떠나 어촌마을 바가모요로

> 잔지바르 비치 – 바가모요(Zanzibar Beaches – Bagamoyo)

　오늘은 꿀 같은 휴가를 즐겼던 잔지바르를 떠나 다르 에스 살람을 거쳐 바가모요로 가는 날입니다.
　아침부터 우리는 그 번잡하고 혼란스러운 여객선 선착장으로 가기 위해 서두릅니다.
　또다시 고함 소리와 무질서하고 혼란스러운 여객선 대합실을 뒤로 하고 배는 미끄러지듯 바다로 달려 나갑니다.
　점점 멀어지는 추억을 많이 담고 가는 섬 잔지바르를 아련히 쳐다봅니다.
　잔지바르섬 학교 아이들이 단체로 배를 타고 도시 다르 에스 살람으로 나가는 것 같습니다.
　꼬마 아이가 옆좌석에 앉아 하얀 이를 드러내며 저를 보고 웃고 있습니다.

　아직도 나는 아프리카와 아프리카 사람들을 구경하고 있다고 생각하는데….

　갑자기 내가 바보 같아 보입니다. 여기는 아프리카인데….

　이 사람들이 저(동양인)를 구경하고 있다는 것을 깨닫는 순간 웃음이 나옵니다.

　배가 출발하고 30분 정도 지나니 단체로 배를 탄 아이들이 멀미에 배 바닥을 기어 다니며 실신하듯 쓰러져 있습니다.

▲ 잔지바르(Zanzibar)에서 다르 에스 살람(Dar es Salaam)으로

　그렇게 배는 다르 에스 살람에 도착하고 저는 또다시 혼돈 속으로 빠져듭니다.

　여객선 터미널을 도망치듯 빠져나오자, 최소한 30년 이상 되어 보이는 봉고차가 오더니 우리 보고 얼른 타라고 합니다.

　샌들을 한쪽만 신은 노인이 낡은 봉고차 주인인 듯합니다.

▲ 다르 에스 살람(Dar es Salaam) 선착장 풍경

이 오래된 차가 굴러가는 게 신기한 듯 다들 차를 이리저리 둘러보며 웃습니다.

이 고물 봉고 버스가 우리를 노마드 트럭이 있는 곳까지 무사히 데려다줍니다.

우리는 노마드 트럭을 다시 만났고 빅 브라더 마이크가 반갑게 맞이합니다.

▲ 운전대 외에는 아무것도 없는 고물 봉고차

내게 다가오더니 내게 "보스"라고 부르며, "내게 할 말이 없어?"라고 합니다.

마지못해 "정말 보고 싶었어"라고 했더니 환히 웃으며 좋아합니다.

우리는 점심으로 피자 한 조각을 받아서 먹으며 차를 타고 바가모요로 가고 있고 딘즈는 새로 합류된 사람들에게 여행과 숙소, 노마드 트럭 이용 방법 등을 설명하고 있습니다.

잔지바르와 다르 에스 살람에서 함께 했던 스페인 젊은 연인 두 팀,

4명이 남아 있고 호주 젊은 여자 1명과 남자 1명, 그리고 터키에서 왔다는 뚱뚱한 한 사람이 다시 합류합니다.

남아프리카공화국 출발 이후 네 번째 듣는 설명입니다.

새로운 팀이 합류될 때마다 하는 설명입니다.

3일 동안의 행복했던 호사의 휴가를 끝내고 다시 아프리카대륙의 품으로 가기 위해 신발 끈을 고쳐서 단단히 맵니다.

신발 끈을 매자마자 지치기 시작합니다. 다르 에스 살람에서 바가모요까지는 70km 정도인데 트래픽 때문에 5시간이 걸린다고 합니다.

아무리 그래도 그렇지…. 차로 40분 거리를 5시간 동안 간다니…. 휴가 뒤끝에 가슴이 더 답답합니다….

그래도 설마 하며 위로를 해봅니다.

그런데 정말 그게 현실이 됩니다.

엄청납니다.

우리나라 명절 고속도로에 차가 서 있듯이 여기도 그냥 차가 서서 거의 기어갑니다.

그렇게 우리는 오늘 차 타고, 배 타고, 또 차 타고, 노마드 트럭 타고 바가모요에 도착합니다.

캠프에 도착해서 며칠 만에 텐트를 치고 좀 지저분한 샤워실에서 샤워하고 앉아서 쉬고 있는데 캠프에 둘러싸여 있는 담벼락에 작은 문이 하나 보이고 마사이족이 보초를 서고 있습니다.

저 너머가 바다 같은데…. 궁금합니다.

가까이 가서 마사이족에게 문을 열어달라고 하니 순순히 열어줍니다.

와!!! 너무 아름다운 아프리카의 어촌마을입니다.

나가자마자 자랑할 사진 찍기에 바쁩니다.

이리저리 돌아보며 신나게 구경합니다.

이들도 그런 저를 신나게 구경합니다.

흑인과 황인종이 서로 쳐다보며 구경합니다.

담 너머 뭐가 있는지 하는 호기심이 없었다면 아프리카 탄자니아 바가모요의 아름다운 어촌 풍경과 이들의 삶의 흔적을 볼 수 없었을 겁니다.

때로는 호기심이 우리를 색다른 곳으로 유도하여 행복하게도 하지만 불행하게도 합니다.

바가모요(Bagamoyo)

바가모요는 탄자니아 프와니주에 위치한 도시로, 인구는 30,000명이며 다르에스 살람에서 북쪽으로 75km 정도 떨어진 곳에 위치한다. 잔지바르, 인도양과 접하며 동아프리카 연안 지대 무역의 중심지 가운데 하나이다.

◀ 바가모요(Bagamoyo) 어촌 풍경

▲ 저녁 준비하는 딘즈와 마이크

41일 차: 8월 25일(Nomad 37일 차)

인간의 이기심과 보이지 않는 킬리만자로산

바가모요 – 아루샤(Bagamoyo – Arusha)

이른 새벽, 스피커에서 알 수 없는 소음들이 밤하늘의 별들을 쫓아버립니다.

이들에게는 신성한 기도문이겠지만 제게는 듣기 힘든 소음일 뿐입니다.

바가모요의 아침은 분주하게 시작됩니다.

별들이 내려다보고 있는 어둠 속에서 배에 그물을 싣고, 돛을 펴고, 다들 분주하게 하루를 준비합니다. 어제저녁 바닷가에서 좀 불쌍해 보이는 술을 파는 바(Bar)도 문을 굳게 닫고 있습니다.

기다릴 테니 빨리 고기 많이 잡아 오라고….

▲ 바가모요(Bagamoyo) 어촌 풍경, 저녁에만 여는 바(Bar)

이기적인 미국 지나 할머니입니다.

공동생활에 한 번도 설거지나 자질구레한 청소나 정리하는 걸 볼 수 없습니다.

▲ 바가모요(Bagamoyo) 이른 새벽 어촌 풍경

저 연세이면 남들에게 솔선수범을 보여야 할 텐데, 식사 시간에는 항상 제일 처음으로 맛난 것 잔뜩 담고, 차 안에서도 사람들이 사탕 하나라도 서로 나누어 먹는데 이 할머니는 혼자 앉아서 남들 몰래 무언가를 먹고 있습니다.

잔지바르에서 합류한 다리가 긴 호주 청년이 맨 앞자리에 혼자 앉아 있는 지나 할머니에게 앞자리는 다리를 펼 수 있으니 함께 앉아 가면 안 되냐고 물어봅니다.

어지간하면 웃으며 그러자고 할 텐데….

이 할머니 오늘은 차를 많이 타야 하니 혼자 앉아 가겠다고 합니다.

똑같이 돈을 내고 타는데 서로 양보하고 나누어 써야 하는데 이 할머니는 너무 이기적입니다.

이 좁은 차 안에서도 뭐라도 더 챙기려고 하는 저 욕심을 저는 노욕이라고 부르고 싶습니다.

우리네 할머니들과는 너무 다릅니다.

차를 타면 어린놈이 힘들까 봐서 안타까운 눈으로 쳐다보며 손주 생각에 무엇이든 도와주고 싶어 하는 우리 할머니들은 그 힘든 시절을 겪으셨으면서도 베푸실 줄을 아는데, 너무 이기적이고 개인적입니다.

졸다 깨기를 반복하며 나는 붉은색 캠퍼스에 초록색 점을 끝없이 찍어놓은(붉은 아프리카 사막에 작은 나무들이 심어져 있는 풍경) 아프리카대륙에 긴 바퀴 자국을 내며 한없이 달려가고 있습니다.

오늘도 여지없이 차가 지나가는 길목에 흑인들이 삼삼오오 모여 물끄러미 우리를 쳐다봅니다.

▲ 양철판 담 넘어 구름 속에 있는 킬리만자로

탄자니아 연합 공화국(United Republic of Tanzania)

차는 힘겹게 헉헉거리며 고도를 높이고 있습니다. 어느 순간 양쪽이 산으로 둘러싸여 전혀 아프리카 같은 느낌이 들지 않습니다. 끝없는 벌판이 보이던 풍광과는 전혀 다른 새로운 모습을 탄자니아는 우리에게 보여줍니다.

가는 길목에 킬리만자로산이 있다고 하니 공짜로 킬리만자로산을 볼 생각에 은근히 기대로 가득합니다. 3시간 전부터 똑같은 풍광이 계속해서 눈앞을 스쳐 지나가고, 저는 차 창밖 아프리카 탄자니아를 아무 생각 없이 쳐다보고 있습니다.

오른쪽의 엄청 높은 붉은 초콜릿색(세월이 오래된 산의 색) 산이 녹아내려서 왼쪽에 끝없이 펼쳐진 벌판이 만들어진 듯합니다.

▲ 옥수수밭 너머 구름 속에 있는 킬리만자로

이 경이로운 풍광을 어떻게 설명할 방법이 없습니다.
태어나서 한 번도 보지 못한 새로운 풍경입니다.
탄자니아는 북쪽은 여느 아프리카의 모습과 매우 다른 모습을 하고 있습니다.
오른쪽 차 창밖으로 멀리 구름이 잔뜩 있습니다.

멀리서 온 손님에게 킬리만자로산을 보여주기 싫어서 회색 구름천으로 단단히 가리고 있는 듯합니다. 그래도 내 눈길은 혹시나 해서 뚫어져라 킬리만자로산을 향해 있고, 저 해바라기밭 너머에 킬리만자로가 있을 텐데 하고 눈을 크게 뜨고 간절하게 쳐다봅니다.

구름은 끝내 우리에게 킬리만자로를 내어주질 않습니다.

킬리만자로는 구름 속에서 자기를 보려면 한 번 더 오라고 손짓합니다.

오늘 밤은 킬리만자로에 올라가는 황홀한 꿈을 꾸며 잠을 이루길 기도합니다.

킬리만자로산(Mount Kilimanjaro)

킬리만자로산은 탄자니아 북동부 킬리만자로주에 있는 성층 화산이다. 아프리카 최고봉이자 7대륙 최고봉 중 적도와 가장 가까이 있다(남위 3도). 케냐와의 국경 가까이에 있으며, 신생대 제3기 때 일어난 단층운동으로 인해 생긴 킬리만자로산맥에 존재한다. 킬리만자로는 스와힐리어로 Kilima(산)+Njaro(빛나는)의 합성어로 빛나는 산, 하얀 산이라는 뜻을 가지고 있다. 킬리만자로산의 정상인 우후루 피크의 높이는 5,895m이며, 이는 아프리카대륙에서 가장 높은 산이다. 킬리만자로 하면 눈 덮인 평평한 봉우리가 떠오르는데, 그 산의 이름은 키보봉(5,895m)이며 반대편에 마웬지봉(5,149m)이 있다. 즉, 킬리만자로는 2개의 큰 봉우리로 이루어진 산인 것이다.

42일 차: 8월 26일(Nomad 38일 차)

솔선수범과 민속촌 같은 마사이족 부락

> 아루샤 – 카라투(Arusha – Karatu)

캄캄한 새벽….

여지없이 새벽 4시만 되면 눈을 뜹니다.

새벽 샤워를 하고 좁은 텐트 속에서 꼼꼼히 짐을 꾸립니다.

40번 가까이 새벽마다 짐을 풀고 싸기를 반복하고 있습니다.

어둠 속에서 딘즈가 부지런히 아침 준비를 하는 소리가 들립니다.

구운 식빵, 계란프라이, 소시지구이, 오늘 아침은 이렇게 세 가지입니다.

별거 없어 보이지만….

20명분을 만들자면 세 가지라도 시간이 오래 걸릴 겁니다.

오늘 아침도 예의 없는 젊은이들은 설거지통에서 멀리 떨어져 잡담만 하고 있고, 미국 할머니 지나는 아예 설거지통 근처도 오질 않습니다….

공동생활에서 뭐 하나 배울 점을 보여준 적이 없습니다.

한국노래 다운받아 주고, 한국식당 함께 간 것도 후회가 됩니다.

친절을 받을 줄만 알지 베풀 줄을 모르는 사람입니다.

역시 키 큰 호주 할아버지 부부가 멋있습니다.

항상 가장 먼저 식기 세척 통에 자리를 잡고, 사용한 식기들을 넣으라고 하십니다.

솔선수범의 대가이십니다.

호주 태즈메이니아 호바트 출신의 젊고 당찬 자그마한 여자가 토마스와 이야기를 하다가 사진을 보여줍니다.

킬리만자로산 정상에서 찍은 사진입니다.

어제 우리는 킬리만자로산 모습만이라도 보았으면 했는데 이 아가씨는 킬리만자로산 정상까지 등산하고 우리와 합류한 것이라고 합니다.

너무 부럽습니다.

부러워하면 지는 거 다 알면서 마음을 비우려고 애를 씁니다.

오늘은 이렇게 또 하루가 시작됩니다.

한참을 달리다 차가 서서히 멈춥니다….

딘즈가 차에 오르더니 저기 보이는 마을이 마사이족 한 가족이 살고 있다고 합니다.

근데 집이 제법 많이 있습니다.

부인이 12명이고 정부에서 생활비를 지원해 준다고 합니다.

왜 지원을 해주는지 궁금하기만 합니다.

부인이 너무 많아서 지원해 주는 건가? 하고 스스로에게 질문을 던져보지만, 그저 웃음만 나옵니다.

그렇게 실소를 머금고 조금 더 달려오니 차가 또 멈춥니다.

마을 입구 먼지가 풀풀 날리는 주차장으로 차가 들어가니 마사이족

복장을 한 흑인들이 바쁘게 움직이고 30~40명이 춤을 추며 점핑을 하고, 한참 시끄럽게 노래와 춤을 곁들여 우리를 그들 속으로 끌어들입니다.

◀ 마사이 부족 마을

그런데 춤추는 걸 구경하고 사진 찍기 전에 1인당 10불씩 내라고 합니다.

그냥 차에 타기도 뭐해서 별수 없이 10불씩 내고 구경합니다.

그럼 그렇지….

▲ 마사이 부족 마을 유치원

마사이족들이 사용하는 전통무늬 보자기를 우리 팀 전원에게 두르게 한 뒤 춤 구경과 집 구경을 시키고, 마사이족 마을 안에 있는 유치원에 데리고 갑니다.

말라위 유치원이 기억납니다.

역시 여기도 기부금을 받기 위한 관광상품입니다.

한숨이 나오지만 어쩔 수 없이 약간의 달러를 상자 속에 넣어줍니다.

우리나라 민속촌 코스 같은 마사이족 민속촌입니다.

마을에서는 마사이족 여자들이 만들었다는 선물 코너라는 곳으로 우리를 데려갑니다.

수공예품이라고 하지만 전부 시장에서 사다가 진열해 놓은 상품입니다.

사자 잡는 마사이족의 순수함과 천부적인 사냥꾼인 마사이족이 아니라 상업적으로 마사이족 흉내를 내고 있는 듯합니다….

그냥 마사이족의 옷을 입은 사람들인 것 같습니다.

이렇게라도 궁금했던 마사이족의 한 단면을 보았습니다.

카라투로 가는 도중에 공예품점에 차를 세워주고 여기를 지나면 이제 이런 공예품점이 없으니 선물을 사려면 여기서 사야 한다고 합니다.

▲ 마사이 부족 움막 내부
(빛이 들어오는 구멍)

이리저리 공예품을 둘러보다 나무로 만든 목각을 하나 집어 들고 가격을 물으니 50불을 달라고 합니다. 도로 내려놓으니 얼마면 사겠냐고 합니다.

20불을 불렀더니 안 된다고 합니다.

무심히 내려놓고 저쪽 다른 가게로 가서 구경하다가 다시 돌아옵니다.

30불에 가져가랍니다.

그냥 쳐다보고 20불 하고 차로 올라갑니다.

물건을 가지고 쫓아옵니다.

20불에 가져가랍니다.

절반도 더 깎았지만 제 생각에는 그래도 현지인들에 비하면 더 주었을 것입니다.

외국이니 그러려니 하고 웃고 맙니다.

마사이족들이 신고 있던 타이어를 잘라서 만든 샌들이 여기 가게에 엄청나게 쌓여 있습니다.

▲ 마사이 부족 신발

 그렇게 소란스러운 시장과 공예품점을 뒤로하고 캠프에 들어와 텐트를 치고 불멍을 때리면서 오늘 하루를 돌아봅니다.
 오늘도 기억하기 어려울 만큼 많은 일들을 경험한 하루였습니다.
 마사이족 남자가 어떻게 12명의 여자를 데리고 사는지를 궁금해하며 하루를 흘려보냅니다.

▲ 마사이 부족 마을 공예품 장터

▲ 마사이 부족 마을 공예품 장터 출입구 보초

43일 차: 8월 27일(Nomad 39일 차)

안개와 이슬비, 그리고 응고롱고로를 지나 세렝게티로

> 카라투 – 응고롱고로 분화구 & 세렝게티 국립공원(Karatu – Ngorongoro Crater & Serengeti National Park(Seronera) Excursion)

탄자니아 북쪽 킬리만자로 근처는 이즈음에는 날씨가 안 좋은가 봅니다.

어제에 이어 오늘도 별 하나 보이지 않는 캄캄한 어둠이 가슴을 답답하게 합니다.

▲ 이른 새벽 아침을 준비하는 딘즈

잔뜩 찌푸린 어둠 속에서 딘즈는 오늘 응고롱고로 사파리를 떠나는 우리들의 아침과 점심 샌드위치 준비에 혼자서 분주합니다.

우리를 보내고 딘즈는 이틀 동안 홀리데이입니다.

뜨거운 커피 한 잔 마시며 노마드 트럭과 그 옆에 서 있는 빅브라더 마이크를 보니, '참 고생을 많이 했네' 하고 마음속으로 읊조립니다….

탄자니아 연합 공화국(United Republic of Tanzania)

그 거친 길을 씩씩하게, 거칠게, 때로는 힘들어 웅얼거리며, 때로는 아파서 치료받으며 40여 일간 달려온 것이 기특하기만 합니다.

새벽마다 트럭 옆구리를 열어 주방을 만들고 배 받이 앞치마를 두르고 식사 준비를 하는 딘즈도 너무 고맙습니다.

길고 긴 아프리카 42일 여행이 이제 마지막을 향해 가고 있습니다. 세렝게티!!!

20여 일을 내게 안락한 집이었던 텐트도 이제 케냐로 넘어가기 직전에 한 번만 더 치면 끝입니다….

인생 말년이 되면 하나씩 버리고 정리하듯이 저도 하나씩 정리를 시작합니다.

또 다른 누군가의 깨끗하고 안락한 집이 되어주려니 하고 탈탈 털고 예쁘게 말아서 자기 집에 넣어줍니다.

텐트가 자리하고 있던 트럭의 원래 자리로 다시 자리매김을 해줍니다.

우리는 이틀 동안 응고롱고로와 세렝게티를 누비게 해줄 지프로 갈아타고 국립공원으로 출발합니다.

남아공 케이프타운을 떠나고 나서 처음으로 오늘 비를 구경합니다.

응고롱고로 국립공원 앞에서 인증샷을 찍는데 가랑비가 오고 있습니다.

▲ 응고롱고로 분화구 & 세렝게티 국립공원(Ngorongoro Crater & Serengeti National Park (Seronera) Excursion) 입구

　오늘 응고롱고로 분화구에 게임 드라이브를 나가는데 비가 와서 심란합니다.
　그치려니 하고 사륜 지프에 올라탑니다.
　응고롱고로 게임 드라이브 출발에 이 세상이 설렘으로 시끌시끌합니다.
　차를 타고 국립공원 정문을 지나 산길로 접어들자마자 이슬비와 함께 안개가 앞을 가려서 우리는 아무것도 볼 수가 없습니다.
　뭐가 보일 것 같지 않습니다.
　갑자기 조용히 내리는 이슬비와 안개로 우리는 희망이 사라진 사람들처럼 침울하고 차 안이 조용해집니다.

▲ 응고롱고로 분화구(Ngorongoro Crater)

◀ 응고롱고로 분화구
(Ngorongoro Crater)
막무가내 길을 건너는
코끼리

잠시 후 해가 쨍하고 떠 있습니다. 어리둥절합니다.

구름이 저 밑에 있습니다.

응고롱고로와 세렝게티는 고원지대에 있는 평야라서 그런지 구름이 아래에 있습니다.

응고롱고로 올라가는 산길은 완전히 정글입니다. 아프리카 열대 우림 정글을 지나가는 듯합니다.

▲ 응고롱고로 분화구(Ngorongoro Crater) 흙먼지를 휘날리는 지프들

다행히 날이 맑아지자 다시 흙먼지가 날리기 시작합니다.
화산이 폭발한 후 만들어진 분지가 엄청납니다. 상상을 초월합니다.
"와!!!" 소리밖에 나오질 않습니다.

저 속에 수많은 동물들이 서로 공존하며 살아가고 있으려니 하고 생각하니 가슴이 벅찹니다.

응고롱고로를 이리저리 돌아다니며 분지 안에 있는 동물들을 열심히 찾아다닙니다.

▲ 응고롱고로 분화구(Ngorongoro Crater) 얼룩말

모레미 국립공원만큼 동물들이 많지는 않지만, 고원지대라서 그런지 그리 덥지도 않고 시원하게 게임 드라이브를 합니다.

흙먼지가 나는 건 똑같습니다.

하마가 물속에서 눈만 내놓고 있는 예쁜 연못에서 딘즈가 싸준 간

탄자니아 연합 공화국(United Republic of Tanzania)

단 점심을 먹고, 응고롱고로로 진입한 길과 다른 옆길로 빠져나가 우리는 세렝게티로 흙먼지를 날리며 마구 달립니다.

▲ 응고롱고로 분화구(Ngorongoro Crater) 누 떼

흙먼지가 무섭습니다.

여러 대의 지프가 달리면서 내는 흙먼지는 마치 넓은 평야에 불을 질러놓은 듯합니다.

그렇게 엉덩이에 물집이 생길 정도로 달려서 세렝게티 천연보호구역 안에 텐트 캠프에 도착하기 바로 직전 아프리카에 와서 본 석양 중에 가장 멋진 석양에 넋을 잃고 쳐다보고 있습니다.

▲ 세렝게티 국립공원(Serengeti National Park (Seronera) Excursion) 입구

그렇게 기대하고 고대하던 세렝게티라서 더 석양이 멋있어 보이는 것 같습니다.

지난번 오코방코 텐트 숙소를 생각하면서 오늘 텐트 숙소를 걱정했는데 생각보다 훌륭합니다.

아침 7시에 출발해서 비포장도로를 12시간 달려와서 그런지 피곤이 몰려오면서 아직도 몸에서 비포장도로의 진동이 느껴집니다.

▲ 세렝게티 국립공원(Serengeti National Park) 흙먼지를 날리며 달리는 지프들

▲ 세렝게티 국립공원(Serengeti National Park(Seronera) Excursion) 풍경

▲ 세렝게티 국립공원(Serengeti National Park(Seronera) Excursion)의 아름다운 석양

저녁을 7시 30분에 먹는다고 합니다.

시계를 보니 7시 12분입니다.

"그냥 저녁 먹고 와서 샤워해야겠다" 했더니….

형님 생각해서 샤워하시라고 하는 거라며, 토마스가 자꾸 씻으라고 합니다.

"형님, 5분이면 샤워하시잖아요" 하면서….

마지못해 옷을 벗고 다리에 비누칠하며 샤워 꼭지를 틀었더니, 어럽쇼! 물이 똑똑 떨어집니다.

갑자기 오카방고 샤워 물 사건 생각이 나서 비누칠을 멈추고 샤워기 꼭지를 이리저리 돌려보아도 물이 나오질 않습니다.

토마스에게 물이 없다고 소리치니 난리가 납니다….

수건으로 비누 거품만 대충 닦고 나오니 이제서야 물을 채워줍니다.

오카방고 샤워 사건 2탄입니다.

오지에 있는 텐트 로지는 건물을 지을 수 없는 곳에 설치되는데, 수도가 없으니 빗물이나 호수에 있는 물을 받아놓았다가 사용한다고 합니다.

전기도 없어서 태양열 또는 발전기를 사용하는데 전기 수급에도 문제가 많이 있는 듯합니다.

그래서 모터 등을 사용하지 못하고 물통에 물을 담아 높은 곳에 매달아 놓고 사용하도록 설치한 것으로 생각합니다….

고지대라 저녁에는 매우 쌀쌀해서 따뜻한 물 아니면 샤워가 어려워 저녁 식사하는 동안에 물을 채워주는데, 너무 일찍, 저녁 식사 전에 샤워를 해서 물이 없었던 것이었습니다.

그렇게 한바탕 소란을 피우고, 오늘 하루의 피로를 풀어주고, 주린 배를 채워줄 세렝게티에서의 첫 끼니를 접합니다.

오늘 밤은 이름 모를 짐승들의 울음소리와 쏟아지는 별빛을 맞으며 하루를 마무리합니다.

응고롱고로 자연보존지역(Ngorongoro Conservation Area)

탄자니아 북서부의 사바나, 숲, 계곡, 칼데라 등 다양한 지형을 모두 아우르는 약 8,100km²에 이르는 광범위한 복합 지역으로 유네스코 세계유산으로 지정된 곳이다. 탄자니아의 또 다른 명소이자 세계유산인 세렝게티 국립공원과도 맞닿아 있어서 대개 이 지역을 여행할 때는 아루샤에서 출발하여 응고롱고로 분화구를 넘어 세렝게티 평원으로 넘어가는 코스를 이용하여 여행하게 된다. 이곳에는 칼데라인 응고롱고로 분화구가 있다. 응고롱고로 분화구는 지름이 약 15~20km에 달하며 솟아난 가장자리의 높이는 평균 500m 정도 된다. 우리에게 익숙한 칼데라인 천지와는 달리 물은 거의 고여 있지 않다.

44일 차: 8월 28일(Nomad 40일 차)

야생 동물들의 천국, 그리고 사자의 사냥

> 세렝게티 국립공원(Serengeti National Park)

이번 여행의 파이널인 세렝게티!!!

어제는 응고롱고로를 주로 보고 오후에는 세렝게티로 이동한 하루였습니다.

어제 비포장길을 5시간이나 달려도 끝나지 않은 그 광활한 벌판 세렝게티의 속살을 파고들어 가는 날입니다.

바다의 수평선은 많이 보았어도 육지의 지평선을 이렇게 질리도록 본 것은 처음입니다.

세렝게티!!!

아무것도 없습니다….

나무도 바위도 없습니다….

그냥 풀만 끝없이 펼쳐져 있습니다….

▲ 세렝게티 국립공원(Serengeti National Park)의 끝없는 대평원

▲ 세렝게티 국립공원(Serengeti National Park) 동물의 세계

풍성한 밥상이 무한 제공되고 있는 풍경입니다.

이런 환경이니 초식 동물들이 번식을 왕성하게 하고 그 많은 개체 수는 육식 동물들의 훌륭한 밥상이 되는 것이려니 합니다.

아침 식사 후 캠프를 나서자마자 세렝게티의 참모습을 보여줍니다.

온 천지가 동물들입니다.

길가 주변에 여러 종의 동물들이 여유롭게 호텔식 뷔페로 풀들을 즐기고 있습니다.

사자, 기린, 하마, 악어, 치타 등…. 가는 곳마다 야생입니다.

오전 내내 돌아다니며 게임 드라이브를 하고 세렝게티 벌판에 큰

▲ 세렝게티 국립공원(Serengeti National Park) 대평원에서 점심

▲ 세렝게티 국립공원(Serengeti National Park) 물웅덩이의 하마들

나무 밑에 모여서 준비해 온 간단 뷔페 점심을 먹습니다.

꿀맛입니다.

이 넓은 세렝게티 벌판의 나무 그늘 아래에서 시원한 아프리카의 바람을 맞으며 피자 한 조각을 먹으니 행복합니다.

저 지평선 너머 풀숲 속에는 무엇이 있을까? 세렝게티도 차가 다니는 길이 정해져 있는 듯합니다.

아무래도 동물들이 많이 나타나는 코스가 정해져 있는지 바퀴 자국이 진하게 나 있습니다.

세렝게티!!!

'아무것도 없는 끝없는 벌판'이라는 뜻이라지만….

역설적인 의미인 것 같습니다.

눈으로 보기에는 광활한 풀밭이지만, 그 속에 수많은 생명체들이 담겨져 있어 살아가고 있음을 의미하는 것이라 생각합니다.

우리는 점심 식사 후 다시 오후 게임 드라이브를 출발합니다.

점심 식사 후 우리는 그냥 동물들을 찾아 우주를 돌듯이 계속 이곳저곳을 기웃거리고 있습니다.

저기 지프차들이 서 있습니다.

뭔가 볼거리가 있다는 겁니다.

차 속도가 빨라집니다.

▲ 세렝게티 국립공원(Serengeti National Park) 사자가 임팔라를 사냥하는 장면

탄자니아 연합 공화국(United Republic of Tanzania)

멈춘 후에 보이는 건 임팔라들이 길을 건너는 상황입니다.

별거 아니네 하는데 길을 건너갔던 임팔라들이 다시 길을 건너 도망 오듯이 난리가 납니다.

분명 뭔가 있는 듯합니다.

잠시 후 내 눈앞에 암사자 한 마리가 잔뜩 엎드리며 나타납니다.

▲ 세렝게티 국립공원 (Serengeti National Park) 풍경

조심스럽게 낮은 자세로 조금씩 신중하게 임팔라에게 다가갑니다.

동물의 왕국에서 보던 거랑 똑같은 그림입니다.

순간 사자가 임팔라를 향해 몸을 날려 뛰었지만, 사자가 임팔라를 사냥하는 데는 실패입니다.

사자는 창피했는지 숲속으로 들어가 모습을 보이지 않습니다.

세렝게티 너무너무 넓습니다!!!

그래서 오히려 동물들을 보기가 어려울 수도 있습니다.

에토샤, 콰이, 모레미, 사우스 루앙와, 초베, 응고롱고로를 보았지만, 다 각각의 나름대로 이야깃거리가 있습니다.

세렝게티, 응고롱고로, 모레미, 쵸베는 워터홀 중심이 아닌 그야말로 그냥 드넓은 초원에 원초적 야생인 자연인 듯합니다.

그렇게 우리는 사냥에 실패한 사자를 뒤로하고 천천히 여유롭게 캠프로 돌아옵니다.

얼른 샤워를 하고 텐트 옆 그늘에서 한국에서 가져간 마지막 남은 번

데기 통조림에 시원한 맥주를 한잔하다 보니 어느새 저녁 시간입니다.

▲ 세렝게티 국립공원(Serengeti National Park)의 마지막 노을

  저녁 식사를 마친 우리 팀은 세렝게티의 마지막 밤이 아쉬웠는지 자리를 뜨지 못하고 다들 앉아서 서로를 쳐다보고 웃고 있습니다.
  누군가가 음악을 틀었고 음악이 끝나자 나라별로 음악을 틀자고 합니다.
  우리 차례에 토마스가 싸이가 부른 〈강남스타일〉을 틀었더니 순간 다들 들썩거립니다.
  모르는 사람이 없습니다.
  노래 한 곡으로 대한민국을 간단하게 소개합니다.
  어깨가 으쓱해집니다.
  밤에 텐트 문 꼭 닫고 텐트 밖에 나오면 절대 멀리 가지 말라고 합니다.
  동물들 때문에 위험하다고 합니다.
  세렝게티의 마지막 밤을 지새웁니다.

탄자니아 연합 공화국(United Republic of Tanzania)

세렝게티 국립공원(Serengeti National Park)

세렝게티 국립공원은 면적이 1,500,000ha이며, 사바나 지역과 탁 트인 삼림 지역으로 구성되어 있다. 이곳에는 초식 동물과 포식자들이 세계 최대 규모로 군집을 이루며 서식하고 있다. 이 동물들은 지속해서 전 생태계 지역을 지나 대거 이동하는데, 중앙 평원을 떠나 마르지 않는 물웅덩이가 있는 서쪽으로 떼를 지어 이동하는 5월과 6월에는 최고의 장관을 연출한다. 세렝게티의 생태계에는 이와 같은 우세한 동물 종 외에도 많은 생물이 있다.

매년 가장 큰 규모로 이동하는 동물들로는 누(1950년대 190,000마리, 1989년 1,690,000마리, 1991년 1,270,000마리), 얼룩말(약 200,000마리), 톰슨가젤(Thomson's Gazelle), 일런드(Eland), 토피영양(Topi) 등이 있으며, 이들은 각각 자신에게 알맞은 풀을 뜯어 먹는다.

이러한 초식 동물의 뒤를 따라 사자(약 3,000마리), 점박이하이에나(Spotted Hyena), 줄무늬하이에나(Striped Hyena), 황금자칼(Golden Jackal), 옆줄무늬자칼(Side-striped Jackal), 검은등자칼(Black-backed Jackal) 등이 이동한다. 이곳에는 한때 들개도 서식했으나 1991년에 멸종했다. 들개 중 세 무리는 광견병 전염으로 멸종한 것으로 알려졌지만, 전체 멸종 원인에 관해서는 아직 의견이 분분하다.

다양한 종류의 영양들도 큰 무리를 지어 서식하고 있는데, 초원에는 일런드, 레서쿠두(Lesser Kudu), 론영양(Roan Antelope), 오리비영양(Oribi), 그랜트가젤(Grant's Gazelle), 사슴영양(Hartebeest), 스타인복(Steenbock), 토피영양, 오릭스영양(Oryx) 등이 버펄로(Buffalo)와 함께 서식하고 있다.

삼림 지역에는 다이커(Grimmia), 임팔라(Impala), 커크스딕딕(Kirk's Dikdik) 등이 서식하며, 습지에는 리드벅(Reedbuck)과 물영양(Waterbuck)이 서식하고 있다. 그리고 작은 언덕(Kopje)에는 기린 및 올리브개코원숭이(Olive baboon) 등과 함께 바위타기영양(Klipspringer)이 서식하고 있으며, 산에는 마운틴리드벅(Mountain Reedbuck)이 살고 있다.

이곳에 사는 전형적인 대형 포유류로는 표범(Leopard), 치타(Cheetah, 멸종위기 등급 '취약'), 카라칼(Caracal), 아프리카코끼리(African Elephant, 멸종위기 등급 '위기'. 1994년 기준으로 1,357마리로 추산), 검은코뿔소(Black Rhinoceros, 멸종위기 등급 '위급'. 남은 개체수가 얼마 되지 않음), 하마(Hippopotamus), 기린 등이 있다.

45일 차: 8월 29일(Nomad 41일 차)

암사자 세 마리와 마지막으로 치는 텐트

세렝게티 – 아루샤(Serengeti – Arusha)

▲ 세렝게티 국립공원(Serengeti National Park) 마지막 아침

　새벽녘까지 배가 아파서 화장실을 들락거리다가 약을 먹고 간신히 잠이 들었습니다.

탄자니아 연합 공화국(United Republic of Tanzania)

어제 점심때 먹은 피자가 잘못된 것 같습니다.

약을 먹어서인지 다행히 아침에는 조금 좋아집니다.

우리만 배탈이 난 줄 알았는데 다들 안 좋은 것 같아 보입니다.

아침 식사들을 못 하고 쳐다만 보고 있습니다.

저도 혹시나 해서 아침을 건너뜁니다.

아침 햇살을 깊숙이 맞으며 우리는 세렝게티를 떠나기 위해 분주하게 움직입니다.

캠프를 출발해서 얼마 가지 않아 암사자 세 마리가 어슬렁거리며 차 앞으로 걸어옵니다.

너무도 태연히 당당하게 자기네 땅이니 비켜 가라고 말하는 듯합니다.

그냥 천연덕스럽게 차 앞을 가로막으며 걸어옵니다.

차가 멈추니 옆으로 비켜서 숲속으로 우리를 힐끗힐끗 쳐다보며 걸어 들어갑니다.

갑자기 아프리카에서 능력 있는 남자는 관습적으로 부인을 5명까지 둘 수 있다는 딘즈의 말이 생각납니다.

사자도 그 무리의 우두머리는 암사자들을 독식한다….

동물의 세계와 무엇이 다른가?

아마도 동물의 세계를 본받은 듯합니다.

그렇게 우리는 먼지와 함께 달려 노마드 트럭을 다시 만납니다.

토마스가 많이 화가 나 있습니다.

우리 지프차 기사에게 단단히 화가 나 있습니다.

기사가 동물들을 구경하고 사진을 찍을 때 손님들 우선으로 배려하지 않고 자기가 사진 찍기 좋은 위치를 선정해서 자기가 우선 사진을 찍으려고 합니다.

이 먼 아프리카까지 왔으니 우리에게 우선 배려를 해야지 자기는 서비스하러 나왔으니 카메라는 손님들이 안 보게 찍어야 하는데 그냥 막 찍어댑니다.

▲ 세렝게티 국립공원(Serengeti National Park) 게임 드라이브 지프들

누가 손님인지 모르겠습니다.

참 묘합니다.

이 사람들은 우리가 고용한 것이 아니고 오히려 자기들이 없으면 세렝게티를 볼 수 없다고 거만을 떠는 것 같습니다.

이런 정신 상태에는 보복이 있습니다….

우리뿐만 아니라 우리 팀 다른 사람들도 불만을 많이 토로합니다.

역시….

캠프에 도착해서 지프차에서 내려 사람들이 기사들에게 팁을 주지 않고 쌩하니 가버립니다.

복수혈전입니다.

팁을 주지 않고 가버리자 기사들 얼굴이 일그러집니다.

이렇게 우리는 세렝게티 여행을 마무리합니다.

간단한 점심 후 우리는 케냐 나이로비 국경을 넘기 위해 하룻밤을 묵을 아루샤로 떠납니다.

  아루샤 숙소 캠프에 도착하자마자 오늘이 마지막인 텐트를 꺼내 부지런히 설치하고 오늘 하루도 지워버릴 샤워를 합니다.

  다 함께 모여 41일간 먹어온 저녁을 마지막으로 먹습니다.

  뭔가 찡합니다….

  트럭킹 시작이 어제 같은데….

  벌써 41일이 지나 끝나니 세월의 속도를 또 실감합니다.

  아프리카라서 그런지 몰라도 유난히 시간이 빨리 지나간 것 같습니다.

  노마드 트럭킹의 마지막 밤을 하얗게 지새웁니다.

▲ 아루샤에서 가는 길목에서 보이는 Mt. Meru

아프리카 동부에 위치하며 적도상에 있는 국가. 정식 국명은 케냐공화국이다. 케냐라는 국명은 케냐 내에서 최고봉이며, 아프리카에서 킬리만자로에 이어 두 번째로 높은 봉인 케냐산(Mlima Kenya)에서 따온 것이다. 이는 밝은 산을 뜻한다. 수도는 나이로비(Nairobi)로, 아프리카에서 가장 활발한 대도시로 알아준다. 전혀 모르고 가본 외국인들이 깜짝 놀라기 일쑤다. 현 케냐 대통령은 윌리엄 루토, 면적은 582,650km². 인구는 55,100,586명이다.

차 창밖 아프리카
CHAPTER

케냐

Republic of Kenya

46일 차: 8월 30일(Nomad 42일 차)

마지막 이별

> 아루샤 – 케냐 나이로비(Arusha – Kenya Nairobi)

마지막 날 여지없이 새벽 4시에 눈을 뜨니 깜깜한 조그만 텐트 속에 누워 속절없이 살아온 지난 세월이 주마등같이 지나갑니다.

모든 것들이 그대로 제자리에 있는데 내 마음만 제자리를 못 찾고 텅 빈 공간에 연기처럼 헤매고 있는 것은 왜 그런 건지 모르겠습니다.

▲ 노마드 트럭킹 마지막 숙소, 이별을 준비하는 빈자리

마지막….

끝이라는 단어는 이런 걸까 하고 생각해 봅니다.

노마드 트럭킹의 마지막 캠프를 떠나기 위해 다들 차에 오르고 있습니다.

많은 것을 보여주고 느끼게 해준 탄자니아~~~
죽을 때까지 내 머릿속 한구석에 자리하고 있을 듯합니다.
오늘도 구름이 잔뜩이라 킬리만자로를 보는 것은 어려울 듯합니다.
오늘도 종일 달리려나 봅니다.
점심 도시락을 주는 걸 보니….
아루샤 주변은 그 옛날 화산 폭발 영향인지, 마치 제주도의 오름과 같은 풍경이 보여집니다.
제주도와 흡사한 풍경입니다.
저 멀리 구름이 아래로 깔려 있고, 또다시 분지…. 오름을…. 반복하며 우리는 케냐로 달려가고 있습니다.
오른쪽에 킬리만자로산의 왼쪽을 보면서 달리다 파란 하늘에 하얀 구름을 차 창밖으로 멍하니 보고 있는데 갑자기 재작년에 코로나로 돌아가신 아버지 얼굴이 파란 하늘에 그려집니다.
나망가…. 탄자니아-케냐국경에 도착했습니다.
흑인 여자 군인이 와서 제법 근엄하게 전체 가방을 다 내려서 검사 받으라고 합니다.
다들 큰 가방을 힘들게 차에서 내리는데 토마스와 나는 그냥 작은 배낭만 내려서 검사한다는 곳으로 갑니다.
여태까지의 아프리카에 도착해서 경험한 걸로 봐서는 분명 형식적으로 짐 검사를 할 것이라는 확신이 들어서 우리는 용감하게 그냥 갑니다.
땅바닥에 가방을 일렬로 내려놓으니 잠시 후 시커먼 개가 와서 쓱 지나가고 맙니다.

케냐(Republic of Kenya)

아마 마약 때문인 것 같습니다.

누가 이렇게 엉성하게 마약을 운반하려니 하고 웃고 맙니다.

케냐 쪽에서 레이저 카메라로 수화물 검사하는 곳에 짐을 놓아두고 일단 케냐에 입국 도장을 받았는데 짐이 그 자리에 그대로 있습니다.

검사도 안 하고 그냥 가져가랍니다.

그럼 그렇지 합니다….

차 안에 놓아둔 짐도 검사를 안 하고 그냥 통과시킵니다.

가방은 왜 내려서 갖고 오라는지 모르겠습니다.

여기는 아프리카입니다!!!

입국장을 나온 우리 팀 일행들이 그저 웃고 있습니다.

그냥 수박 겉핥기식입니다.

그렇게 우리는 케냐에 입국했고 부지런히 국경을 지나 케냐의 수도 나이로비로 가고 있습니다.

◀ 케냐(Kenya) 국경 주변 마을 풍경

우리는 케냐가 트럭킹 마지막이지만….

이 차는 우간다까지 일행 중 몇 명을 태우고 간다고 합니다.

아마도 오늘 가는 숙소에 또 다른 합류할 일행과 만난 후 우간다로 갈 것 같습니다.

지도에 그어놓은 선 하나 넘어왔을 뿐인데 국경을 넘자마자 자연 풍경이 확 바뀝니다.

사람이 사는 모습이나 쓰레기는 여전한데 푸르고 드넓은 풍요로워 보이는 벌판이 계속됩니다.

▲ 케냐 나이로비(Kenya Nairobi) 시내 입성

◀ 케냐 나이로비(Kenya Nairobi)
노마드 트럭킹 42일 차
마지막 날 이별

케냐(Republic of Kenya)

수도 나이로비에 들어오니 그동안 보아온 아프리카는 참 못사는 나라였구나 하는 생각이 듭니다.

아프리카라는 생각이 들지 않게 고층 빌딩과 차량, 그리고 사람들이 나름 폼 나게 옷을 입고 거리를 활보하는 모습이 활기차 보입니다.

미리 예약한 호텔은 운 좋게 우리가 마지막으로 도착해서 헤어지는 장소에서 아주 가까이 있습니다. 딘즈와 빅브라더 마이크와 깊은 포옹과 몇 번의 악수를 하고도 계속 고개를 돌려 돌아보며 멀어져 갑니다.

너무 아쉽고 서운합니다!!!

우리는 오늘부터 이제 둘이서 계속 아프리카를 여행합니다.

케냐와 에티오피아, 마다가스카르까지 앞으로 20일가량 아프리카를 헤매고 다닐 생각입니다.

호텔 체크인 후 오래간만에 그리운 한식당을 찾아가서 배부르고 맛있게 먹고 택시를 부릅니다.

호텔까지 택시비를 한화로 계산하면 약 5천 원을 달라고 합니다.

천 원을 깎을까 하다가 저녁 한 끼에 6만 원어치를 먹고 천 원을 깎는 게 너무 이기적인 것 같아 그냥 흔쾌히 지불합니다.

호텔로 돌아오는 길에 탄 택시 기사(택시는 아닌 자가용으로 불법영업 하는 차)에게 나이로비 하루 투어 하는데 비용을 얼마 줘야 하냐고 물었더니 종일 50불이면 된다고 합니다.

엄청나게 싸게 느껴집니다.

우리는 내일 나이로비 시내 종일 투어와 모레 새벽 나이로비 국제공항까지 가는 것을 80불에 기분 좋게 예약합니다.

기사는 우리가 약속을 어길까 봐 우리 방 번호까지 물어봅니다.

내일 하루 교통편과 모레 새벽 공항 이동까지 차량이 해결되었으니 걱정을 하나 덜었습니다.

호텔 앞에 내리니 낮과는 완전 딴판입니다.

어지러운 간판 조명과 북적이는 사람들로 거리는 어지럽고 혼란스럽습니다.

근처 조그만 커피숍이 보여서 커피 한잔하고 호텔로 들어가려고 입구에 들어서니 양복을 입은 건장한 흑인 남성이 입구를 지키고 있습니다.

웬 커피숍에 경비가 있지 하고 궁금해하는데 커피숍 안에서 창밖을 보니 경비가 필요할 듯합니다.

별사람들이 다 지나갑니다.

길 건너편이 다운타운이라 경비에게 사진 한 장 찍어도 되냐고 허락을 받아 사진 찍고, 다운타운이 외국인에게 위험하지 않냐고 물어보니, 안전하니 걱정하지 말고 다니라고 합니다.

이렇게 케냐 입국한 첫날 별로 한 것도 없는데 휙 지나갑니다.

나이로비의 사람, 자동차 소음과 함께….

나이로비(Nairobi)

나이로비는 케냐의 수도이다. '시원한 물'을 뜻하는 마사이어 '에와소 니이로비(Ewaso Nyirobi)' 또는 '엥카레나이로비(Enkarenairobi)'에서 현 지명이 유래했다는 설이 있다. 나이로비의 인구는 4,397,073명으로 동아프리카에서 가장 큰 도시이다. 해발 1,700m로 이 지역에서 가장 고지대에 있는 도시이기도 하다.

47일 차: 8월 31일

배신자 택시 기사와 나이로비 시내 투어

나이로비(Nairobi)

어제 한국식당에서 저녁을 먹고 호텔로 돌아오는 길에 오늘 시티투어와 내일 공항까지 예약한 택시를 만나기 위해서 이른 아침을 먹고 서둘러 호텔을 나옵니다.

우리는 아침 9시에 호텔에서 만나기로 한 장소에서 기다립니다.

9시 정각인데 택시가 오질 않아 불안한 마음으로 조금 더 기다려 보기로 합니다.

30분이 지나도 차가 소식이 없습니다.

난감합니다!!!

아프리카타임을 실감하고 있습니다.

조금 늦게 오는 건 이해할 수 있지만 단단히 약속을 해놓고 안 오면 우리는 오늘 하루 계획이 다 무너지는데….

너무 무책임한 것에 대해 화가 납니다.

호텔로 전화해서 사정이 생겨서 못 온다고 말해주면 될 일을….

▲ 나이로비(Nairobi) 국립박물관

케냐의 첫인상은 이렇게 배신감으로 시작되고, 이들에게 깊은 실망감을 감출 길이 없습니다.

아프리카타임!!!

택시야 다시 부르면 되지만 또다시 흥정해야 하는 것이 사람을 지치게 합니다.

더 이상 기다릴 수가 없어서 어제저녁 우리를 한국식당에 데려다준 호텔 앞에서 차를 대기하고 호텔 손님들을 주로 태우는 기사를 쳐다보니, 우리가 교통편이 어려워진 걸 눈치채고 우리에게 다가옵니다.

무슨 문제가 있냐고 자기가 해결해 주겠다고 합니다.

어제 다른 기사와 흥정한 금액을 제시하니 조금만 더 달라고 합니다.
당신이 잘하면 더 주겠다고 협상을 끝내고 택시를 타고 케냐 박물관부터 바쁘게 갑니다.

티켓 구매가 복잡합니다.

전산망도 시원찮으면서 인터넷 구매를 해야 한다고 합니다.

내국인은 표를 구매하는 데 시간이 걸려서 그렇지 별문제가 없는데 외국인은 인터넷으로 표를 살 수 없는 시스템입니다.

한참을 실랑이하다가 자기들도 포기를 합니다.

박물관 맞은편에 선물 코너가 있으니 거기서 현금으로 사라고 합니다.

여태껏 뭐 했는지 모르게 시간만 엄청나게 보냈습니다.

뭐 볼 것이 있을까? 하고 들어가지만 내심 큰 기대는 하지 않습니다.

역시 박물관 외국인 입장료 대비해서 볼거리는 별로 없습니다.

조금 실망입니다!!!

두 번째로 나이로비 시내에 있는 마사이족 마켓을 방문합니다.

조그마한 공원 같은 곳에 흙바닥이나 나무 테이블 위에 갖가지 공예품을 늘어놓고 호객행위를 합니다.

피곤할 정도로 불러댑니다….

그런데 바가지요금이 좀 심합니다.

처음 부른 20불 가격이 5불까지 내려갑니다. 흥정하기 귀찮아서 얼른 그냥 차로 돌아옵니다.

마사이족 마켓이라고 해서 부족들이 수공예로 만든 투박한 공예품이 있겠지 하고 구경 왔는데, 역시 중국에서 들여온 정체 모를 공예품이 대부분입니다.

상점을 지나갈 때마다….

"니하오…"를 외쳐댑니다.

중국 시진핑 주석의 일대일로 정책이 아프리카와 동남아시아에 집중되어서 그런지 아프리카에서 중국 사람들의 위상이 제법입니다.

요즘 아프리카에 중국 사람들이 많이 온다고 합니다.

걸어 다니기가 짜증이 납니다….

눈을 마주치면 지나친 호객행위에 피곤해져서 그냥 눈을 내리깔고 땅을 보고 다닙니다.

그렇게 저 끝에 조용한 곳에 앉아 우리도 이렇게 지나온 시절을 생각해 봅니다.

먹고살기 힘들 때 우리 어머니들이 자식 입에다 뭐라도 하나 더 넣어주시려고 지나가는 사람 붙들고 사가라고 애원하던 모습을 생각하니 갑자기 미안해집니다.

마음을 다잡고 상점에 가서 작은 가방 3개를 간단하게 흥정해서 가방에 담습니다.

시장에 도착하자마자 눈을 마주친 아기를 안은 20대 초반 아기 엄마가 코를 흘리는 아기를 안고 토마스에게 손을 내밀고 계속 따라다닙니다.

진짜 왕 거머리입니다!!!

네가 이기나 내가 이기나 시합하듯 따라다닙니다.

20여 분을 따라다니니 할 수 없이 토마스가 지쳐서 1불을 주니 받자마자 사라져 버리고 조금 있으니 이번에는 이 여자가 여자 동생을 데리고 와서 자기 동생도 배가 고프니 돈을 더 달라고 합니다.

나는 아예 땅만 보고 걷고 있습니다…. 휴~

괜히 왔나 싶은데, 이게 케냐의 한 단면임을 경험하며 다시 택시를 탑니다.

시장기가 몰려와 드라이버에게 나이로비에 혹시 베트남 레스토랑이 있냐고 물었더니….

알아본다고 하더니 갑자기 선금을 20불만 먼저 달라고 합니다.

또 택시가 약속을 안 지킬까 봐 내가 낼 아침 공항 도착하면 한꺼번에 주겠다고 했더니, 좋다고 해놓고 선지급해 달라고 합니다.

왜 돈이 필요하냐고 물었더니 베트남 레스토랑을 찾아야 하는데 자기 핸드폰 데이터가 다 끝나서 인터넷을 하려면 유심을 충전해야 한다고 합니다.

하는 수 없이 20불을 줍니다.

이렇게 저렇게 해서 베트남 레스토랑을 찾았습니다. 신도시 같은 곳인데 빌딩들은 많이 있지만 조금 썰렁합니다.

빌딩에 문을 연 상점이 거의 없고 12층에 베트남 레스토랑만 있는 듯합니다.

레스토랑에 들어오니 동남아 불상도 보이는 것이 왠지 정겹습니다. 한국인은 아니지만, 베트남사람 특유의 친절함과 시원한 맥주 한 잔으로 한국에서 먹던 쌀국수 맛을 만끽하면서 만족스러운 점심을 즐깁니다.

한동안 못 먹은 김치찌개를 먹는 느낌입니다.

너무 개운하고 시원합니다.

그리 특별한 것도 없는 도시 마켓이라는 곳을 들렀다가 우리는 호텔로 돌아옵니다.

호텔 창밖에서 도시의 자동차 매연 냄새와 소음들이 스멀스멀 창문 틈으로 들어옵니다.

케냐에 조금 이색적인 것이 있다면 케냐 여자들은 여태껏 지나오면서 보아온 흑인 여자들과는 비교가 안 될 정도로 신체적 균형과 미모가 뛰어난 것 같습니다.

도시라서 그런지 멋쟁이 아가씨들을 많이 볼 수 있습니다.
 이렇게 또 하루를 보내고 호텔 밖 도로의 인도를 걸어가는 흑인 아가씨의 곱슬머리를 쳐다봅니다.

케냐(Republic of Kenya)

에티오피아는 동아프리카에 위치한 민주공화국이다. 북쪽에 에리트레아, 동북쪽에 지부티, 동쪽에 소말리아, 남쪽에 케냐, 서남쪽에 남수단, 서북쪽에 수단과 국경을 접한다. 수도는 아디스아바바(Addis Ababa)다. 세계에서 가장 인구가 많은 내륙국이자 129,719,719명으로 세계 10위 인구 대국이다. 국가별 인구 순위에 따르면 나이지리아(227,784,042명)에 이은 아프리카 2위를 기록하고 있다.

차 창밖 아프리카
CHAPTER

에티오피아

Federal Democratic
Republic of Ethiopia

48일 차: 9월 1일

케냐의 마지막까지 실망과 에티오피아의 중국 식당

나이로비 – 아디스아바바(Nairobi – Addis Ababa)

　새벽 3시 기상, 4시 호텔 출발, 7시 20분 비행기로 에티오피아 아디스아바바로 가기 위해 캄캄한 케냐의 수도 나이로비 도심을 가르며 공항으로 가고 있습니다.
　호텔에 주문한 도시락 조식을 입맛도 없고 짐도 많은데 들고 다니기 귀찮아서 택시 기사에게 다 줍니다.
　너무 좋아합니다.
　케냐 조모 국제공항에 도착했습니다.
　차에서 짐을 내리려고 하는데….
　한 흑인 청년이 캐리어를 끌고 와서 그냥 우리 짐을 실어서 끌고 가며 친절하게 입구가 이쪽이라며 따라오라고 합니다.
　아프리카에서 하도 많이 당해서인지 호의가 무섭습니다.

불과 약 100m 정도 가서 자기는 더 이상 못 들어가니 여기서 팁을 주고 캐리어를 끌고 가라고 합니다.

팁이 얼마냐고 물었더니….

5불을 달라고 합니다.

갑자기 이런 어린놈이 사람을 바보로 취급하는 게 기가 막혀서 새벽부터 버럭 소리를 지르게 합니다.

내가 필요하다고 또는 원하지도 않았는데 맹목적입니다.

버럭 화를 내며 1달러 주겠다고 했더니 2달러 달라고 합니다.

"노" 하면서 1달러를 던지듯 주고 공항으로 들어가 버립니다.

여기 공항은 입구에 들어서자마자 항공권 예약증과 여권이 있어야 공항 내부에 들어갈 수가 있다고 합니다.

주섬주섬 챙겨서 보여주고 들어갑니다.

우리가 피부색이 달라서인지….

우리만 유독 항공권 예약증과 여권을 보자고 합니다.

보딩 시간인데 케냐 항공 직원이 게이트를 오픈하지 않고 있습니다.

좀 이상합니다.

토마스가 분주하게 게이트에 앉아 있는 직원에게 물어보니 탑승 타임이 늦어졌다고 합니다.

7시 20분에서 11시 30분으로.

화가 치밀어 오르고 혈압이 올라갑니다.

꼭두새벽부터 잠을 설쳐서 공항에 나왔는데….

안내 방송도 없고 물어봐야 알려줍니다.

23번 게이트에 가면 조식을 준다고 가서 아침이나 먹으라고 합니다.

23번 게이트, 엄청나게 멀리 떨어져 있습니다.

한참을 걸어서 23번 게이트에 도착하니 안내해 주는 사람이 아무도 없습니다.

어떻게 이럴 수 있나 싶습니다.
공짜로 비행기 태워주는 것도 아닌데.
자기네가 상전입니다….
여기저기 물어보니 9시에 기내식 도시락을 준다고 기다리라고 합니다.
기내식 도시락 먹을 바에는 포기하고 그냥 푸드코트를 찾아 나섭니다.
그냥 푸드코트가서 사 먹기로 하고 부지런히 걸어가니 작은 간이 중국 레스토랑이 있습니다.
아침에 밥보다는 국물 있는 누들이 좋을 것 같아 치킨 누들을 시키니 한 그릇에 10불이라고 합니다. 공항이니 당연히 조금 비싸겠지, 하고….
그렇게 맛있게 먹기를 기대하며 기다리니 국수가 나왔습니다.
이게 우리 돈으로 1만 4천 원짜리 국수라니 참 기가 막히고 한심스럽습니다.
이건 완전히 사기입니다….
돈이 아까워서 칠리소스를 조금 넣고 그냥 먹기로 합니다.
대충 먹고 계산하려고 카드를 주니 카드 기계가 고장이라고 현찰만 된다고 합니다.
그것도 케냐 돈으로 달라고 합니다.
케냐 돈은 없고 달러밖에 없다고 하니 생수까지 24불이라고 합니다.
25불을 주니 잔돈이 없다며 1불을 팁으로 달라고 합니다.
하도 미워서 절대 안 되니 1불 달라고 완강하게 소리치니 그제서야

1불을 꺼내줍니다.

국수 한 그릇을 먹는 데도 이렇게 스트레스를 받게 합니다….

보딩 시간이 되어서 게이트에 사람이 많이 모여 있는 걸 보니 두 시간대를 하나로 뭉쳐서 비행기 한 대만 띄우는 듯합니다. 우~~

4시간을 기다려서 비행기를 타니 거의 만석입니다.

▲ 나이로비(Nairobi) 조모 국제공항

역시, 제 추측이 맞는 것 같습니다.

아프리카 타임….

이건 정말 없어져야 할 악습입니다.

자기들이 실수하거나 불리하면 아프리카 타임을 부릅니다….

케냐…. 끝까지 이미지 관리 못 합니다.

이렇게 비행기는 미끄러지듯 활주로를 달리고, 저는 다시는 케냐는 오지 않으리라 맹세합니다.

아디스아바바에 도착하니 나이로비와는 또 다른 분위기입니다.

공항에서 핸드폰으로 우버를 호출해서 수월하게 공항 근처에 있는 호텔로 이동합니다.

에티오피아(Federal Democratic Republic of Ethiopia)

도시가 깨끗합니다.

공항 근처 신도시라서 그런지 건물이며 가로수와 가로등 설치 같은 인프라가 아프리카에서 꽤 잘사는 듯 보입니다.

이제 내일부터 에티오피아 집중 탐구를 들어갑니다.

호텔 근처에 훠궈(마라탕 샤브샤브)가 전문인 중국 레스토랑이 있어서 오늘은 오래간만에 독하게 매운 훠궈로 땀을 빼볼까 합니다.

식당에 도착해서 잠시 있으니 갑자기 비가 엄청나게 옵니다.

하늘에 구멍이 뚫린 것 같습니다.

그렇게 빗소리와 매운 훠궈로 케냐에서의 힘들었던 일들을 지워버리고 새로운 마음과 기분으로 에티오피아를 돌아보기로 마음을 추스릅니다.

오늘은 혀가 얼얼할 정도의 매운 훠궈로 몸을 달구고, 달구어진 몸을 깨끗이 씻어내고 오랜만에 호텔다운 호텔에서 편히 잠자리에 듭니다.

아디스아바바(Addis Ababa)

아디스아바바(영어: Addis Ababa)는 에티오피아의 수도이자 최대 규모의 도시로, 그 이름은 암하라어로 '새로운 꽃'이라는 뜻이다. 오로모어로 핀피네(Finfinne)라고 일컫기도 한다. 에티오피아의 둘뿐인 특별시 가운데 하나이자 인구가 300만 명을 넘는 대도시로서, 오로미아주의 핵심 도시 역할을 할 뿐만 아니라 아프리카 연합과 그 전신인 아프리카 통일 기구, 유엔 아프리카 경제 위원회 등 다양한 아프리카대륙의 경제·정치 기구들의 본부가 위치해 있는 아프리카대륙의 중심 도시 가운데 하나이기에, 때때로 아프리카대륙의 정치적 수도라고도 일컬어진다.

49일 차: 9월 2일

에티오피아 원시 부족을 만나러 오모밸리로

> 아디스아바바 – 진카(Addis Ababa – Jinka)

아디스아바바 시내는 여태껏 보아온 아프리카 풍경과 많이 달라서인지 외형상은 아프리카라는 느낌이 들지 않습니다….

그냥 우리가 생각하는 도시입니다.

오늘은 에티오피아 남쪽 수단 국경 근처에 사는 원시 부족을 방문하러 진카행 국내선을 타기 위해서 볼레 공항에 일찍 나옵니다….

▲ 아디스아바바(Addis Ababa) 볼레 국제공항

어제 저녁을 먹은 것이 너무 매웠는지 속이 좋지 않지만 참아보려고 노력하며 1시간 조금 넘게 비행해서 작은 프로펠러 비행기는 소박하고 아담한 진카 공항에 도착합니다.

아프리카 원시 부족하면 떠올리는 이미지는 화려한 모습으로 치장하고 들판에 서 있는 원주민의 모습을 먼저 떠올릴 것입니다.

에티오피아 남부에 위치한 오모밸리(Omo Valley)는 아프리카 원시 부족을 만날 수 있는 지구상에 얼마 남지 않은 곳 중 하나입니다.

▲ 진카 공항(Jinka Airport)

소, 염소들이 도로를 점령하다시피 돌아다니고 토마스가 기분이 좋은지 기사 다니엘과 1시간이 넘도록 이야기를 합니다.

조용히 풍경을 맛나게 보고 싶은데….
함께하는 여행이라 꾹 참고 창밖을 응시합니다.
비포장길인데도 차는 조용히 잘 달립니다.
투루미를 향해서 열심히 가고 있습니다.

차를 타고 가다 보니 소나 염소를 몰고 가는 청년들이 소총을 들고 다닙니다.

민간인이 총을 들고 있는 게 이상해서 물어보니 워낙 넓은 곳에 가축을 몰고 다니기 때문에 가축을 도둑으로부터 지키기 위해서 무장을 한다고 합니다. 이후로 계속 총을 든 젊은 청년들이 보입니다.

이 나라는 총기 소지가 가능하다고 합니다.

오늘이 월요일인데 매주 월요일은 투루미 근처에 많이 거주하는 하메르 부족들 위주의 장날이라고 합니다.

◀ 진카(Jinka)에서 투루미(Turmi) 가는 시골 풍경

에티오피아(Federal Democratic Republic of Ethiopia)

전통 복장(염소 가죽으로 치마를 만들어 입고 화려한 장신구로 치장하고 있음)을 한 하메르 부족 여성들이 시장에서 뭔지 모르는 채소를 놓고 장사를 하고 있습니다. 직접 농사지은 곡물이나, 직접 빚은 술, 마약, 커피콩 껍데기, 옥수수, 수수, 공예품 등 다양한 물건들을 흙바닥에 놓고 팔고 있습니다.

◀ 전통 원시 옷을 입은 하메르(Hamer) 부족 여자

◀ 투루미 마켓 (Turmi Market)의 장사하는 하메르(Hamer) 부족 여자들

로컬 가이드가 사진을 찍어도 된다고 해서 카메라를 꺼내니 난리가 납니다.

사진을 찍지 말라고.

심지어 나뭇가지와 조그만 돌까지 던집니다.

가이드에게 왜 저러냐고 물어보니 돈을 주고 찍으라는 거랍니다.

돈….

그렇게 우리는 전통시장을 한 바퀴 돌며 가슴을 다 드러내 놓고 앉아서 장사하는 여인들의 모습에 민망해서 눈을 두지 못하고 숙소로 발길을 돌립니다.

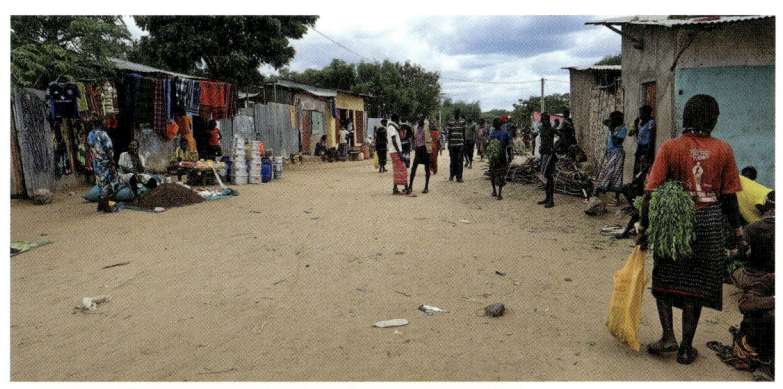

▲ 투루미 마켓(Turmi Market)

에티오피아(Federal Democratic Republic of Ethiopia)

점심을 에티오피아 전통 식사로 차려주었는데 먹을 만합니다.
그럭저럭 배를 채우고 하메르 부족을 방문하러 가자고 합니다.

▲ 투루미 마켓(Turmi Market)

차에서 내리니 말라버린 작은 강이 나오고 건너편 작은 언덕 숲속에서 요란한 나팔 소리와 무슨 소리인지 모를 여자들의 구호 소리가 들립니다.

정신없이 불어대는 나팔 소리에 여자들이 빙글빙글 돌며 춤을 추고 있습니다.

돌다가 멈추기를 반복하며 신이 나 있습니다.

뭔지를 모르는 소리를 지르며 끝도 없이 돌다 가운데로 모여 발 구르기를 반복하는 걸 보고 있다가 깜짝 놀랐습니다.

여자들 등짝에서 피가 줄줄 흐르고 있습니다.

▲ 하메르(Hamer) 부족 결혼식 세리머니

조금 있으니 남자가 나타나서 여자들에게 사정없이 나무로 된 회초리를 휘두릅니다.

날카롭게 허공을 가르는 획 하는 회초리 소리가 공포스럽기까지 합니다.

▲ 하메르(Hamer) 부족 결혼식 세리머니 중 채찍질로 생긴 상처

또 다른 여자가 회초리를 들고 와 남자에게 주며 팔을 벌립니다.

때려달라고. 또 사정없이 휘두릅니다.

계속해서 여자들이 회초리를 들고 오며 서로 맞겠다고 싸우고 난리입니다.

회초리를 서로 많이 갖고 많이 맞으려고 난리입니다.

팔, 등짝에서 피가 흐릅니다.

에티오피아(Federal Democratic Republic of Ethiopia)

▲ 하메르(Hamer) 부족 결혼식 세리머니 중 황소 뛰어넘기 준비 중

갑자기 여자들이 개울을 향해서 뛰어갑니다.

왜 그러냐고 물으니 저쪽에서 더 잘 때려주는 남자가 와서 더 맞으려고 뛰어가는 거랍니다.

참나….

불스(황소) 점프를 한다고 소들이 많이 있는 다른 장소로 이동합니다.

어디서 언제 왔는지 부족 사람들이 엄청나게 많아졌습니다.

마당에 소들이 뭉쳐져 있고 부족 여자들은 남자를 쫓아다니며 또 때려달라고 싸우고 아우성칩니다. 왜 저러는지 이해가 되질 않습니다.

나중에 가이드가 설명을 해줍니다.

여자들이 왜 회초리를 본인 스스로 들고 가서 때려달라고 애원하는지.

결혼식 하는 남자의 친인척인 누나나, 친분 있는 여자들이 남자의 결혼을 축하하고, 회초리를 맞는 고통만큼 사랑한다는 의미라고 합니다.

그리고 그 회초리로 맞은 상처 자국을 자랑으로 삼아 살아가고 있답니다.

고통으로 사랑을 대신한다는 것이….

참!!! 이해가 가지 않는 전통입니다.

차 창밖 아프리카

▲ 하메르(Hamer) 부족 결혼식 세리머니 중 황소 뛰어넘기

　잠시 후 소 대여섯 마리가 세워지고 완전히 탈의한 앳된 흑인 청년이 소의 등을 밟고 뛰어넘기를 여러 번 합니다.
　끝나자 부끄러운 듯 중요 부분을 손으로 가리고 다른 흑인 청년의 뒤로 숨어버립니다.
　불스 쇼가 끝나자마자 순식간에 부족들이 쏟아져 메마른 땅에 물 뿌리면 금방 없어지듯이 순식간에 사라집니다.
　다소 혼란스럽고 이질적인 문화 차이에 가슴이 두근거리고 머리가 멍합니다.
　우리는 저녁을 먹으며 오늘 하메르족의 결혼식 세리머니에 대해서 이야기하며 하루를 정리하고 모기장 속으로 들어가 잠을 청합니다.
　아프리카의 밤은 그냥 잠을 부릅니다….

▲ 하메르(Hamer) 부족 마을

▲ 하메르(Hamer) 부족 결혼식 세리머니(술과 고기)

▲ 하메르(Hamer) 부족 할머니의 핸드폰 통화

진카(Jinka)

진카는 에티오피아 남부의 시장 마을이다. 타나 평원 북쪽 언덕에 위치한 이 마을은 남부 국가, 민족 및 인민 지역의 남부 오모 지대의 수도이다. 현재 진카는 진카 타운 행정의 중심지이며 진카의 위도와 경도는 북위 5°47′, 동경 36°34′이고 해발 고도는 1,490m이다. 이곳은 이 나라에서 가장 유명한 관광지 중 하나이며, 또한 최소 16개의 토착 민족 그룹과 나머지 나라의 다른 사람들에게 중요한 중심지이기도 하다.

오모밸리(Omo Valley)

에티오피아 남부에 위치한 오모밸리(Omo Valley)는 아프리카 원시부족을 만날 수 있는 지구상에 얼마 남지 않은 곳 중 하나이고, 오모강 주변으로 사는 소수 부족들을 오모밸리 부족(Omo Valley Tribes)이라고 통칭해서 부르는데 아리(Ari), 하메르(Hamer), 무르시(Mursi), 카로(Karo), 반나(Banna), 부미(Bumi), 수르마(Surma) 등이 전통을 지키며 살고 있다고 한다. 그 수는 25만 명에 이르고, 수년 전만 해도 찾아가기가 쉽지 않았지만, 최근 도로가 그럭저럭 개발되면서 과거보다 방문하기가 수월해졌다고 한다. 오모밸리로 가기 위해서는 일단 진카(Jinka)라는 도시로 가야만 한다.

투루미 마켓(Turmi Market)

많은 하메르족이 살고 있는 투루미는 매주 월요일에 시장이 열린다. 이 시장에서 판매되는 제품 중 하나는 지역 여성들이 쇼핑 바구니로 사용하는 새겨진 호박이며, 투르미는 또한 전통춤과 황소 점프로도 유명하다.

하메르(Hamer) 부족

하메르 부족은 독특한 성인식으로도 유명하다. 모든 하메르족 남성은 18~19세가 되면 '소 뛰어넘기(Bull Jumping)'를 해야 한다고 한다. 알몸으로 여러 마리의 소를 뛰어넘는 데 성공해야만 '진짜 사나이'로 인정받고 결혼할 자격을 얻고, 여성들은 남성들에게 자진해서 매를 맞는다. 등에 매질을 당하며 노래하고 춤도 추며, 매질을 당함으로써 소 뛰어넘기 주인공을 응원하는 것이라고 하며, 하메르족 여성들은 매질 의식을 통해 자신들이 주인공 남성을 얼마나 아끼고 사랑하는지 보여준다고 생각할 뿐 아니라 몸에 남은 상처를 자랑스럽게 여긴다고 한다.

50일 차: 9월 3일

원시 부족 다산나치 부족을 만나고 느끼는 우울함

> 투루미 - 오모레이트(Turmi - Omorate)

하늘이 티끌 하나 없는 그야말로 파란색입니다.

오늘은 숙소에서 1시간 30분 정도를 달려가서 오모레이트라는 곳에서 통나무 카약을 타고 강을 건너 다산나치(Dassenech) 부족을 만나러 가는 날입니다.

가는 내내 사람 하나 보이지 않는 좀 낡은 평온하고 조용한 아스팔트 도로를 계속 달려갑니다.

조그만 마을에 차를 세우고 몸이 간신히 들어가는 좁은 통나무 카누를 타고 강기슭을 따라 거꾸로 천천히 올라가는데 조그마한 빨래터가 나오고 빨래터 옆의 큰 바위를 지나자 우리는 깜짝 놀랍니다.

◀ 다산나치(Dassenech) 부족 만나러 가는 길의 시골 풍경

▲ 다산나치(Dassenech) 부족 만나러 가는 길의 시골 풍경(물을 길어가는 소년)

▲ 다산나치(Dassenech) 부족 만나러 가는 길에 이름 모를 새

▲ 다산나치(Dassenech) 부족 만나러 가는 길의 시골 풍경(숯을 파는 아낙네)

에티오피아(Federal Democratic Republic of Ethiopia)

제법 몸집이 있는 글래머 흑인 젊은 여자가 누드로 목욕을 하고 있습니다.

우리가 깜짝 놀라니 자기도 배시시 웃습니다.

우리는 어찌할 바를 몰라 얼른 눈을 돌려 아무것도 못 본 척하며 헛기침을 합니다.

그 흑인 여자는 아무렇지도 않은 듯 태연하게 그냥 계속 목욕을 합니다.

강을 건너 힘들게 카누에서 빠져나와 천천히 걸으면서 현지 가이드가 다산나치 부족에 대해 간단히 설명을 해줍니다.

다산나치 부족들은 집을 두 채씩 가지고 있다고 합니다.

추울 때는 여기서, 더울 때는 산속 그늘에서 산다고 합니다.

집이라고 하기에는 좀 그렇지만 여기서 폐타이어나 양철지붕, 천막 같은 걸 구한다는 건 무척 어려울 거라서 이들에게는 중요할 것으로 생각합니다.

집이 아니라 그냥 움막입니다.

천막과 양철지붕으로 얼기설기 끈으로 묶어서 만든 움막입니다.

한 평 정도 되어 보이는 움막 안에서 두 부부와 아이 4명이 얼굴에 코를 잔뜩 바르고 나란히 앉아 있습니다.

여태까지 보아온 아프리카인들이 주거하는 집들이 다 비슷하지만 여기는 나무와 흙집보다는 폐타이어와 거적, 양철 등으로 집을 지었습니다.

중학생이나 되어 보이는 여자아이들이 자기 아기를 안고 한껏 포즈를 취합니다.

▲ 다산나치(Dassenech) 부족 만나러 가는 길의 시골 풍경

 가슴을 다 내놓고 있어 사진 찍기가 좀 그래서 그냥 물끄러미 쳐다보니 사진을 찍으라고 손짓합니다.

◀ 다산나치(Dassenech) 부족 만나러 가는 길의 시골 풍경

에티오피아(Federal Democratic Republic of Ethiopia)

가이드가 옆에 있다가 저 보고 가서 사진을 찍어주랍니다.

좀 그렇지만 못 이기는 척하고 사진을 찍습니다.

몇 장을 찍으니 또 다른 나이 어린 엄마가 자기 아이를 안고 나타나더니 제 앞에서 한껏 포즈를 취합니다.

사진 촬영을 안 하기도 좀 미안해서 몇 장 더 찍어댑니다.

▲ 다산나치(Dassenech) 부족 만나러 가는 길의 시골 풍경

스마트폰 카메라를 주머니에 넣으며 가이드에게 저 아이들 어떻게 하면 되냐고 물었더니, 에티오피아 돈으로 200비르를 주면 된다고 합니다.

200비르는 우리나라 돈으로 2,200원입니다.

돈을 주니 입가에 미소가 만발합니다.

이미 많은 관광객들에 의해서 이들도 문명과 돈의 영향을 받아 순수함을 잃어가고 있습니다.

이들에게 전통만 지키며 가난하고 힘들게 문명의 혜택 없이 관광객을 위해서 그냥 살아가라고 하는 것도 너무 이기적이겠지만, 어린아이들이 한창 공부할 나이에 애를 낳아서 기르고 가슴 내놓고 사진 찍고 돈을 버는 것도 바람직하지는 않을 거라고 생각합니다.

▲ 다산나치(Dassenech) 부족 만나러 가는 길의 시골 풍경

사실 제가 관광객일 뿐이지 이들을 위해서 해줄 수 있는 게 하나도 없으면서 이러쿵 저러쿵하는 것도 우스운 일입니다.

호기심에 원시 부족을 보고 신기함을 느끼는 것이 좋기도 하지만, 어린아이들이 아이를 낳아서 기르는 모습을 보니 마음이 편하지는 않습니다.

점심을 먹기 위해 숙소로 돌아가는 길에 적당한 속도로 달리는 지프 속으로 들어오는 시원한 바람이 여러 개의 그림을 스쳐 지나가게 합니다.

아이를 안고 자신을 찍은 사진을 보여달라고 하는 어린 엄마의 모습이 바람의 속도로 지나갑니다. 1시간을 달렸지만 마주 오는 차 한 대가 없습니다.

그래도 천천히 60~70km 정도로 바람을 느낄 수 있는 속도로 달려가고 투명한 바람이 눈에 보이는 듯 스쳐 갑니다.

간단하게 점심을 먹고 숙소 리셉션에서 더위를 피해 잠시 쉬고 있는데 카톡이 옵니다.

  손녀딸이 대형 TV 앞에서 기저귀를 차고 만화영화를 따라 춤추고 놀고 있는 모습을 동영상으로 찍어서 보냈습니다.

▲ 오모밸리(Omo Valley)강

▲ 다산나치(Dassenech) 부족 마을

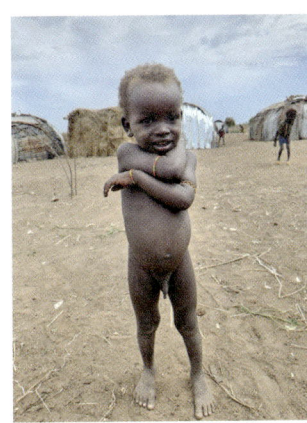

◀ (좌) 다산나치(Dassenech) 부족 마을 꼬마아이
◀ (우) 다산나치(Dassenech) 부족 어린 엄마

▲ 다산나치(Dassenech) 부족 마을 아이들

▲ 다산나치(Dassenech) 부족 전통 춤

에티오피아(Federal Democratic Republic of Ethiopia)

▲ 다산나치(Dassenech) 부족 꼬마 아이   ▲ 다산나치(Dassenech) 부족 어린 엄마   ▲ 다산나치(Dassenech) 부족 여인

오늘 본 아이들과 너무 대조됩니다.

그 아이들과 어린 엄마들을 생각하면 기분이 우울해집니다.

오늘은 손녀딸의 엉덩이 흔드는 속도를 따라 머리를 흔들며 잠을 청해봅니다.

▲ 다산나치(Dassenech) 부족 움막

차 창밖 아프리카

다산나치(Dassenech) 부족

다산나치 부족은 특히 케냐의 이웃인 투르카나족에 의해 마릴레라고도 불린다. 다산나치 부족은 전통적으로 목축민이었지만 최근 몇 년 동안 주로 농경 목축민이 되었다. 지난 50년 동안 대부분의 땅을 잃은 것은 주로 투르카나 호수 양쪽과 남수단의 '일레미 삼각지대'를 포함하여 케냐의 전통적인 땅에서 배제된 결과이며, 소, 염소, 양의 수가 엄청나게 감소했다. 그 결과 많은 수가 오모강에 가까운 지역으로 이동하여 생존에 필요한 충분한 작물을 재배하려고 시도했지만, 강을 따라 많은 질병이 발병해서 경제적으로 많은 어려움에 처해 있다. 아프리카 지역 전역의 많은 목축민과 마찬가지로 다산나치족은 연령대와 씨족 혈통을 포함하는 사회 시스템을 갖춘 매우 평등한 사회이다.

51일 차: 9월 4일

문명의 이기와 삶

> 투루미 – 카로 부족 – 무르시 부족(Turmi – Karo – Mursi)

어제 오모밸리의 다산나치(Dassenech) 부족과 하메르(Hamer) 부족의 삶의 모습을 뒤로하고 아침에 눈을 뜨니 오늘은 오모밸리의 어떤 모습을 볼 수 있을지 기대가 됩니다.

가벼운 아침 식사 후 우리는 바디페인팅이 주특기인 남수단 국경 부근에 사는 카로(Karo)족을 만나러 떠납니다.

메마른 작은 개울을 지나는데….

흑인 여자들이 메마른 강바닥을 파서 물을 찾고 있습니다.

물이 조금 고이면 그 물을 퍼서 플라스틱 통에 모아서 집으로 가져갑니다.

여기는 주로 남자아이들이 노새가 끄는 수레에 물을 길어 가는 모습을 볼 수 있습니다.

관개수로나 수도시설이 전혀 없어서 세차장도 플라스틱 통 수십 개에다 물을 담아 가져와서 세차를 합니다.

참나…. 그래도 세차장은 있습니다.

여기도 부자들이 있습니다.

새 고급차들이 세차장에서 세차를 하고 있습니다.

우리는 적당한 바람으로 어제 세탁해서 차 안에 널어놓은 덜 마른 빨래를 말리면서 달려갑니다.

한참을 달리는데 갑자기 누군가의 기억에서 내가 사라진다는 것에 대해서 깊은 사색에 빠집니다.

돌아가신 아버지께서 한참 힘들게 살던 젊은 시절 "네가 많이 힘들구나" 하시면서 지긋이 내려다보시던 그 아련한 눈길이 기억에서 멀어져 가듯 나도 언젠가는 누군가의 기억 속에서 지워질 거란 생각을 하니 더욱 내 삶에 겸손해집니다.

언젠가 잊혀질 존재인데 하루가 길게 느껴지게 세상을 관조하면서 사랑하는 사람들을 더 사랑하고 어깨에 짊어진 짐들은 다 내려놓고 깃털같이 가볍게 살아가야겠다 하는 생각이 듭니다.

나이가 들수록 점점 옳고 그름에 대해 판단을 하기가 두려워집니다.

살아오면서 모든 상황에는 경우의 수가 너무 많은 것을 경험해서일 거라 생각합니다.

나이가 들수록 부딪히지 말고 지혜와 경험으로 피해 가는 것이 나머지 인생을 풍요롭게 사는 방법일 거라 생각합니다.

에티오피아(Federal Democratic Republic of Ethiopia)

▲ Karo 부족의 바디페인팅

아스팔트 도로에서 벗어나 비포장도로를 한참 달리니 끝없이 넓은 평야와 큰 강이 흐르는 낮은 언덕 위에 자리한 카로 부족 마을 집들이 보입니다.

차가 마을로 진입하니 잘 훈련된 군인같이 작은 의자를 들고 온몸에 바디페인팅을 한 몇몇 노인들이 강을 배경으로 포즈를 취하고 앉아 사진을 찍으라고 합니다.

어르신들이라 조금 미안도 하지만 성의를 생각해서 촬영을 합니다.
조금 있으니 여자들도 아기를 안고 나와 자기들도 찍으라고 합니다.
아이들도 줄을 섭니다.
느낌에 다 돈을 요구할 것 같아 난감합니다.
부담스럽습니다.
몇 명도 아니고 수십 명이 다 돈을 요구하면 부담스럽습니다.

고민하다가 그냥 찍어댑니다.

자그마한 아이들이 소리쳐 "할로"를 연신 소리쳐도 고개를 돌릴 수가 없습니다.

눈이 마주치면 바로 손을 내미니 감당이 안 됩니다.

▲ Karo 부족 얼굴 장식을 하는 여인

은근히 내게 다가온 중학생 정도 되어 보이는 아이는 내 머플러에 눈독을 들이고 달라고 합니다.

난감합니다….

여기도 염소 가죽으로 만든 전통 복장을 한 사람들과 시장에서 파는 치마와 티셔츠를 입은 여자들이 함께 섞여 있습니다.

▲ Karo 부족 할아버지의 어린 부인

에티오피아(Federal Democratic Republic of Ethiopia)

▲ Karo 부족의 바디페인팅

▲ Karo 부족 여인의 전통 복장

▲ Karo 부족 마을 풍경

▲ Karo 부족 마을 아이들

과거와 현재, 전통과 현대문명이 공존하고 있습니다.
이들은 이 두 가지의 충돌을 어떻게 풀어가고 있는지 궁금합니다.
이렇게 여러 가지 궁금증을 떠안고 우리는 카로 부족을 떠납니다.
카로 부족을 떠나면서 가이드에게 물어보니 방문하는 대가로 1년에 한 번씩 계약하고 방문 비용을 지불한다고 합니다.
또 적당히 기분 좋은 바람과 바람 소리 그리고 양쪽으로 펼쳐진 에티오피아의 드넓은 평원을 보고 있노라면 인간의 말소리는 소음이 됩니다.
시끄럽습니다….
눈으로 보고 가슴으로 느끼고 바람 속의 냄새를 맡으며 아프리카를 품고 우리는 달리고 있습니다.
차 안으로 들어온 더운 바람을 시원한 바람이 밀어내기를 반복하며 우리는 투루미에서 점심을 먹기 위해 부지런히 달려갑니다.
장시간 여행은 사람을 예민하게 만드는가 봅니다.

에티오피아(Federal Democratic Republic of Ethiopia)

늘 주변에 있던 많은 그것들로부터 공간이동을 해서인지, 매일 몸을 기대던 침대, 즐겨 먹던 음식, 늘 시간을 보내던 장소 등, 공간이동이 주는 불편함이 누적되면 늘 듣던 아름다운 음악도 소음으로 들리는가 봅니다.

여행의 피로가 많이 누적되어 가고 있는 듯합니다.

그럼에도 여기가 어딘지도 잘 모르는 아프리카의 오지를 헤매고 다니는 건 왜일까? 하고 내게 질문을 던져봅니다.

지나온 삶을 돌아보고 남은 삶의 시간을 어떻게 자리매김하고 살아갈 것인가를 계획하고 점검하는 시간이려니 하고 스스로 변명 같은 답을 해봅니다.

여행은 무엇인가를 얻으러 가는 것이 아니라 내 속에 머물러 있는 것들을 버리고 그 버려진 공간만큼을 또 어떻게 채워가며 살아갈 것인지를 찾아보려고 떠나는 것으로 생각합니다.

스쳐 가는 창밖의 풍경과 바람, 그리고 그 소리에서 찾는 것이려니 합니다.

우리는 간단한 점심 식사 후 진카로 가는 길목에 입술에 원형 접시를 끼우고 살아가는 무르시(Mursi) 부족을 만나러 또다시 떠납니다.

무르시 부족 마을이 정부와 갈등으로 매우 혼란스럽다고 가이드가 이야기합니다.

정부에서 무르시 부족들을 이주시키려고 해 갈등이 심해서 분위기가 심각하다고 합니다.

부족 마을을 방문하기에는 안전이 불안하니 무르시 부족 중 몇 명이 진카로 가는 길목에 산다고 그곳에서 무르시 부족을 방문한다고 합니다….

저 너머 몇몇 흑인 여자들이 보입니다.

건장한 흑인 청년이 와서 토마스의 큰 카메라에 관해서 이야기하고 꼬맹이들은 줄기차게 "머니 머니"를 외치며 따라옵니다. 큰 카메라로 사진을 촬영하려면 돈을 더 내야 한다고 합니다.

마치 모델들에게 지시하듯 키가 큰 흑인 청년이 말을 하니 뭔가를 준비한 것처럼 일사불란하게 움직입니다.

이전에 가서 실망했던 마사이 민속촌 같은 느낌을 받습니다.

분위기가 조금 이상하지만, 그냥 보고 사진 몇 장 찍어댑니다.

조금 있으니 다른 서양 관광객들이 오고 있습니다.

솔직히 뭐가 뭔지 모르겠습니다.

정말 무르시 부족 마을에 문제가 있어서 못 가는 건지 아니면 진카로 가는 길목에 무르시 부족 분점을 하나 만들어 돈벌이를 하는 건지, 그렇다니 믿을 수밖에 없습니다.

하지만 기분은 썩 좋지 않습니다.

어쨌든 청년들은 우릴 따라와서 가이드에게 돈을 챙겨갑니다.

우리는 그렇게 또 한 번 쇼 아닌 쇼를 경험하고, 씁쓸한 기분으로 오늘 하루를 기댈 진카의 숙소로 향하는데, 웬 꼬맹이들이 바디페인팅을 하고 긴 나무 장대를 타고 대여섯 명이 도로를 가로막고 있습니다.

◀ Mursi 부족

에티오피아(Federal Democratic Republic of Ethiopia)

이놈들 봐라, 하고 사진을 찍으려니 못 찍게 어느새 나무막대에서 내려와 버립니다.

자세히 보니 저쪽 언덕 위 어른 2명이 손으로 지시를 하니 얼른 나무막대 위로 올라 포즈를 취합니다. 잠시 후 돈을 달라고 난리입니다.

그럼 그렇지 합니다….

▲ 바디페인팅을 하고 장대 막대기를 타고 용돈 버는 아이들

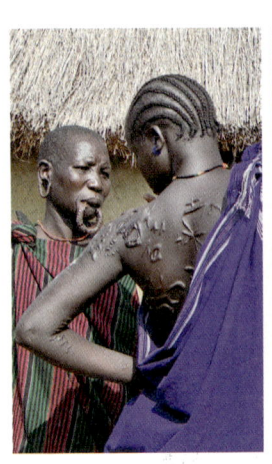  
▲ Mursi 부족 여인

그래도 어린아이들이 자기들의 전통적인 놀이문화를 관광객들에게 볼거리를 제공하고 약간의 과잣값을 받는다는 것이 조금 신선하게 느껴집니다….

오모밸리 부족들이 전통적인 관습과 현대 물질문명의 사이에서 갈등을 풀어나가는 것은 그들 스스로 잘 해결해 나갈 것으로 생각합니다.

우리는 너무 빨리 모든 것이 발전해서 생기는 문제들이 많지만, 이들은 발전 속도가 느려서 생기는 문제점들은 합리적으로 해결해 나가리라 생각합니다.

어쨌든 새로운 도약은 많은 희생과 양보가 필요한 법이니 지혜와 슬기로 극복하고 기어다니는 어린아이들에게 더 나은 세상을 남겨주기를 희망하면서, 오모밸리를 떠나 진카에서 마지막 밤을 맞이합니다.

저녁을 먹기 위해 캠프 내 레스토랑에 가니 중국인 단체가 와서인지 분주합니다.

중국인 한 가족인 듯합니다.

여느 중국 사람들과 다르게 조용히 식사를 즐깁니다.

중국 사람들이 전부 시끄럽다고 생각한 것은 편견이었구나 라고 생각하며 오모밸리의 부족들을 눈에서 지우고 잠을 청합니다.

52일 차: 9월 5일

진카의 마지막 점심과 아디스아바바

> 진카 – 아리 부족 – 아디스아바바(Jinka – Ari 부족 – Addis Ababa)

공항이 있는 작은 도시 진카의 아침, 건물이 허술해서인지 2층에서 사람 소리와 발소리 때문에 침대에서 일찍 일어납니다.

눈앞에 녹색의 향연이 펼쳐져 있지만 그리 반갑지가 않습니다.

숲의 습기 때문인지 침대 시트와 이불이 눅눅해서 그리 편한 잠자리는 아니었습니다.

가벼운 아침 식사를 하고 또 부지런히 짐을 꾸립니다.

오늘은 다나킬 사막을 가기 위해서 다시 에티오피아의 수도 아디스아바바로 돌아가는 날입니다.

기사 다니엘에게 약국에 가서 토마스가 모기에게 물린 상처에 바를 연고를 사자고 했더니, 벌레에게 물렸을 때 바르는 연고는 없다고 합니다.

이상하다, 모기가 많은데 이들은 물려도 반응이 없는가 봅니다.

우리는 그렇게 약국을 지나 산악 지대에서 산다는 아리(Ari) 부족을 만나러 갑니다.

로컬 가이드를 만나서 마을에 들어가서 인젤라(주식으로 먹는 얇은 빈대떡) 만드는 방법, 도자기 만드는 광경, 술 빚는 모습, 간단한 도구를 만드는 대장간 등을 두루 둘러봅니다.

뭐. 그리 특별히 볼거리는 없습니다.

▲ 진카(Jinka) 시내

▲ 아리(Ari) 부족의 인젤라 만드는 과정

▲ 아리(Ari) 부족의 옥수수창고

에티오피아(Federal Democratic Republic of Ethiopia)

그냥 아리족 마을을 구경한 것 외에는 별거 없습니다….

아리족은 다른 부족들과 달리 특이하게 높고 깊은 산속에서 삽니다.

산 높이 올라 정상에서 풍경을 보니 속이 다 시원합니다.

그래도 아리족은 풍요롭게 살아가는 듯합니다.

옥수수를 창고 가득 쌓아놓고 살아갑니다.

오모밸리에 사는 원주민들과는 사뭇 비교됩니다.

점심을 먹기 위해 진카 공항 주변 제법 큰 식당에 들어오니 어제 같은 로지에서 본 중동 아가씨가 보입니다.

▲ 땔감을 구해 가는 아리(Ari) 부족 어린아이

저쪽 테이블에 중동 사람들인 것 같은 중년의 남자들이 작은 나뭇잎 가지에서 잎을 열심히 신나게 따고 있습니다.

달걀만 하게 뭉쳐서 입에 넣으니 한쪽 볼이 불룩하게 나옵니다.

저게 뭐냐고 물으니 입안에 넣고 있으면 기분이 좋아진다고 합니다.

마약 성분이 있는 풀인가 봅니다.

점심을 먹기에는 조금 이른 시간이라 프라이드치킨에 시원한 맥주 한잔으로 점심을 때우려고 신중하게 주문을 했습니다.

드디어 종업원이 우리 테이블에 주문한 음식과 맥주를 내려놓습니다.

그런데 우리가 주문한 닭고기 프라이드가 아닙니다.

닭다리는 맞는데 흥건한 커리 소스에서 헤엄치고 있습니다.

종업원을 불러서 요리가 잘못 나왔다고 하니 주문서를 보고는 맞다고 합니다.

어떻게 된 건지를 몰라 가이드를 쳐다봅니다.

가이드도 잘 모릅니다.

자세히 보니 닭 다리를 튀기기는 한 것 같습니다.

튀겨서 카레 소스에 담아서 주는가 봅니다.

고소하고 짭짤한 우리가 생각한 프라이드치킨은 커리 소스에 빠져서 발버둥을 칩니다.

옆에서는 흑인 여자 두 분이 에티오피아 전통 방식으로 커피를 끓이고 있습니다.

커피 알만 로스팅하는 게 아니라 커피 열매를 통째로 말려서 로스팅만 해서 그대로 구리로 만든 호리병 속에 넣고 끓입니다.

커피에 무슨 잎 하나를 하나 넣어주는데 묘한 맛이 납니다.

솔직히 마시기가 좀 부담스러웠으나 아까워서 계속 마시니 그런대로 마실 만합니다.

묘한 이 커피 맛 잊지 못할 것 같습니다.

식당을 나오자마자 차 앞에서 진을 치던 아이들이 달려들어 "할로 머니"를 외쳐댑니다.

그동안 우리는 너무 잘 훈련이 되어 있어서 무심히 눈길을 돌리고 차에 오릅니다.

그렇게 우리는 가슴에 오모밸리의 원시 부족들의 삶을 되새기며 진카 공항을 떠나 하늘로 솟아오릅니다.

호텔에 도착해서 조금 있으니 빗방울이 조금씩 떨어지더니 폭우가 쏟아집니다.

동남아시아 스콜같이 순간적으로 엄청나게 쏟아집니다.

고층에서 보는 아디스아바바 도심에 퍼붓고 있는 비 내리는 모습은 장관입니다.

에티오피아(Federal Democratic Republic of Ethiopia)

비가 그쳐 가길래 오늘은 미리 찾아놓은 한국식당에 가서 오모밸리에서 지친 몸과 마음을 달래려고 한국의 얼큰한 음식을 먹기로 했습니다.

오래간만에 먹는 한식은 보약 같습니다. 얼큰한 짬뽕과 김치찌개는 쌓인 피로를 시원하게 풀어줍니다. 그렇게 우리는 오모밸리에서 겪은 많은 사연들을 짬뽕과 김치찌개에 섞어서 오늘을 간직합니다.

▲ 아디스아바바(Addis Ababa) 시내 야경

53일 차: 9월 6일

다나킬 사막으로 출발, 더위와 전쟁 시작

아디스아바바 - 세메라 - 하메드 엘라

(Addis Ababa - Semara - Hamad Ela)

오늘은 지구상에서 가장 덥다는 다나킬 사막(Danakil Desert)으로 떠나는 날입니다.

에티오피아 국내선 비행기로 1시간을 날아가서 지프로 갈아타고 이동이 시작된다고 합니다.

오늘도 이른 새벽 부지런히 가방을 꾸립니다.

다나킬 사막과 댈롤 여행은 메켈레 공항과 세메라 공항 두 곳에서부터 시작된다고 합니다.

우리는 세메라 공항에서 다나킬 여행을 시작합니다.

세메라 공항에 도착해서 비행기에서 내리자 아디스아바바의 쌀쌀한 새벽공기와 달리 더운 바람이 목덜미를 훅 데워옵니다.

드디어 다나킬 사막 여행이 시작되는 걸 실감합니다.

◀ 에티오피아
아디스아바바 볼레 국내선
공항에서 세메라 공항까지
가는 프로펠러 비행기

◀ 세메라 주변의 황량한
사막 풍경

한국에서 다나킬에 가기 위해 에티오피아여행사 웹사이트를 방문하면 다나킬 디프레션(Danakil Depression)이라는 여행상품이 있습니다. 한국어로 번역하면 다나킬 우울증이라고 번역됩니다.

이 번역이 궁금해서 가이드에게 자세히 물어보니….

적도를 중심으로 일정한 에리어(Area) 내에 있는 지역을 일컫는다고 합니다….

에티오피아, 케냐, 탄자니아 등도 포함되는 지역이 있다고 합니다.

어렴풋이 알아듣기로는 환경이 좋지 않아 사람이 살기 힘든 지역을 말하는 것 같습니다.

공항에서 우리는 아디스아바바에 거주한다는 인도 부부와 세상에서 가장 아름다운 지옥 다나킬로의 동행을 시작합니다.

◀ 하메드 엘라(Hamad Ela) 가는 길에 삭막한 사막

◀ 하메드 엘라(Hamad Ela) 가는 길에 보이는 나무 하나 없는 신비로운 사막 풍경

세메라 공항을 떠나 30분이 지나니 끝도 보이지 않는 벌판에 초록의 잡풀과 갈색의 모래흙이 용암과 굳어 돌이 된 검은색이 서로 어우러져 내 눈을 현혹하고 있습니다.

여태껏 본 아프리카의 풍경과 전혀 다른 지구상에서는 볼 수 없는 풍광을 보고 있는 듯합니다.

오모밸리는 소와 염소가 도로와 벌판에 있다면 여긴 낙타들이 많이 있습니다.

이 열악한 사막에서 살 수 있는 건 역시 낙타뿐인가 봅니다.

차 밖의 온도는 섭씨 40도 가까이 올라가고 있습니다.

차 창문을 내리기가 무서울 정도입니다.

에티오피아(Federal Democratic Republic of Ethiopia)

저 속에서 사는 유목민들은 끝없이 집을 헐었다가 짓기를 반복하며 풀을 찾아다니니 참 피곤한 인생들입니다….

기사 겸 가이드는 핸드폰을 2개씩 들고 교대로 바꿔가며 떠들어 댑니다.

◀ 하메드 엘라(Hamad Ela) 가는 길에 사막에 사는 원주민들

▲ 하메드 엘라(Hamad Ela) 가는 길에 Africa 소금 염전

시끄러워서 정신이 하나도 없습니다.

이 친구들도 우리가 손님이라는 개념이 없습니다.

그냥 자기네들이 늘 하던 대로 그냥 모든 걸 편안하게 합니다.

손님에 대한 배려가 없습니다.

아프리카에서 손님 대접을 바라는 건 사치인가 봅니다.

이렇게 우리는 꾹꾹 참으며 달려갑니다.

마치 혹성 같은 느낌이 나는 분위기 묘한 곳에 차를 세우더니 포토존이라고 합니다.

정말 지구 같지 않습니다.

도대체 얼마나 많은 화산이 얼마나 많이 폭발했길래 차로 1시간을 달려도 온통 시커먼 식어버린 마그마와 바위들로 이 끝없는 벌판을 가득 메우고 있는 풍경은 상상도 할 수 없는 미지의 세계인 듯합니다.

여태껏 보아온 시골 마을 아프리카인들의 집은 나뭇가지를 얼기설기 엮어놓고 그 위에 진흙을 발라서 집을 지었는데….

여기는 지천에 식은 용암이 부서진 돌이라서 그런지 집을 검정 돌로 자그마한 집을 지어놓았습니다.

역시 인간들은 환경에 잘 적응하는 동물인 것 같습니다.

실제로 이곳을 3시간가량 차로 달려보니 왜 디프레션(Depression)이란 표현을 했는지 이해가 갑니다.

일단 풀 한 포기도 살 수 없는 드넓은 평야에는 너울너울 파도같이 굳어버린 마그마가 시커멓게 뒤틀어 자리매김하고 있고 검은색 용암 바위와 파란 하늘 빼고는 보이는 것이 거의 없습니다.

어쩌다 보이는 풀 같은 식물들도 이 고열에 물도 없어 맥을 못 추고 죽어 있습니다.

4시간째 달려와도 변한 것이 없습니다. 검회색….

나미비아 사막에서 느꼈던 공포가 이곳에서도 느껴집니다.

혹시라도 저 너머 켜켜이 쌓여 있는 식어버린 용암 더미들 속에 있으면 어떻게 될까? 하는 생각을 해봅니다.

▲ 하메드 엘라(Hamad Ela) 가는 길에 만난 사막 모래폭풍

▲ 하메드 엘라(Hamad Ela) 가는 중간에 점심 식당

▲ 하메드 엘라(Hamad Ela) 가는 중간에 식당에서 염소 식사

현재 차 밖은 45도가 넘어가고 있습니다.

점심 식사를 하기 위해서 차에서 내리는데 숨쉬기도 힘들 정도로 숨이 턱 막힙니다.

높은 지붕을 양철로 덮고 바닥은 그냥 흙먼지가 날리는 식당이라는 곳에 들어서니 더 덥습니다. 더위에 정신이 혼미합니다.

점심이라고 정체 모를 심란하게 생긴 마카로니와 스팀 베지터블을 주는데 포크를 들기가 좀 그렇습니다.

땀을 연신 훔치며 점심을 먹는 둥 마는 둥 하고 식탁에 먹던 접시를 내려놓으니 언제 왔는지 염소가 내 접시를 접수하고 신나게 먹고 있습니다.

완전 불가마 찜질방이고, 거의 동물의 왕국 수준으로 염소, 고양이, 닭들이 식당 안을 손님같이 돌아다닙니다.

평소에 마시지도 않던 콜라 한 병을 순식간에 마시고 한 병을 더 주문합니다.

그렇게 더위와 함께 먹는 점심을 끝내고 우리는 내일 댈롤을 가기 위해서 그 근처 숙소로 간다고 합니다.

점심을 먹고 조금 달리니 모래사막이 나타나면서 갑자기 모래폭풍이 앞을 가립니다.

그것도 잠시이고 또다시 식어서 굳어버린 용암 덩어리 바위들의 바다가 시작됩니다.

◀ 하메드 엘라(Hamad Ela) 가는 길에 척박한 사막에 사는 아이들

▲ 하메드 엘라(Hamad Ela) 가는 길에 굳어버린 용암 사이로 낸 도로(중국이 건설해 준 도로라고 함)

이제 이렇게 끝도 없이 드넓게 화산이 폭발하여 시커먼 대지를 만들어 놓은 게 얼마만큼의 세월이 걸렸는지 별로 궁금하지도 않습니다.

추측도 하기 힘들기 때문입니다.

이렇게 끝없이 용암이 녹아서 대지를 다 덮으려면 도대체 어떻게 만들어지는지 상상도 안 됩니다.

그렇게 용암만 쳐다보고 가는데 차가 멈춥니다.

민간인 복장을 한두 남자가 다가오더니 우리 가이드와 기사들과 한참을 실랑이합니다.

결국 돈 한 뭉치를 건네줍니다.

다나킬 사막 들어가는 입장료라고 합니다.

무슨 입장료가 돈 한 뭉치를 주는지 궁금합니다. 그리고 우리는 또 달립니다.

켜켜이 겹쳐진 용암의 주름을 보면서 달리다 보니 우리 어머니의 얼굴 주름이 눈에 어립니다.

여행은 아무 생각 없이 있다가도 갑자기 무엇인가 툭툭 치고 올라와 상념에 잠기게 합니다.

또 달리기를 계속합니다.

비포장도로라서 우리는 차 안에서 춤을 춥니다.

그러다 차가 멈추고 기사들이 일사불란하게 타이어를 교체합니다.

▲ 하메드 엘라(Hamad Ela) 가는 길에 끝없이 펼쳐진 굳어버린 용암 바다에서도 살아 있는 생명

에티오피아(Federal Democratic Republic of Ethiopia)

▲ 하메드 엘라(Hamad Ela) 가는 길에 끝없이 펼쳐진 굳어버린 용암 바다

▲ 하메드 엘라(Hamad Ela) 가는 길에 끝없이 펼쳐진 굳어버린 용암 바닷속에서 살아가는 원주민

▲ 하메드 엘라(Hamad Ela) 가는 길에 말라버린 강에서 풀을 먹는 낙타들

차 창밖 아프리카

▲ 하메드 엘라(Hamad Ela) 가는 길에 끝없이 펼쳐진 굳어버린 용암 바다에서 타이어 펑크

▲ 하메드 엘라(Hamad Ela) 가는 길에 등짝이 갈라진 연못

펑크입니다.

타이어가 다 닳아서 자주 펑크가 나는 것 같습니다.

타이어를 교체하는 동안 차에서 내려 뜨거운 바람으로 사우나를 하고 있습니다.

바람이 너무 뜨겁습니다. 우….

오전 8시에 세메라 공항을 출발해서 지는 해를 보며 사진을 한 장 찍을 때가 되니 풍광은 사막으로 바뀌어 있습니다.

에티오피아(Federal Democratic Republic of Ethiopia)

조금 전만 해도 시커먼 용암 덩어리들이 바다같이 깔린 것이 묘한 매력으로 다가오는 다나킬 사막입니다.

너무 덥고 힘들지만, 이 이상할 정도로 이색적인 풍경은 세상 어디서도 보지 못할 것 같습니다.

어둠이 지고 지프의 어두운 라이트는 아프리카의 오지 다나킬 사막에서 더듬이가 되어 오늘 우리가 묵을 숙소(Hamad Ela)를 찾아다닙니다.

그렇게 종일을 달려 도착한 숙소가 가관입니다.

숙소라고 부르기가 민망합니다.

나뭇가지로 얼기설기 묶어서 만든 나무 침대를 그냥 허허벌판에 늘어놓고 오늘 하루 머물 침대랍니다.

숙소가 형편없다는 이야기를 듣고 각오는 하고 왔지만 좀 허망합니다.

가이드에게 화장실이 어디냐고 물어보았더니 손가락으로 깜깜한 벌판을 가리킵니다.

작은 플래시에 의지해 사람들이 안 보이는 곳까지 가서 볼일을 보느라 플래시를 끄니 정말로 뭐 하나 보이지 않는 깜깜한 어둠 속입니다.

▲ 하메드 엘라(Hamad Ela) 주방

▲ 하메드 엘라(Hamad Ela) 숙소

갑자기 가슴이 답답해집니다.

얼른 돌아오려고 일어나는데 주변에 낙타가 있었는지 동물의 큰 울음소리에 기겁을 합니다.

오늘 용암에 놀라고, 모래폭풍에 놀라고, 낙타한테 놀라고, 참 여러 번 놀라는 날입니다.

그래도 그 힘든 군 생활도 했는데 하면서 물티슈로 대충 구석구석 닦고 냉장고가 없어서 미지근해진 맥주를 한 모금 하고 저녁을 기다리다 지쳐서 그 엉성한 친환경 나무 침대에 누워서 하늘을 보니 별이 가득합니다.

에티오피아(Federal Democratic Republic of Ethiopia)

낮에 불던 더운 바람이 미안한 듯 조금 미지근한 바람으로 옷을 갈아 입었습니다.

오늘은 아프리카 에티오피아 다나킬 사막 허허벌판에서 반바지 하나만 입고 물수건 이마에 대고 별을 보면서 잠을 청해봅니다.

다나킬 사막(Danakil Desert)

아프리카의 에티오피아에 있는 사막이다. 에티오피아 북부, 에리트레아 남부, 지부티 북서부에 걸쳐 있다. 면적은 10만km²로 우리가 생각하는 사막 중 최대인 사하라 사막의 면적(900만km²)에 비하면 작아 보이지만, 제주도까지 끌어모은 남한 면적이 10만km² 정도니, 절대적으로 작은 사막은 아닌 셈이다. 지질학적으로 동아프리카 열곡대 위에 놓인 곳이다. 판의 발산형 경계로 맨틀 물질이 상승하며 대륙지각이 갈라지는 곳이라 전반적으로 움푹 꺼져 있다. 다나킬 사막을 포함한 다나킬 함몰지(Danakil Depression)의 해발 고도는 -410ft로, 지구상에서 가장 고도가 낮은 곳 중 하나이다. 참고로 에티오피아의 수도 아디스아바바의 고도는 평균 해발 2,355m로, 수도로서는 세계에서 세 번째로 높은 곳에 있으니 묘한 대조를 이룬다. 자연히 옐로스톤을 방불케 하는 크고 작은 화산과 온천이 매우 많으며 지진도 잦다. 다만 발산형 경계라는 특성상 지열 활동은 활발하지만 무시무시한 재앙급의 화산이나 지진은 잘 일어나지 않는다. 북부에는 세계에서 가장 오랜 세월 동안 분출하고 있는 화산으로 알려진 에르타 알레(Erta Ale)산이 있는데, 이 화산 또한 그렇게 오래 분출했음에도 해발 고도가 600m밖에 안 되는, 점도 낮은 현무암질 용암만 암전(?)히 분출하는 화산이다. 화산의 모습들과 용암 호수 근처까지도 사람들이 가서 사진을 찍는 것을 볼 수 있다. 사막이긴 한데 호수가 몇 군데 있다. 이 지역에서의 화산 활동으로 인해 분출된 용암 일부가 계곡 쪽으로 흘러내린 후 굳으면서 계곡의 입구와 출구를 막은 곳이 생겼다. 자연히 물이 담길 수 있는 지형으로 변했고, 이곳에 물이 고이면서 호수가 생긴 것이다. 극악의 기후를 자랑하며, 연평균 낮 기온이 60℃에 육박하며 연평균 밤 기온은 대한민국의 여름 기온인 30℃가 넘는다! 유럽인 관광객 5명이 살해당하는 등 치안이 매우 안 좋은 곳이기도 하다.

54일 차: 9월 7일

바다 같은 소금호수와 행성 같은 댈롤

> 하메드 엘라 – 아살르 솔트 호수 – 댈롤
>
> (Hamad Ela – Assale Salt Lake – Dallol)

새벽 4시, 저장해 둔 핸드폰 알람이 가방 속에서 답답하니 살려달라고 소란을 부립니다.

다나킬의 더위는 밤새 저를 괴롭혀서 자다 깨기를 여러 번, 이제 잠을 포기하고 그냥 별을 보고 누워 있습니다.

달도 없는 하늘에 별들이 여기저기 흩어져 누워 자는 우리를 물끄러미 내려다보고 있습니다.

땀으로 끈적이는 몸을 일으켜 물 한 모금을 마시며 별을 헤아립니다.

어스름 동이 트기 시작할 무렵 우리는 유황으로 대지를 온갖 색으로 물들이고 있다는 댈롤 화산으로 가고 있습니다.

솔트레이크….

가이드가 호숫가에 차를 멈추고는 일출을 보라고 합니다.

수평선이 어디인지 끝없이 넓은 소금호수는 아예 끝이 보이질 않습니다.

젊은 서양 친구들은 호수에 들어가 신이 나서 사진을 찍어댑니다.

▲ 아살르 소금호수(Assale Salt Lake)의 일출

▲ 아살르 소금호수(Assale Salt Lake)를 건너 댈롤 화산으로 가는 중

몇 장의 사진을 촬영하고 우리는 끝이 없는 소금호수를 가로질러 물속을 달리고 있습니다.

깊이가 20~30cm 깊이밖에 안 되는 하얀 소금호수 속을 속절없이 들어갑니다.

이 넓은 호수에서 어떻게 길을 찾아가는지 궁금해서 어떻게 보이지도 않는 댈롤 화산을 찾아가냐고 물으니 가끔 보이는 기둥이 길 방향을 알려주는 것이라고 합니다.

하얀 바다에 배가 지나가듯 우리는 물보라를 일으키며 에어컨이 고장이 나서 푹푹 찌는 지프 속에서 땀으로 나오는 소금으로 소금 통구이로 익어가며 댈롤을 향해 가고 있습니다.

금방 도착할 것 같은 가물가물 저 멀리 보이는 섬이 댈롤 화산이라고 합니다.

1시간 동안 소금호수 물속을 달렸는데 아직도 도착을 못 하고 있습니다.

찜통 수상 지프가 댈롤 화산에 도착해서 차 문을 열고 내리니 숨도 쉬기 어렵습니다.

더운 공기가 아니라 삼키기 어려운 뜨거운 공기가 입으로 들어옵니다. 죽을 것 같습니다.

여기까지 와서 포기할 수는 없어서 죽기로 각오하고 1.8리터짜리 물 한 병 들고 올라갑니다.

에티오피아(Federal Democratic Republic of Ethiopia)

▲ 아살르 소금호수(Assale Salt Lake) 건너 댈롤 화산 도착

▲ 댈롤 화산 작은 그늘에서 더위를 피하고 있는 총을 든 가드

▲ 댈롤 화산에서 총을 든 가드

▲ 댈롤 화산의 다른 행성 같은 풍경

너무 덥습니다.

지금 온도가 섭씨 약 45~50℃랍니다. 태어나서 한 번도 경험하지 못한 극한의 더위입니다.

벌써 물을 2리터나 마셨습니다. 그냥 마시는 물이 땀구멍으로 바로 줄줄 나옵니다.

마셔대는 물로 온몸이 땀으로 범벅입니다.

속옷까지 젖어갑니다.

티셔츠에서 땀이 뚝뚝 떨어집니다.

그래도 한 번도 보지 못한 기이한 풍경을 놓칠세라 열심히 눈을 굴립니다.

살아 있는 지구의 속을 보고 있는 듯 신기하기만 합니다.

땅속에서 뜨거운 물이 보글보글 끓어오르며 하얀 수증기를 연신 뿜어냅니다.

이 지역이 위험한 지역이라 총을 든 가드가 한 군데밖에 없는 그늘에서 총구를 땅에 꽂고 개머리판에 기대고 쉬고 있습니다.

어이가 없습니다.

에티오피아(Federal Democratic Republic of Ethiopia)

총을 들었으면 경계를 서야지.

그늘에서 딴짓하려면 뭐 하러 따라왔는지 모르겠습니다.

▲ 댈롤 화산의 다른 행성 같은 풍경

더위에 도망치듯 산에서 내려옵니다.

너무 더워서 차로 돌아와 차 문을 열어보니 도저히 들어갈 수가 없습니다.

기사는 차 문만 열어주고 자기들끼리 떠들러 갑니다.

다시 불러서 화를 내면서 에어컨 켜라고 했더니 마지못해 에어컨을 틀어줍니다.

누가 손님인 줄 모르겠습니다.

더군다나 재수 없게 우리가 제일 고물차를 배정받아서 에어컨을 계속 작동시키면 엔진에 열이 나서 계속 켜지도 못합니다.

아프리카 가이드, 운전기사들은 회사에서 교육을 안 하는지….

손님들하고 농담이나 하려고 하고….

젊은 여자들에게는 실실 접근해서 연락처나 받으려고 하고, 자기가 손님들에게 뭐 엄청나게 베푸는 것 같이….

가끔 기가 막힙니다.

우리 차 기사는 자기가 춥다고 에어컨을 끕니다. 그나마 제대로 나오지도 않는 에어컨을….

우리는 더워서 죽겠는데…. 에어컨을 켜달라고 해야지만 켜주고 조금 지나면 3단에서 1단으로 낮춰놓습니다.

뒷좌석에 1단은 아예 바람도 오질 않습니다.

아프리카 참 좋은 볼거리가 많은 곳인데, 우리나라 사람들이 여행하기에는 좀 힘든 곳인 듯합니다.

▲ 댈롤 화산에서 아살르 소금호수(Assale Salt Lake) 건너가는 중

에티오피아(Federal Democratic Republic of Ethiopia)

기사가 차 안에서 농담을 합니다.

오늘 밤은 아주 좋은 호텔에서 잔다고….

다들 웃습니다.

말도 안 되는 소리를 하니.

어젯밤 침대가 생각납니다.

오늘은 내 생각에 땅바닥에서 잘 듯합니다.

나뭇가지로 만든 침대도 오늘은 호사일 것 같습니다.

에어컨이 잘 작동도 안 돼서 더위에 짜증이 나 죽겠는데, 그 와중에 또 우리 차가 펑크가 납니다.

앞에 가던 지프가 멈추고, 앞차 기사와 주방장이 내려서 함께 타이어를 교체합니다.

우리는 차 밖에 서 있는 게 너무 더워서 앞차라도 타고 있으면 시원할 것 같아서 타보니 엄청 시원합니다. 에어컨이 빵빵하게 나옵니다.

이런 차에 손님을 태우지 않고 지네들이 더 좋은 차를 타고 시원하게 가고 있다는 게 정말 짜증이 납니다.

아디스아바바로 돌아가면 이 여행사에 반드시 문제를 제기하겠다고 속으로 맹세합니다.

토마스는 시원한 앞차에 타라고 하고 뒷좌석에 인도 부부 두 분이 편하게 앉아 가기로 하고….

우리는 또 출발합니다.

30분 정도 지나자 차가 또 멈춥니다.

이번에는 엔진이 열을 받아서 온도 게이지가 올라가 있어서 에어컨을 끄고 차 안에서 열이 식을 때까지 기다렸다가 출발하겠다고 합니다.

이제는 화도 나질 않습니다.

정말 부처가 된 듯합니다….

이제는 그냥 자포자기하고 아무 말도 안 하고 앉아서 땀을 뻘뻘 흘리며 앞만 보고 있습니다.

어둠이 내리기 시작하면서 우리 지프는 굳어버린 마그마가 천지를 뒤덮고 있는 산길을 힘들게 올라가 엘타 알레(Erta Ale) 캠프 사이트에 도착합니다.

아기 염소 한 마리가 산 채로 지프 지붕에 묶여 있다가 기사와 주방장이 다리를 잡고 내립니다.

아기 염소는 제게 살려달라고 간절한 눈빛을 보냅니다.

아련히 집에 있는 푸들인 우리 강아지가 눈에 어른거립니다.

더위에 몸이 만신창이지만 어둠 속에서 활화산이 잘 보이니 지금 올라가야 한다고 합니다.

물 한 병에 지친 몸을 끌고 따라나섭니다.

힘들게 30분을 올라 엘타 알레(Erta Ale) 화산 정상에 올라와 보니 뭐라고 말을 할 수가 없습니다.

◀ 엘타 알레(Erta Ale) 화산 불을 뿜고 있는 풍경

에티오피아(Federal Democratic Republic of Ethiopia)

처음 보는 활화산의 자연의 위대함과 경이로움…. 뭐라고 표현할 길이 없습니다.

제가 가진 언어표현 능력으로는 도저히 표현을 할 수가 없습니다.

뭐가 저리 화가 나서 씩씩대며 불을 내뿜을까?

뭐가 저리 답답해서 열을 낼까?

캄캄한 밤, 우리는 2개월 전에 분출했다는 아직 완전히 굳지 않은 푸석푸석하고 시커먼 마그마를 밟으며 조심스럽게 걸어가 분화구 앞에 서서 무섭게 소리 내며 뿜어대는 불길을 마냥 경이롭게 쳐다봅니다.

▲ 엘타 알레(Erta Ale) 활화산 캠프 사이트

▲ 엘타 알레(Erta Ale) 활화산 캠프 사이트 노천 숙소

그렇게 한참을 넋을 놓고 불타는 화산을 쳐다보다가 다시 헤드랜턴을 켜고 산에서 내려옵니다.

물을 많이 마시고 더위를 먹어서인지 저녁 생각도 없고 그냥 눕고 싶은 생각밖에 없습니다.

토마스가 오늘 저녁은 염소 고기라고 합니다.

아까 그 아기 염소가 눈에 선합니다.

우리 집 강아지 아로도 생각이 납니다.

아기 염소와 눈을 마주쳐서 그런지 먹고 싶은 생각이 없습니다.

우리 아로가 계속 눈에 어른거립니다.

더위에 몸이 만신창이가 됐는지 땅바닥에 매트리스를 깔고 누워서 물티슈로 오늘 흘린 땀을 닦아보려고 이리저리 몸을 굴리며 힘들게 닦고 있는데 토마스(호주 후배)가 저녁을 먹으라고 합니다.

저는 안 먹겠다고 하고 그냥 기절하듯이 눈을 감았는데 토마스가 그냥 자면 안 된다고 수프를 제 머리 위에 두고 갑니다.

비몽사몽간에 토마스가 걱정돼서 다시 와 제 머리 위에 둔 수프를 먹고 있는 쥐를 쫓고 있습니다.

머리 위에서 무슨 소리가 났지만, 너무 지쳐서 그냥 내버려두었는데 쥐였던가 봅니다.

수프를 버려버리고 그냥 시체같이 쓰러집니다.

저녁 7시에 저는 쓰러져 긴 밤을 덧없이 보내버립니다.

다나킬….

다시는 오고 싶지 않은 곳이지만 영원히 기억하고 싶은 곳입니다.

에티오피아(Federal Democratic Republic of Ethiopia)

▲ 엘타 알레(Erta Ale) - 지구상에서 가장 오래된 활화산

▲ 엘타 알레(Erta Ale) - 세월의 흔적

▲ 엘타 알레(Erta Ale) - 지구상에서 가장 오래된 활화산

하마드 엘라(Hamad Ela)
이 작은 마을은 호수에서 채취한 소금과 소금 덩어리의 운반에만 전적으로 의존한다. 댈롤 유황 온천을 방문하기 위한 기지이기도 하다.

아살르 솔트 호수(Assale Salt Lake)
홍해의 끝임없는 홍수 이후 형성되었으며, 대량의 광물염과 퇴적물이 이 지역에 침전되어 두껍고 단단한 지각을 형성했다. 이 지역에서는 수 세기 동안 그래왔듯이 여전히 소금을 채굴하고 있으며, 전통 기술을 사용하여 손으로 채굴하고 자르고 있다. 해발 -116m 깊이에 위치한 이곳은 세계에서 가장 낮은 소금 평원중 하나이며, 가장 인기 있는 소금을 생산한다.

댈롤(Dallol)
댈롤은 에티오피아의 에르타 알레 산맥 북동쪽, 다나킬 저지대의 신더 콘 화산을 중심으로 한 독특한 지상 열수계이다. 이곳은 기이한 색상과 광물 패턴, 그리고 열수샘에서 분출되는 매우 산성인 유체로 유명하다. 댈롤이라는 용어는 아파르족이 만들어 낸 말로, 용해나 붕괴를 의미하며, 푸른 산성 연못과 간헐천(pH 값이 1 미만) 그리고 산화철, 유황, 소금 사막 평원이 있는 풍경을 묘사하는 말이다. 댈롤(Dallol) 산의 면적은 약 3×1.5km(1.9×0.9마일)이고, 주변 소금 평원보다 약 60m(200피트) 높이로 솟아 있다. 중앙 근처의 원형으로 움푹 들어간 곳은 아마도 붕괴된 분화구일 것이다. 남서쪽 경사면에는 물에 침식된 소금 협곡, 기둥, 암반이 있다. 수많은 염수샘과 작은 분기공이 있다. 수많은 온천이 이곳에서 소금물과 산성 액체를 분출한다. 작고 널리 퍼진 일

에티오피아(Federal Democratic Republic of Ethiopia)

시적인 간헐천은 소금 원뿔을 생성한다. 댈롤 퇴적물에는 표면에서 직접 발견되는 상당한 양의 칼륨이 포함된다. 노란색, 황토색 및 갈색 색상은 철분 및 기타 불순물의 존재로 인해 발생한다. 오래되고 활동하지 않는 온천은 산화 과정으로 인해 짙은 갈색이 되는 경향이 있다.

▲ 엘타 알레(Erta Ale) – 지구상에서 가장 오래된 활화산

엘타 알레(Erta Ale)

이 화산은 해수면 아래에 있는 에티오피아와 에리트레아 국경에 있는 다나킬 저지대에 위치해 있다. 에티오피아에서 가장 활동적인 화산이다. 엘타 알레(Erta Ale)는 높이가 613m(2,011fit)이고 정상에는 1개 또는 때로는 2개의 활성 용암 호수가 있으며 가끔 화산 남쪽으로 넘쳐 흐른다. 적어도 1906년부터 존재해 온 가장 오래된 용암 호수를 보유하고 있다는 점에서 주목할 만하다. 용암 호수가 있는 화산은 드물다. 2019년에 보고된 전 세계 화산은 8개에 불과했다. Erta Ale는 지역 아파르어로 '연기가 나는 산'을 의미하며, 가장 남쪽에 있는 구덩이는 지역적으로 '지옥으로 가는 관문'으로 알려져 있다.

55일 차: 9월 8일

살아 있는 화산과 미지근한 콜라

> 엘타 알레 – 세메라 – 아디스아바바(Erta Ale – Semara – Addis Ababa)

5시, 내 핸드폰은 안 울리면 목이라도 벨까 싶어 오늘도 틀림없이 울립니다.

오늘도 여지없이 깜깜한 새벽 헤드랜턴을 켜면서 일어납니다.

어제 저녁도 안 먹고 일찍 자서인지 아니면 화산의 정기를 받아서인지 몸이 살아났습니다.

캄캄한데 별은 별로 안 보입니다.

그래도 항상 하는 생리적인 현상은 어쩔 수 없는가 봅니다.

가이드에게 화장실이 어디냐고 물어보니 에브리웨어라고 너무 태연하게 말합니다.

그러면서 뱀 조심하라고 합니다.

여기 사는 뱀들은 다 독사라서 조심해야 한다고 합니다.

얄미운 놈….

그럼 자기가 미리 가서 살펴주든지….

랜턴 하나에 몸을 의지하고 거친 용암지대(바위가 칼날같이 날카로워서 엄청 위험함)를 삐걱거리며 걸어가서 이 정도면 안보이겠지 하고 앉았는데.

헤드랜턴이 꺼지더니 작동이 안 됩니다.

랜턴이 없으면 용암지대 바위가 너무 날카롭고 위험해서 캠프까지 갈 수가 없습니다.

워낙 거칠어서 발을 디딜 수가 없습니다.

새벽부터 고행이 시작됩니다.

화를 삭이고 앉아서 불이 없으면 도저히 갈 수가 없으니 랜턴을 조심히 요리조리 한참을 만져봅니다.

불이 들어왔다 꺼졌다 합니다.

불이 들어왔을 때 발 디딜 자리를 봐놓고 딛고를 반복하며 저는 힘들게 제자리로 돌아와 안도의 숨을 돌립니다.

그렇게 아침부터 한바탕 쇼를 하고 일출을 보러 어젯밤 올라갔던 화산으로 다시 올라갑니다.

사람들은 화산의 미친 불꽃에 다들 눈을 두고는 한없이 쳐다보고 있습니다.

나는 잠시 화산을 쳐다보고 이 친구(화산)가 그 오랜 세월 동안 무슨 짓을 해놓았는지를 보러 다닙니다.

인간이 만들 수 없는 저절로 된 듯한 자연스러움을 느끼러 이리저리 기웃거립니다.

나는 대자연 속의 화산이 신기한 것이 아니라 존경스럽기만 합니다.

어떻게 저렇게 한자리에 앉아서 이렇게 많은 다양하고 자연스러운 창조물을 만들어 내는지 도저히 생각해 볼 수가 없습니다.

저는 아무것도 아닌 보통 티끌 같은 생각이 듭니다.

이제부터 티끌로 살아야겠다….

아무것도 아닌 듯이….

그냥 저절로 겸손해집니다.

갑자기 90이 훌쩍 넘으신 우리 어머니 말씀이 떠오릅니다. "악쓰지 말고 살아라. 악써 봐야 소용없다"

▲ 엘타 알레(Erta Ale) 일출

▲ 아쉬운 엘타 알레(Erta Ale) 활화산을 뒤로하고 세메라로

에티오피아(Federal Democratic Republic of Ethiopia)

지프 기사들이 짐을 정리해서 길을 따라 내려갈 테니 산책 삼아 우리 보고 먼저 걸어 내려가라고 합니다.

로컬 가이드가 앞장을 서서 천천히 걸어 내려가는데 갑자기 로컬 가이드가 길가 바로 옆에 주저앉습니다.

왜 그러지, 하고 걱정하는데….

앉아서 소변을 보고 있습니다.

보자기 같은 치마를 걷고 앉아서….

서양 아가씨들도 여러 명 있는데….

여기 원주민들은 위에는 얇은 반소매 남방을 입고 아래는 얇은 큰 머플러 같은 보자기 비슷한 걸 두르고 다니는데, 바로 앉는 걸 보니 팬티도 안 입은 것 같습니다.

같은 남자지만 좀 민망합니다.

그래 너네는 이렇게 살아라….

이렇게 사는 게 편하면 그래야지….

제 입가에 엷은 웃음이 맴돕니다.

장기 여행 중에 몸이 지치고 힘들 때는 가능하면 말을 하지 말고 자꾸 내 속에 담아두는 게 나을 듯합니다.

약간의 대화에도 의견충돌이 쉽게 일어나고 쉽게 흥분하기 때문입니다.

시간이 지나고 나면 별것도 아닌데….

간단한 아침 식사 후 우리는 시원한 음료수로 우리를 구원해 줄 세메라로 향합니다.

시원한 음료수를 사 먹기가 너무 힘이 듭니다.

전기 사정이 좋질 않으니 냉장고가 있어도 소용이 없는 듯합니다.

시원한 음료수가 너무 그립습니다….

오늘은 에어컨이 속을 안 썩였으면 좋겠다 하고 차에 올라탑니다.
도중에 소금호수에서 잠시 들러 수영을 즐긴다고 합니다.

▲ 소금호수에서 온천욕

▲ 소금호수에 온천욕을 온 원주민

▲ 정전으로 멈춘 선풍기

호숫가에 도착하니 먼저 출발한 지프에 탄 젊은 친구들은 벌써 물속에 있습니다.

어럽쇼….

호수가 끝도 안 보이는데 물이 뜨겁습니다.

물이 왜 이렇게 뜨거운지 궁금해하며 그늘막으로 올라오니 바로 아래 온천물이 호수로 흘러 들어가는 게 보입니다.

에티오피아(Federal Democratic Republic of Ethiopia)

여기 소금호수의 뜨거운 온천이 건강에 좋다고 해서인지 툭툭이(삼륜 오토바이)를 타고 온 중년의 여성들도 있습니다.

호수가 뜨겁습니다.

여긴 모든 게 뜨겁습니다.

저는 그냥 그늘에서 뜨거운 소금호수에 들어가 있는 사람들을 바라만 봅니다.

가만히 보니 엘타 알레(Erta Ale) 화산 로컬 가이드가 여기까지 따라왔습니다(앉아서 소변보던).

바로 옆에 염전이 있는데, 소금물 받고 3일이면 소금이 된다고 합니다.

여기 기온이 그냥 소금물을 끓이는 거나 마찬가지인가 봅니다.

하긴 55~59도까지 올라간다니.

여기는 땅속이 부글부글 끓고 있는 것 같습니다.

점심에 시원한 맥주나 음료수를 마실 수 있을 것 같습니다.

댈롤 갈 때 갔던 식당에서 점심을 한다고 합니다.

시원한 물, 음료수, 맥주….

일단 시원한 맥주부터 한 잔 마시고 점심을 먹으면서 또 시원한 콜라를 마셔야겠다 하고 잔뜩 기대하고 있습니다.

지난번같이 식당에 들어서자마자 숨이 턱 막힙니다.

그래도 시원한 맥주 생각에 꾹 참습니다.

근데 천장에 매달린 선풍기가 돌아가지 않고 있습니다. 이상합니다…. 더워 죽겠는데….

선풍기를 쳐다보는데….

음료수를 먼저 갖다줍니다.

콜라가 뜨겁습니다.

차가운 거 달라고 하니 차가운 거 없다고 합니다.

왜 없냐고 했더니 3일 전부터 정전이랍니다.

이런.

완전 실망에 좌절입니다…. 우~~

왕짜증…. 그냥 딱 시원한 맥주 한 병이면 되는데….

이 소원마저도 욕심인 건가 합니다.

대충 먹고 어디 그늘지고 바람이 불 만한 곳으로 피합니다….

식당 입구에 서 있는 지프 지붕 위에 또 새끼 염소 한 마리가 묶여 있습니다.

눈이 마주칠까 애써 외면합니다.

다나킬은 참 야속합니다.

이렇게 고생시켜 놓고 맥주 한 병을 못 먹게 하다니….

정말 우울증 걸릴 것 같습니다.

화를 참고 우리는 세메라로 달려갑니다.

세메라 공항에 빨리 들어가서 시원한 콜라 한 병 먹고 싶어서 서둘러 공항 건물로 들어가려고 하니 보안요원이 나가라고 합니다.

시원한 에어컨 밑에 앉아서 핸드폰 들여다보면서 공항에 온 사람들은 신경도 쓰질 않습니다.

기가 막힙니다….

설명도 없이 더운데 건물 밖에서 기다리라고 합니다. 우~~

비행기 좌석표를 받고 또 검색대에서 기다리라고 합니다.

왜 그러나 하고 지켜보는데, 유리창을 통해서 보이는 광경이 가관입니다….

멍석 깔고 기도하고 있습니다.

손님은 기다리든지 말든지….

에티오피아(Federal Democratic Republic of Ethiopia)

공항 안에 예전에는 있던 카페와 매점도 없다고 합니다.

공항에 오면 시원한 것을 마실 수 있을 거라고 굳게 믿고 왔는데….

실망을 하고 씩씩거리고 있는데….

보안요원이 공항 밖 저기 보이는 초소에 가면 음료수를 살 수 있다고 합니다.

토마스가 돈을 가지고 갑니다.

사 오면 좋고 아니면 말고 이젠 자포자기입니다.

정말 끝까지 다나킬 디프레션입니다.

에티오피아에 도착해서 첫인상은 다른 아프리카 국가들과 다르게 비교적 깨끗하고 시내도 변화해서 여긴 조금 다르다고 생각했는데, 역시 아프리카는 아프리카구나 하는 생각이 이제는 듭니다.

아디스아바바만 좀 특별한 곳인 것 같습니다.

아디스아바바에 단골 호텔에 도착해서 3일 만에 우리는 면도를 하고 시원하게 샤워를 하니 파라다이스에 온 것 같습니다. 너무 행복합니다.

다나킬~~~~

56일 차: 9월 9일

가이드의 배신과 에티오피아 전통시장 쇼핑

아디스아바바(Addis Ababa)

오늘은 아디스아바바 교외를 하루 돌아볼 생각입니다.

시간이 많으면 대중교통을 이용한 로컬 여행을 하고 싶은데, 에티오피아에서 지낼 시간이 별로 없어서 One day Tour를 예약했습니다.

늦잠을 자고 싶어도 이제 습관이 되어서인지 새벽 4시면 저절로 눈이 떠져 잠에서 깨어납니다.

오늘도 이른 새벽 눈을 떠서 하루를 시작할 준비를 합니다.

아침 7시에 호텔 정문에서 오늘 투어를 함께해 줄 가이드를 만나기로 약속이 되어 있어 약속 시간 20분 전에 로비에 내려가서 우리는 오늘 아디스아바바 근교 투어를 기대하며 기다리고 있습니다.

7시 정각이 되어도 차와 가이드가 오지를 않고 있습니다.

왠지 케냐 나이로비에서의 아프리카 타임에 대한 씁쓸한 경험이 불안하게 뇌리를 스쳐 지나갑니다.

내가 얼굴색이 안 좋아졌는지….

토마스가 조금만 기다려 보자고 저를 달래봅니다.

지난번에도 당했는데 또 한 번 못 당하겠느냐 하며 차분하게 해결해야지 하고 다짐합니다.

▲ 아디스아바바(Addis Ababa) 호텔 근처

8시 여전히 가이드와 차가 오질 않고 있습니다.

토마스에게 오늘 스케줄을 여행사에 연락해서 취소하자고 말했더니, 토마스도 그게 낫겠다고 동의하고 여행사에 취소 관련 내용을 다 써서 막 보내려고 하는데, 웬 젊은 흑인이 우리에게 다가옵니다.

가이드입니다.

갑자기 화가 나서 내가 따지듯이 화를 내니 10분 동안 자기변명을 늘어놓고 있습니다.

결국은 가이드가 하는 말이 우리가 가려고 했던 목적지는 오늘 못 간다고 합니다.

우리가 가려고 하는 도로가 이슬람인들의 데모로 막혀서 차가 갈 수가 없다고 합니다.

기가 막혀서 말이 안 나옵니다.

그럼 진작에 우리에게 연락해서 다른 계획을 세울 수 있도록 해줘야지 늦게 나타나서 못 간다니 짜증이 나고 화가 납니다.

그냥 시내 투어를 하는 게 어떠냐고 우리에게 물어봅니다.

시내 투어는 우리끼리 우버나 택시를 타고도 충분히 다닐 수 있는

데, 무엇 때문에 200불이나 주고 가이드를 쓰나 싶어서 거절하고 오늘 투어는 이미 출발이 너무 늦었으니 취소하고 내일 7시에 다시 만나서 스케줄을 정하자고 하고 우리는 자리에서 일어나 호텔 옆에 있는 카페에서 커피 한 잔과 간단한 아침 식사를 합니다.

진한 커피 한 잔을 맛있게 마시고 우리는 다나킬 여행 때 3일 동안 함께 차를 탄 인도 부부가 알려준 쇼핑 정보로 일단 에티오피아 전통 의상을 만들고 파는 시장으로 가보기로 하고 택시를 부릅니다.

택시에서 내리려고 하는데 어느새 꼬마 1명이 택시 문을 잡고 버티고 있습니다.

"할로 머니"를 외치며…. 또 시작이구나 합니다….

계속 따라붙는 바람에 우리는 도망치듯이 쫓겨갑니다.

여기도 자기네들 구역이 있는지 길을 건너 조금 지나가면 안 따라오고 물끄러미 쳐다보고 있습니다. 그것도 잠시 인수·인계받은 듯이 또 다른 꼬마들이 따라붙습니다.

내 팔을 툭툭 치며 "할로 머니"를 외쳐댑니다.

야속하지만 눈 딱 감고 도망치듯이 앞만 보고 걸어갑니다.

불쌍하게 생각해서 돈을 줬다 가는 어디서 나타나는지 나도 모르게 아이들에게 포위되어 오가지도 못합니다.

그렇게 한참을 구경하며 걷고 있다가 에티오피아 내셔널 박물관에 가려고 택시를 잡으려고 하는데, 조금 전 타고 온 택시 기사가 바로 앞에서 차를 세워놓고 손님을 기다리고 있습니다.

우연이지만 반갑습니다.

우리는 적당히 흥정을 하고 택시를 타고 가서 박물관 앞에서 내리려고 하는데 정문에 서 있던 군인이 다가오더니.

오늘은 박물관이 휴관하는 날이라고 합니다.

짜증을 꾹 참습니다.

하는 수 없이 인도 부부가 알려준 두 번째 쇼핑 장소인 전문 가죽 공예점들이 모여 있는 쇼핑센터로 그냥 타고 있던 택시와 또 흥정을 해서 출발합니다.

흥정하는 게 피곤합니다.

달라고 하는 대로 주면 바보 되고 정말 피곤합니다.

가죽 공예점이 즐비한 상가를 천천히 걸으며 기웃거려 봅니다.

그렇게 어슬렁거리고 있는데, 어느 가죽제품 가게에 그 인도 부부가 쇼핑하고 있습니다.

우리는 너무 반갑게 또 악수하고 잠시 만남의 흥분을 만끽합니다.

인도 남자분이 점원에게 외국인이지만 현지인 같이 로컬가격으로 해주라고 부탁의 말을 합니다.

우리는 또 그렇게 만나고 또 헤어집니다.

인도 아주머니가 부르는 가격의 반값에 사면 적당하다고 했는데 우리는 좀처럼 깎아주질 않습니다. 안 산다고 엄포를 놓아도 꿈쩍도 하지 않습니다.

그렇게 간단한 쇼핑을 마치고 택시를 잡아서 한국식당 가서 냉면 한 그릇 하려고 하는데 갑자기 비가 억수같이 옵니다.

여기 날씨가 하루에 한 번은 반드시 스콜이 내리는 듯합니다.

커피 한 잔을 마시며 비를 피한 뒤 냉면 한 그릇이 생각나서 한국식당으로 갑니다.

한국보다 메뉴가 훨씬 더 많이 있고 없는 게 없습니다. 음식 종류가 많아서인지 맛은 좀 그냥 그렇습니다.

음식 종류는 몇 가지 안 되지만 맛은 어제 갔던 한식당이 훨씬 맛있습니다.

계산을 하고 우버 택시를 불러놓고 기다리는데, 사장인 듯한 한 여자분이 검은색 SUV를 거칠게 주차하고 내립니다. 서로 "안녕하세요" 하고 인사를 하고 나니, 우리 식당 어떻게 알고 왔냐고 물으십니다.

웃으면서 구글 귀신이 다 알려준다고 하니 활짝 웃으십니다.

그러면서 이놈의 못사는 나라는 도로는 안 만들고 차만 팔아서 교통지옥이라고 합니다….

조리하지 않은 신라면을 한 봉지에 4,500원에 팔고 있어서 왜 이렇게 비싸냐고 물으니 라면 수입이 안 돼서 보따리 장사들이 갖고 와서 할 수 없이 비싸다고 합니다.

그래도 좀 심한 듯합니다.

신라면 한 개에 4,500원이라니.

"하긴 참이슬 소주 한 병에 만 원이니" 하면서 그저 웃고 맙니다.

그렇게 우리는 택시가 없어서 한참을 기다려서 간신히 택시를 타고 숙소로 돌아와 잔뜩 먹은 한식으로 부른 배를 두드리며 캄캄한 밤을 맞이합니다.

에티오피아(Federal Democratic Republic of Ethiopia)

57일 차: 9월 10일

아프리카 여행 중 가장 사건, 사고가 많은 날

아디스아바바(Addis Ababa)

　어제 늦게 와서 일일 투어를 떠나지 못하고 오늘 다시 출발하기로 하고 늦지 말고 꼭 아침 7시까지 호텔로 오라고 신신당부했는데 벌써 20분째 기다리고 있습니다.
　여행사 사장에게 연락하니 지금 가고 있다고 조금만 기다리라고 합니다.
　30분이 지나도 차와 가이드는 보이질 않고 있습니다.
　더 이상 참아주고 싶지 않습니다.
　여행사 사장에게 오늘 여행 취소할 테니 지불한 경비를 환불해 달라고 통보를 하고 우리는 호텔 정문을 나섭니다.
　택시로 우리끼리 투어를 하기로 마음을 다지고 출발합니다.
　출발하자마자 흥정이 시작됩니다.

아디스아바바 시내를 내려다볼 수 있는 우리나라로 치면 남산 같은 뷰 포인트와 산책을 할 수 있는 공원이 있는 엔토토 공원(Entoto Park)으로 가기 위해 택시와 흥정을 합니다.

1,000비르를 달라고 하고, 우리는 끝까지 400비르를 고수합니다.

아침부터 피곤합니다.

우리가 이겼습니다.

400비르에 우리는 택시를 타고 한참을 오르막길을 올라 공원 입구에 도착합니다.

입구 매표소에서 표를 구입하는데 표 가격이 외국인은 내국인과 비교하면 엄청 비쌉니다.

외국인이 봉인가 봅니다.

▲ 아디스아바바(Addis Ababa) 시내 전경

표를 구매하고 공원 경치 포인트와 산책로가 나와 있는 지도를 달라고 했더니, 손가락으로 사인보드판을 가리키며 저기 있다고 합니다.

하는 수 없이 사인보드판 지도를 핸드폰으로 찍어서 봅니다….

뷰 포인트에서 아디스아바바 시내를 내려다보니 자동차 스모그와

흐린 날씨로 보이는 게 별로 없습니다.

그래도 여기까지 왔으니 오래간만에 숲속을 걸으며 여유를 부리고 싶어서 산책길을 걸어 천천히 걸어 내려갑니다.

조금 걸어서 내려오니 산에서 내려오는 작은 개울에 거품이 가득합니다.

▲ 엔토토 국립공원(Entoto National Park)

▲ 엔토토 국립공원(Entoto National Park) 내에서 나무를 힘겹게 지고 가는 여자

계곡 위를 쳐다보니 계곡 저 위에서 엄청나게 빨래를 하고 있습니다. 그래도 국립공원인데, 안에서 빨래를 하고 있습니다.

그렇게 혀를 차며 산책을 하다가 공원의 다른 출구로 빠져나오니 택시가 보이질 않습니다.

출구 앞에 서서 잠시 고민을 하고 있는데 저 멀리서 고등학생 정도로 보이는 어린 친구가 말을 타고 도로를 달려옵니다.

근처에 택시가 없냐고 물으니 우리를 말에 태워 택시 있는 데까지 데려다준다고 합니다.

걸어갈 수는 없냐고 물으니 멀다고 합니다.

하는 수 없이 가격을 물으니 말 한 마리에 300비르를 달라고 합니다.

흥정을 해서 100비르에 가기로 하고 말을 탔는데 너무 위험해서 도저히 탈 수가 없습니다.

안장이 불안해서 계속 말에서 떨어질 것 같아 500m쯤 가서 내려서 걸어가겠다고 하고 말에서 내려 200비르를 주니 300비르씩 600비르를 내라고 떼를 씁니다….

어린놈들이 기가 막혀서 200비르를 말 안장에 올려놓고 뒤도 안 돌아보고 도로를 걸어오는데….

이놈들이 계속 따라옵니다.

그때 또 다른 젊은 놈 둘이 나타나서 합세를 합니다.

화가 나서 경찰 부르겠다고 했더니 슬그머니 사라지고 하얀 고물 자가용 한 대가 바로 앞에 서 있습니다.

▲ 말을 타고 택시 타러 가는 중

에티오피아(Federal Democratic Republic of Ethiopia)

속으로 이놈들도 한 패거리려니 하고 경계를 하면서 지나가는데, 토마스가 내 뒤를 따라 차 옆으로 지나오는데 차 안에서 토마스 바지에 하얀 무언가를 뿌립니다.

언젠가 〈지구마불 세계여행〉이란 여행프로그램에서 아디스아바바에서 지금같이 이렇게 소매치기당하는 걸 토마스에게 이야기해 주었는데, 토마스도 기억했는지 소리를 크게 지르니, 이놈들 놀랐는지 얼른 차 문을 닫고 도망치듯 사라져 버립니다.

TV에서 본 걸 우리가 그대로 당하다니…. 기가 막히고 황당합니다.

다행히 아무 문제 없이 상황이 종료된 것이 운이 좋은 거로 생각하고 잊으려고 애를 씁니다.

그렇게 경계를 하며 계속 도로를 따라서 내려오니 큰길이 나오고 큰 차들이 많이 다닙니다.

주변에 아무리 찾아도 택시나 우버가 없습니다.

도로가 초소에 군인들이 있기에 택시 좀 불러줄 수 있냐고 했는데 영어를 한 마디도 못 알아듣습니다.

난감해하고 있는데, 주저앉기 일보 직전인 파란색 고물차가 창문을 내리며 택시 필요하냐고 물어봅니다. 차가 도저히 택시라고 보기 어려워 택시인 줄도 몰랐는데, 그냥 자가용으로 택시를 하는 것 같습니다. 차 꼴을 보아서는 정말 타고 싶지 않은데 선택의 여지가 없으니 할 수 없이 잘 열리지도 않는 문을 힘들게 열고 탑니다.

또 흥정이 시작됩니다.

국립박물관에 가려고 택시요금을 물어보니 1,000비르를 달라고 합니다.

이 사람들 주면 좋고 아니면 말고 하는 심정으로 항상 1,000비르부터 시작합니다.

냄새나는 고물차 안에서 한참을 실랑이해서 결국 400비르에 결정하고 택시를 타고 택시 기사에게 에어컨을 좀 틀어달라고 하니 에어컨이 없다고 합니다.

그럼 차 창문이라도 좀 내려달라고 했더니 고장 나서 안 내려간다고 합니다.

창문 내리는 게 수동인데 창문 내리는 핸들이 없어서 돌리지도 못하고 그냥 포기하고 참습니다.

오늘 일을 기록하고 싶어서 택시 안에서 스마트폰 노트를 작성하는데 차가 덜컹하면서 손가락이 뭘 잘못 눌렀는지.

50일 넘게 작성한 원고가 없어져 버렸습니다….

아무리 찾아도 없습니다….

난감합니다….

스스로 최면을 걸어봅니다.

천천히 흥분하지 말고 일단 호텔에 돌아가서 방법을 찾아보자 하고 마음을 다스립니다.

정 안되면 용산 가서 포렌식으로 복구하면 된다고 하고 자조 섞인 위로를 하면서 열심히 찾아보는 데 없습니다.

그렇게 찾기를 포기하고 있다가 우연히 다른 폴더를 열어보았는데, 거기에 파일 이름이 변경되어서 어제까지 작성한 문서가 저장되어 있습니다.

안도의 한숨을 쉽니다.

그렇게 나는 짜증 나는 걸 꾹 참고 박물관에 도착해서 택시 기사에게 400비르를 주니, 한 사람당 400비르이니 800비르를 달라고 합니다.

정말 화가 끝까지 나서 400비르 차에다 던져버리고 뭐라고 하든 말든 뒤도 안 돌아보고 박물관으로 들어갑니다….

에티오피아(Federal Democratic Republic of Ethiopia)

뒤에서 뭐라고 하는데 우리는 쳐다도 안 보고 그냥 매표소에서 표를 구매해서 박물관으로 입장해 버립니다.

여기는 국립박물관인데 입장료가 너무 저렴합니다.

별것도 없는 엔토토산 공원 입장료가 1,000비르였는데 여기는 50비르입니다.

웬일이지 하고 허름한 박물관에 들어서자, 바로 우리는 그 유명한 투명 유리 케이스에 있는 가장 최초의 인류라고 부르는 루시의 뼈 화석을 마주합니다.

몇백만 년 전에 살아 있었던 걸 상상해 보려고 해도 상상이 되질 않습니다.

그냥 신기하기만 합니다.

루시를 보고 나니 입장료가 왜 저렴한지 이해가 갑니다. 별로 볼 게 없습니다….

국립박물관이라고 하기에는 좀 더 내용이 충실해야 할 것 같습니다.

박물관에서 나와서 우버 불러놓고 기다리고 있는데, 취소된 오늘 시내관광 여행경비를 오모밸리에서 기사 겸 가이드였던 다니엘이 가져다준다고 해서 한국식당 구경도 시켜주고 저녁 한 끼 먹이려고 식당으로 오라고 하고 차를 기다리는데 또 스콜같이 비가 억수로 쏟아집니다.

잠시 비를 피했다가 나와서 박물관 입구에 차를 기다리고 서 있는데 제가 가

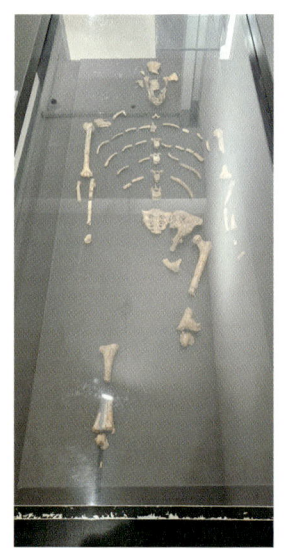

▲ 인류 최초의 여자 루시(Lucy)

장 무서워하는 꼬마들이 떼로 몰려오더니 "머니. 머니. 머니. 할로. 할로, 할로"를 계속 외치며 제 팔을 잡고 흔들어 대는 게 참기 힘들어서, 하는 수 없이 박물관 안으로 도망을 치고 맙니다.

휴….

택시가 와서 얼른 타고 도망을 칩니다.

한국식당에서 다니엘을 만나 닭볶음을 시켜주니 맛있게 먹습니다.

음식 가격을 보고 깜짝 놀랍니다.

한국 음식 가격이 자기 생각에는 매우 비싼가 봅니다.

여행사 사장과 환불금액 문제로 약간의 문제가 있었지만, 원만히 해결되었습니다.

다니엘이 커피를 선물하겠다고 해서 우리는 커피 한잔과 함께 다니엘과 헤어져 호텔로 돌아와 다니엘에 관해서 이야기합니다.

참 성실하고 정직하고 좋은 친구라고 칭찬을 합니다….

오늘 당한 나쁜 놈들과 정말 비교되는 친구입니다….

이렇게 오늘 하루는 아프리카에 와서 제일 피곤하고 사건 사고가 많은 날이었습니다.

그래도 마지막에 좋은 모습을 보여준 다니엘 덕분에 오늘 하루를 좋은 쪽으로 평가를 하며, 사건 사고도 많고 기억에 남을 볼거리도 많이 보여준 애증의 에티오피아에서 마지막 밤을 아쉬워하며 잠을 청합니다.

에티오피아(Federal Democratic Republic of Ethiopia)

루시(Lucy)

지금으로부터 45년 전 한 일요일 아침, 정확히는 1974년 11월 24일이었다. 에티오피아의 아파르(Afar) 삼각지역 아와시 계곡에 있는 하다르 마을 근처 강가에서 미국의 고인류학자 도널드 요한슨(Donald Johanson)은 유인원의 팔로 보이는 뼈 화석을 발굴했다. 그 후로도 두개골, 척추, 갈비뼈 등 인체의 40%에 달하는 뼈를 찾았는데, 한 장소에서 이렇게 온전한 신체의 화석이 발견된 적은 없었다. 고인류학의 새로운 역사를 쓰게 된 탐사 팀은 희열에 들떠 파티를 열었다. 그때 연구원 1명이 비틀스의 곡 〈루시 인 더 스카이 위드 다이아몬드(Lucy in the Sky with Diamonds)〉를 연이어 틀자, 누군가 뼈 화석을 루시라 부르는 게 어떻겠냐고 제안했다. 그렇게 하루아침에 사람의 이름이 붙여진 그녀. 본명은 AL 288-1, 또는 암하라어로 '당신은 놀라워요.'라는 뜻의 '든끄네쉬(Dinkines)'였는데 말이다. 루시는 그렇게 루시가 되었다.

오스트랄로피테쿠스는 여러 종이 존재하지만, 아파렌시스는 루시 화석을 통해 두 다리로 걸었다는 걸 명백히 증명하기에, '인류의 조상' 또는 '최초의 인류'라는 화려한 수식어를 단 채 인류학에서 가장 중요한 표본으로 추앙을 받은 것이다.

프랑스의 식민 지배를 받다가 1960년 아프리카의 봄에 독립했다. 마다가스카르 섬은 세계에서 4번째로 큰 섬이며 전 세계 바닐라 생산의 40%를 담당하고 있다. 인구는 28,427,333명, 주요 산업은 농업이다. 영토는 남한의 6배에 달하며, 한반도와 일본열도의 전체 면적을 모두 더해야 겨우 마다가스카르보다 아주 조금 더 커지는 수준이다. 주민은 동남아시아의 말레이족과 가까운 말라가시인이 다수를 차지한다.

차 창밖 아프리카
CHAPTER

마다가스카르 공화국

Republic de Madagascar

58일 차: 9월 11일

가슴 아픈 안타나나리보의 풍경

아디스아바바 - 마다가스카르 - 안치라베(Addis Ababa - Madagascar - Antsirabe)

▲ 아디스아바바 볼레 국제공항(Addis Ababa Bole International Airport)

 아프리카 허브 공항답게 아디스아바바 볼레 공항은 규모가 제법 크게 느껴지고 공항을 이용하는 사람들로 북적입니다.

▲ 마다가스카르 이바토 국제공항(Madagascar Ivato International Airport)

　한국에서 있을 때 중국 시진핑 주석의 일대일로 정책에 대해서 뉴스가 나오면 별 대수롭지 않게 생각했는데 아프리카에 와서 중국의 일대일로 정책을 피부로 느낍니다.
　아프리카에 도착해서 걸어가면 제일 먼저 아프리카 현지 사람들이 하는 말이 "차이니스?" 하고 물어봅니다. 차이니스, 제패니스, 그다음 코리안 순으로 물어봅니다.
　다나킬 사막을 갈 때도 아직 미완성이지만 중국이 건설해 주는 도로를 신나게 달렸습니다.

　그 오지 더운 사막에서 무얼 바라고 도로를 놓아주는지 모르지만, 복잡한 속내가 있을 것으로 생각합니다.
　중국 사람들에게 공짜라는 것은 없으니까요.
　케냐에서처럼 비행기가 늦게 출발하는 사건 없이 출발해서 4시간의 비행으로 세계에서 네 번째로 큰 섬인 마다가스카르 안타나나리보 공항에 비행기 바퀴가 활주로에 천천히 멈춥니다.
　차량과 가이드를 부탁한 서울호텔 사장님께서 직접 공항까지 나오

마다가스카르공화국(Republic de Madagascar)

셔서 마중을 해주시고 우리에게 이제부터 진행될 스케줄을 자세하게 설명을 해주십니다.

▲ 마다가스카르 안타나나리보 시내시장 풍경

우리는 서울호텔 사장님이 싸주신 점심 김밥을 우리나라 현대 스타렉스 차를 타고 가며 고향의 김밥 맛을 느낍니다.

아프리카 마다가스카르섬에서 김밥을 다 먹어봅니다.

이제 세계 어디를 가도 한국식당이 많이 있는가 봅니다.

아프리카에도 큰 도시는 한국 식당들이 있습니다.

예전에는 외국에 나가면 중국 식당들밖에 없었는데 이제 우리도 세상이 무시할 수 없을 정도로 위상이 높아졌나 봅니다.

마다가스카르 시내를 지나가지만, 도심이라고도 할 것 없이 빼곡히 들어찬 불쌍해 보이는 건물들이 보이는 것밖에 별다른 것은 없는 것 같습니다.

마다가스카르의 첫인상은 사람들이 아프리카를 생각하게 하는 흑인이 아닌 아시아의 동남아 사람인 것 말고는 여느 아프리카와 다를 게 없는 것 같고, 여느 아프리카와 비슷하게 혼란스럽고, 정비가 제대로 된 것도 없고, 도로에 자동차, 손수레, 자전거, 사람, 오토바이, 동물들이 뒤엉켜서 도로를 메우고 있습니다.

동네를 지나가는 개울에는 물도 안 보이게 쓰레기가 가득하고, 아이들은 맨발로 걷고, 뛰어다닙니다. 마다가스카르도 빈국인가 봅니다.
시내로 들어가면서 벌써 가슴이 답답해집니다.
다른 아프리카 나라들에 비해 우리나라에서 단종된 차들이 많이 눈에 보입니다.

◀ 마다가스카르
안타나나리보 시내
시장 풍경

마다가스카르공화국(Republic de Madagascar)

안타나나리보 시내를 조금 벗어나니 바로 시골 풍경이 보이고, 도로 주변은 대부분 논두렁입니다.

오늘은 모론다바까지 가는 길목인 안치라베에서 자고 내일 새벽에 모론다바로 다시 출발한다고 합니다.

도로가 좁은 데다가 큰 트럭들이 많이 다니고, 약간 산악지역이라 길도 굽이굽이 몰아치니 빨리 달릴 수가 없습니다.

그래도 제 마음은 내심 지저분하고 혼잡스러움을 벗어나 마다가스카르의 시골 풍경을 뒤로하면서 달리니 기분이 좋아집니다.

아무리 도로 사정이 안 좋다고 해도 공항에서 안치라베까지 180km인데 5시간이 걸린다니, 뭐 그리 오래 걸리나 했는데, 도로를 달려보니 진짜 그럴 수밖에 없습니다.

안치라베는 아직도 멀었는데 마다가스카르에서 만난 첫 번째 해는 잠을 자러 들어가려 합니다.

에티오피아 수도 아디스아바바에서 마다가스카르 수도 안타나나리보에 내려서 또 안치라베로 가고 있습니다.

▲ 안치라베(Antsirabe) 가는 길

오늘 약 200km를 6시간이 넘게 이동하고 있습니다.

캄캄한 밤에 우리는 작은 도시 안치라베에 도착해 숙소 레스토랑에서 간단한 식사와 시원한 마다가스카르 맥주로 이동하느라고 피곤한 지친 몸을 달래봅니다.

▲ 석양 속의 안치라베(Antsirabe)

안타나나리보(Antananarivo)

마다가스카르의 수도로 마다가스카르섬의 거의 중앙에 위치한다. 마다가스카르 고원에 위치하고, 표고는 1,200m를 넘는다. 최대의 도시로 마다가스카르 경제의 중심지이기도 하다. 인구는 2005년 추산으로 1,613,375명이다. 안타나나리보는 역사적으로 메리나 인(人)의 수도였고, 메리나 인은 지금도 도시민의 대부분을 이루고 있다. 그러나 메리나 인 이외에 마다가스카르의 다른 민족과 중국인, 인도인, 유럽인을 포함한 외국인 또한 거주하고 있다. 최근 들어 도시화와 함께 급속한 확장이 이루어지고 있어, 교통, 쓰레기, 환경오염, 치안, 수도, 전력 문제가 발생하고 있다.

59일 차: 9월 12일

바오바브나무 보러 하루 종일 달려가기

안치라베 - 모론다바(Antsirabe - Morondava)

▲ 모론다바(Morondava) 가는 길거리 아침

어제 비행기와 차량 이동으로 마치 볼트와 너트가 다 풀린 로봇 같은 몸을 일으키고, 볼트와 너트가 빠져서 주저앉을 것 같은 몸을 또

추슬러서 새벽하늘 별을 보며 또 길을 나섭니다.

▲ 모론다바(Morondava) 가는 길

어스름 이른 새벽, 눈에 들어오는 민둥산들은 누가 발가벗겨 놓았는지 작은 나무 몇 그루가 중요 부위만 가리고 있는 것 같습니다.

가득했던 산의 나무들은 세월의 흐름 속에서 살아남지 못하고 인간들의 입에 들어갈 요리의 불쏘시개로 사라졌을 것입니다.

▲ 모론다바(Morondava) 가는 길 강가에서 샤워와 세탁

마다가스카르 사람들의 풍경은 여느 아프리카 남자들이 길거리에서 삼삼오오 모여서 일할 시간에 그늘 아래서 잡담하고 있는 게으른 모습이 보이지 않고, 이른 새벽 바쁘게 어디론가 걸어가는 뒷모습이 부지런하게 살아가는 듯 보입니다.

차가 1km를 채 달리지를 못하고 가다 서기를 반복합니다.

도로가 패인 곳이 많아서 차가 멈출 수밖에 없습니다.

이제서야 400km를 가는 데 왜 10시간이나 시간이 걸리는지 이해가 갑니다.

모론다바 가는 길에는 이상하게 숲이 많이 보이질 않고, 언덕과 산에 듬성듬성 나무가 있고 그냥 낮은 잡풀들이 대지를 덮고 있는 황량한 풍경이 계속됩니다.

안치라베에서 3시간 정도를 달려오니 눈이 황홀해집니다.

▲ 모론다바(Morondava) 가는 길

구릉과 구릉이 겹쳐진 황금빛 벌판이 끝없이 펼쳐지고 간간이 초록이 점을 찍어 심심함을 달래주는 풍경이 길게 펼쳐집니다.

기사에게 가다가 혹시 과일 상점이 나오면 세워달라고 부탁을 하고, 가만히 생각해 보니 지나오면서 과일이라고는 바나나 외에 본 것이 없습니다.

그러다 웃음이 터집니다.

나무가 없는데 무슨 과일이 있을 수 있을까? 하는 생각이 듭니다.

점심시간이 되어서 들른 작은 도시인데 꽤 복잡하고, 자전거로 만든 인력거가 엄청 많이 있습니다.

어린아이부터 연세 드신 할아버지까지 자전거 위에서 힘들게 땀을 흘리며 운전을 하고 있습니다.

여기도 살기가 힘든 모양입니다.

산악지역을 지나 평야로 내려오니 풍광이 확 바뀝니다.

도로 사정이 나쁜 건 여전한데 나무가 제법 푸르게 잘 정리되지 않은 넓은 평야에 풍요롭게 늘어져 있습니다.

▲ 모론다바(Morondava) 가는 길

마다가스카르공화국(Republic de Madagascar)

제법 큰 강을 지나는데 사람들이 빨래하고 목욕을 하고 있고, 강가 모래사장은 여러 가지 물감 색을 찍어놓은 듯 세탁한 옷들이 널어져 화려하게 물들이고 있습니다.

이들에게 강은 세탁기이고, 목욕탕이고, 생명수이고, 물고기를 담아놓은 수족관인가 봅니다.

강을 지나 조그만 마을 로컬식당에서 간단히 점심 식사를 하기로 하고, 식당에 들어가니 온통 시선이 우리에게 쏠립니다.

이제 우리도 익숙하게 쳐다보는 시선들을 뒤로 넘겨버리고 평화롭게 현지인같이 주문을 합니다.

▲ 모론다바(Morondava) 시내 도착 전 풍경

화장실을 가려고 좁은 골목으로 들어서니 통로 양쪽으로는 방이고 그 끝에 돼지우리가 있어서인지, 냄새가 진동을 합니다.

너무 지저분하고 입구가 구분이 안 돼서 화장실을 못 찾고 그냥 돌아와 참습니다.

메뉴는 비프, 치킨, 피시, 달랑 세 가지라고 합니다.

저는 별 기대를 하지 않고 피시를 시켜보았습니다.

▲ 모론다바(Morondava) 시내 도착 전 풍경

　손바닥보다 작은 멀건 생선조림 한 마리가 작은 접시에 올려져 있고 밥은 불면 날아가는 일명 월남 쌀밥입니다.

　잠시 쳐다보다 숟가락과 포크를 들고 맛을 보았더니 생각보다 맛이 있습니다.

　우리나라 기사식당같이 정해진 몇 가지 음식을 요리하는 듯합니다.

　사실 어지간한 사람들은 식당 분위기와 접시 등을 보면 안 먹고 나왔을 것 같습니다.

　그래도 오지 여행을 많이 해서인지 이제는 어느 나라이든 간에 그 나라에 가면 그 나라 환경에 빨리 적응합니다.

　현지인들이 먹는 매운 고추를 곁들여서 생선조림 국물에 밥을 조금씩 비벼 먹으니 맛있습니다.

　그렇게 맛있게 점심을 먹고 나오는데 꼬마들이 식당 밖에서 우리를 구경하고 있습니다.

　여기서도 제가 구경을 온 게 아니라 제가 구경을 당하고 있습니다.

　점심을 먹자마자 온몸을 마사지하면서 우리는 또 달려갑니다.

　저 멀리 이렇게 고생해서 보러 온 바오바브나무들이 조그맣게 보이기 시작합니다.

  목을 길게 빼고 바라봅니다.

▲ 바오바브 에비뉴 가는 길목

▲ 바오바브 에비뉴

차 창밖 아프리카

가는 길이 비포장길이라 먼지와 차 흔들림이 장난이 아니지만 그래도 바오바브나무가 보이기 시작하니 가벼운 흥분이 가슴을 울립니다.

바오바브나무를 보는 순간 가슴의 쿵쾅 소리가 귓전을 울리고, 한참을 정신없이 쳐다보고 사진 찍기를 반복하며 걸어 다닙니다.

해가 서서히 서쪽으로 넘어가면서 제 눈동자에 불을 질러 온통 빨갛게 물들이고, 붉은색 캠퍼스에 바오바브나무는 검은색으로 프린트된 듯합니다.

▲ 바오바브 에비뉴

◀ 모론다바 (Morondava) 씨푸드 레스토랑

마다가스카르공화국(Republic de Madagascar)

죽어서도 절대 잊을 수 없는 풍경입니다.

쉽게 자리를 뜨지 못하고 있는데 어느새 어둠이 짙어져 자동차 라이트만 보입니다.

아무것도 보이지 않는 캄캄한 거리에 바오바브나무들이 어둠 속에 서 있는 것 같은 착각 속에 끝내 미련을 버리지 못해서 다시 한번 더 오기로 마음을 다지면서 숙소로 이동합니다.

시원하게 샤워를 하고 우리는 모론다바에서 싸고 맛있다는 씨푸드 레스토랑에서 3만 원에 팔뚝만 한 랍스터를 중심으로 한 씨푸드 요리와 시원한 맥주로 하루를 마무리합니다.

모론다바(Morondava)

마다가스카르의 도시로, 메나베구의 행정 중심지이며 높이는 해발 8m이다. 모잠비크 해협과 접하며 모론다바 강 삼각주 지대에 위치한다. 대표적인 볼거리는 근처에 있는 바오바브나무 대로이다. 이곳에 있는 바오바브나무는 800년이 넘는 역사를 자랑한다. 최근 몇 년 동안 이곳의 인구가 급격하게 증가하면서 산림 면적이 점점 줄어들고 있는데도 불구하고 유독 이 바오바브나무만은 종교적인 이유 때문에 살아남았다는 이야기가 전해진다. 모론다바에서 북쪽으로 약 150km 정도 떨어진 곳에는 유네스코가 지정한 자연유산인 칭기 데 베마라하 자연보호구역이 있지만 도로 사정이 좋지 않기 때문에 이곳까지 가는 데에는 오랜 시간이 소요된다. 모론다바에서 약 60km 정도 떨어진 곳 부근에 있는 숲에는 여우원숭이와 같이 이곳에서만 서식하는 생물들이 많이 분포한다.

60일 차: 9월 13일

새로운 세계 그랜드 칭기로

모론다바 – 그랜드 칭기(Morondava – Grand Tsingy)

오늘은 모론다바에서 지프로 10시간 거리에 있는 그랜드 칭기를 가는 날입니다.

새벽 3시에 일어나 부지런히 짐을 꾸려 4시 정각에 숙소 정문에서 차를 기다리는데 차가 오질 않고 있습니다.

아디스아바바에서 차와 가이드가 오지를 않아서 짜증이 났던 기억이 불안하게 떠오릅니다.

그랜드 칭기는 오늘 문제가 생기면 갈 수가 없습니다.

그랜드 칭기는 왕복 차량 이동만 꼬박 이틀

▲ 그랜드 칭기(Grand Tsingy) 가는 길에 바오바브 에비뉴

마다가스카르공화국(Republic de Madagascar)

이 걸리고 칭기 트레킹 하루를 추가해서 총 3일이 걸리는 투어인데, 오늘 출발하지 못하면 시간상 도저히 갈 수가 없습니다.

30분이 넘자 이른 새벽, 죄송함에도 불구하고 차량과 가이드를 소개해 주신 안타나나리보에 있는 서울호텔 사장님께 연락을 합니다.

빨리 조치해 주시겠다고 하십니다.

30분을 더 기다리니 차가 옵니다.

짐을 싣고 차를 타서 왜 늦게 왔냐고 물으니, 영어가 한마디도 통하질 않습니다.

말이 안 통하니 화내도 소용이 없습니다.

아침에 부부싸움을 했는지 이 흑인 드라이버 얼굴에 짜증이 가득합니다.

그래도 출발해서 다행이다, 하고 가는데 차가 오래돼서 그런지 차 밑에서 차 안으로 자동차 매연이 올라와 참기가 힘듭니다.

창문을 조금 열고 코를 차 창밖으로 내밀고 참고 있는데 바오바브나무 거리 주차장에 도착합니다.

오늘 바오바브나무 거리에서 일출을 보려고 했는데 차가 늦게 오는 바람에 이미 해가 중천에 떠 있습니다.

여기를 지나면 아침 식사를 할 곳이 없어서 간단한 아침과 커피를 한잔하고 가려고 카페에 가서 주문을 합니다.

관광지라서 그런지 뚱뚱한 흑인 여성들이 불친절합니다.

대충 먹고 일어나 빨리 출발하려고 차로 갑니다.

드라이버가 우리 짐을 다른 지프로 옮겨놓고 자기 차 말고 다른 차를 타고 가라고 합니다.

허락도 없이 자기네들 마음대로입니다.

오히려 바뀐 차가 더 새 차입니다.

드라이버가 영어도 조금하고 쾌활합니다.

우리는 아무 말도 안 하고 그냥 타고 출발하며 다행이라고 안도를 합니다.

그렇게 우리는 다시 새로운 차와 기사로 업그레이드해서 칭기로 신나게 떠납니다.

출발하고 10분이 지나니 끝없이 이어진 파도타기 비포장도로가 나옵니다.

◀ 신성한 바오밥나무

▲ 바오바브나무 숲

  차가 바다에서 파도를 타듯이 오르락내리락하면서 멀미가 날 정도로 심하게 몸부림치며 달립니다.

  30분간의 롤러코스터가 끝나고 지프차는 아프리카 특유의 붉은색 흙먼지로 온 세상을 뒤덮으며 달려갑니다. 그러기를 몇 번 더 하고 차가 멈춥니다.

  조그마한 마을이 있고 마을 주변에 바오바브 거리에도 없는 어마어마하게 크고 오래된 바오바브나무가 몇 그루 있습니다.

  그중에 가장 큰 바오바브나무에는 나무 밑동에 옷을 입힌 듯이 큰 보자기로 둘러져 있고 사람들이 기도를 하고 있습니다.

우리나라 동네 어귀에 서 있는 서낭당 나무 같은 분위기입니다.
1,000년도 넘은 바오바브나무라고 합니다.
등짝이 조금 서늘해지는 느낌입니다….
바오바브나무 신….
30분 정도를 더 달리니 저 멀리 벌판에 바오바브나무들이 엄청 많이 늘어져 있습니다.
바오바브나무 숲이라고 합니다.
나미비아 사막, 에티오피아 다나킬 사막, 그리고 마지막으로 보는 아프리카의 특이한 풍경입니다.

▲ 작은 바지선에 차를 싣고 강을 건너가는 중

◀ 강가에서 목욕하는 여인

마다가스카르공화국(Republic de Madagascar)

▲ 사탕수수를 먹는 아이들

그렇게 먼지를 날리며 힘들게 큰 강가에 도착해서 차량을 싣고 강을 건너가는 작은 바지선에 차를 싣고 더위에 차에서 내려 그늘에 몸을 피하고 서 있으니 여자아이들 서너 명이 뱃전에 서서 우리를 쳐다보며 사탕수수를 먹고 있습니다.

제가 손을 벌리니 사탕수수를 뚝 잘라서 줍니다.

씹어보니 맛있습니다.

달고 시원합니다.

저는 아이들에게 사탕수수 값을 주고 사진을 한 장 기념으로 찍어 보여주니 웃음이 만발합니다.

강을 건너자마자 복잡한 시골의 도심 같은 곳에서 점심을 하고 또 달립니다.

원 없이 파도타기와 롤러코스터, 뗏목에 또 차를 싣고 강을 넘어 달립니다.

이렇게 힘든 아프리카 오지를 왜 오냐고 물으면 확실하게 답할 자신이 없습니다….

하지만 여기 와 있습니다. 귀신에게 홀린 듯이….

그렇게 졸기도 하면서 우리는 아프리카대륙에서 떨어져 나온 섬나라(대한민국의 4배) 마다가스카르 수도 안타나나리보에서 차로 3일이나 걸리는 오지 중의 오지, 칭기에 도착했습니다.

가장 먼저 그랜드 칭기 국립공원 입구에 가서 내일 트레킹을 예약하고, 입장료와 가이드비 등을 정리하고, 내일 이 장소에서 가이드를 만나서 출발하기로 하고, 숙소로 향합니다.

숙소가 언덕 위에 있는데, 지프가 모래언덕을 올라가질 못해서 하는 수 없이 차를 밑에다가 두고 걸어서 올라갑니다.

올라오면서 땀으로 젖은 몸을 미지근한 물로 샤워하고 선풍기를 켜니 전기가 안 들어옵니다.

▲ 오지마을 원주민들

▲ 칭기 숙소 로지

포기하고 로지 밖 그늘에서 시원한 바람으로 선풍기를 대신하며 몸을 식힙니다.

하루를 꼬박 달려온 숙소에서 내려다보는 붉은 물을 머금고 저물어 가는 석양은 차분하다 못해 숙연하게 만듭니다.

마다가스카르공화국(Republic de Madagascar)

칭기 국립공원(Tsingy de Bemaraha National Park)

칭기 베마라하(Tsingy de Bemaraha) 국립공원은 마다가스카르 북서쪽에 위치한 국립공원이다. 그것은 주로 안트살로바(Antsalova) 지역의 경계 내에 있으며, 모라펜노베(Morafenobe) 지역 내에 속하는 북동쪽의 작은 부분이 있다. 국립공원은 그레이트 칭기(Great Tsingy)와 리틀 칭기(Little Tsingy)라는 두 지질 지형을 중심으로 이루어져 있다. 인접한 칭기 베마라하 스트릭트 자영보호구역(Tsingy de Bemaraha Strict Nature Reserve)과 함께 국립공원은 유네스코 세계문화유산으로 지정되어 있다. 칭기 데 베마라하 엄격 자연보호구역은 지구상에서 가장 큰 칭기 숲이다. 얼마나 클까? 진정한 석회암 성당을 포함하는 이 보호구역은 375,600에이커에 달한다. 하지만 정말 무서운 부분은 높이다. 일부 바위 봉우리가 2,600fit에 도달할 수 있다. 마다가스카르 중서부에 있는 이 칭기는 놀랍고 또는 무섭게 보일 뿐만 아니라 고유성의 중심지이기도 하다. 많은 독특한 멸종위기에 처한 동식물(여우원숭이 포함)이 서식하고 있기 때문이다.

61일 차: 9월 14일

흥분을 감출 수 없는 처음 보는 풍광

> 칭기 국립공원(Tsingy de Bemaraha National Park)

전기 사정이 좋지 않은 모양입니다.
새벽 4시, 전기가 들어오질 않고 있습니다.
새벽 5시가 되니 어젯밤 켜놓았던 선풍기가 이제서야 돌아갑니다.

오늘은 아프리카의 섬 마다가스카르의 숨어 있는 보물 그랜드 칭기의 석림을 보러 가는 날입니다.
새벽공기가 시원하게 가슴을 식혀주며 가벼운 흥분을 가라앉혀 줍니다.

▲ 칭기 국립공원
(Tsingy de Bemaraha National Park) 입구

마다가스카르공화국(Republic de Madagascar)

아침을 간단히 먹고 숙소로 돌아와 차를 기다리고 있습니다.

우리가 머무는 방갈로 주변이 너무 조용해서 마치 아무것도 없는 우주공간에서 먼지가 날리는 소리만 들리는 듯합니다.

▲ 오지의 사람 사는 모습

돌을 딛고 넘어가는 자동차 바퀴의 소음과 모래를 날리는 바퀴의 바람 소리가 아프리카에서는 더 이상 소음이 아니고 오히려 사람 소리가 소음입니다.

이 대자연을 보고 언어라는 소리가 무슨 소용이겠나 합니다.

거의 오프로드 길을 거칠게 기어서 우리는 칭기 입구에 도착해 하네스를 착용합니다.

아마도 위험한 구간이 있나 봅니다.

쉼터 주변 나무 아래 그늘에서 어린 소녀들이 바나나를 나무판 위에 놓고 사 가라고 가련한 눈으로 간절히 바라봅니다.

안쓰럽지만 산에 가는 데 짐이 될 것 같아 팔아주지를 못하고 미안한 마음에 슬그머니 도망치듯 자리를 뜹니다.

▲ 칭기 국립공원(Tsingy de Bemaraha National Park)에 새끼를 업고 있는 흰 꼬리 원숭이

뷰 포인트를 가기 위해 칭기의 속살을 만지며 숲속으로 들어가니 마다가스카르에만 산다는 흰 꼬리 원숭이가 나무 위에서 우리를 쳐다보고 있습니다.

숨을 살짝 헐떡이며, 한 번도 보지 못한 기이한 풍광 속 칭기의 바위 숲속으로 들어갑니다.

▲ 칭기 국립공원(Tsingy de Bemaraha National Park)

▲ 칭기 국립공원(Tsingy de Bemaraha National Park)

마다가스카르공화국(Republic de Madagascar)

세상에!!!

이런 곳이 있다니, 세상에서 처음 본 정말 특이한 풍경입니다.

이걸 보기 위해 며칠을 걸려 왔습니다.

그저 멍하니 넋이 빠져서 쳐다만 보고 있습니다.

이런 풍경의 바위 숲이 200km나 뻗어 있다니 정말 기가 막힙니다.

눈을 뗄 수 없는 풍경에 온몸은 땀으로 젖어 있습니다.

큰 나무 하나 없는 칭기의 바위 숲은 겨울임에도 불구하고 해가 뜨겁습니다.

더위를 싫어하지만, 오늘은 더위를 느낄 겨를이 없습니다.

그렇게 연신 감탄하며 우리는 천천히 내려오면서도 계속 뒤를 돌아봅니다.

▲ 칭기 국립공원(Tsingy de Bemaraha National Park)

▲ 칭기 국립공원(Tsingy de Bemaraha National Park)

사랑하는 여자를 뒤에 두고 떠나가듯이 아쉬워하고 있습니다.

내려오는 도중에 바위 숲 깊은 곳에서 둘러싸인 바위 사이로 보이는 푸른 하늘을 보니 흘러간 세월같이 하얀 구름이 빠르게 지나가고 있습니다….

이렇게 험한 길을 지프로 이동하는 건 아프리카에 와서도 처음입니다.

길이라고 하기에는 좀 그렇습니다.

길이 이래서 우기인 11월부터 4월까지는 칭기를 볼 수가 없다고 합니다.

비가 오면 차가 도저히 다닐 수 없는 길입니다.

이런 오지에도 사람이 살고 있습니다.

차를 타고 오는 길에 조그마한 아이들이 차를 보고 숲속으로 달아납니다.

아이들의 반응이 신기합니다.

차를 처음 보는 것도 아닐 텐데 도망을 갑니다.

지프 기사가 아이들을 향해 소리를 지릅니다.

아이들이 길에다가 무슨 장난을 쳐놓고 들킬까 봐 도망을 갔던 모양입니다.

무슨 큰일이라도 난 듯 줄행랑을 칩니다.

순진하다 못해 바보 같습니다.

그렇게 우리는 숙소에 도착해서 땀으로 찌든 옷들을 빨아서 널고 간단한 점심을 하며 자꾸 칭기 쪽을 바라봅니다.

방 안이 너무 더워서 방갈로 베란다의 소파에 누워 눈을 감아보니 바람에 나뭇잎들이 파도를 타듯 일렁이는 소리가 귓가를 시원하게 합니다.

62일 차: 9월 15일

아쉬운 칭기를 떠나 모론다바로

> 그랜드 칭기 – 모론다바(Grand Tsingy – Morondava)

 밤새 개미 그리고 모기와 전쟁을 치르고 일찍 잠에서 눈을 뜹니다….
 오늘은 어제 그렇게 나를 흥분시키던 그랜드 칭기를 떠나는 날입니다.
 사실상 이번 아프리카 여행의 마지막 하이라이트는 어제 그랜드 칭기입니다.
 여러 우여곡절이 있었지만, 다행히 큰 사고 없이 모든 일정이 마무리되어 갑니다….
 이제 다시 역순으로 집으로 가는 순서를 오늘부터 시작합니다.
 여기 그랜드 칭기에서 대한민국 강원도 속초 집까지 총 5일이 소요됩니다.
 그랜드 칭기에서 모론다바까지 비포장길로 10시간, 모론다바에서 안타나나리보까지 포장+비포장 15시간, 안타나나리보에서 케이프타운까지 비행기로 7시간, 케이프타운에서 인천공항까지 비행기로 23시간, 인천공항에서 속초 집까지 6시간이 걸립니다.

오랜 여행 뒤라서인지 이제 빨리 한국으로 가서 사랑하는 사람들을 만나고 싶습니다.

그저께 10시간을 달려왔던 그 길을 반대로 달려가니 전혀 다른 길을 가는 것 같습니다.

새벽부터 숲속에서 여자들이 제법 굵은 나뭇가지 하나씩을 머리에 이고 맨발로 부지런히 걸어갑니다.

잔가지는 밥을 지어 먹고 굵은 가지는 모아서 말린 다음 숯을 만들어서 파는 것 같습니다.

이 사람들을 보니 오래전 제가 어렸을 때 어머니의 쪽 찐 머리 똬리 위에 목이 휠 만큼의 물건들을 이고 지고 몇 시간을 걸어서 간 장날, 손에 쥔 몇 푼으로 무엇을 해야 할지를 몰라서 고민하셨던 어머니가 떠오릅니다.

이번 여행에서 많은 나라들을 돌아다녔지만 마다가스카르가 가장 언어소통이 안 되는 곳입니다.

그런데 그렇게 불편함을 못 느낀 건 왜 그럴까? 하고 가만히 생각해 보니 오히려 언어가 소통이 잘되는 게 더 문제였던 적이 많았던 것 같습니다.

서로 자기 생각을 관철하려고 하기 때문입니다.

언어소통이 전혀 안 되어 답답한 것 같지만 여행은 문제없이 다 잘합니다.

서로 소통이 안 되니 서로 양보하고 이해해 주기 때문에 오히려 더 문제가 생기지 않는 것 같습니다. 문제점을 지적해도 못 알아듣기에 스스로 극복을 합니다.

이렇게 여행은 또 한 번 제게 행복하게 사는 법을 가르쳐 줍니다. 때로는 포기하는 게 극복하는 것보다 이로울 때가 있다는 것을!!!

◀ 칭기 국립공원(Tsingy de Bemaraha National Park)에서 모론도바 가는 길에 시골 여자아이

▲ 칭기 국립공원(Tsingy de Bemaraha National Park)에서 모론도바 가는 길

마다가스카르공화국(Republic de Madagascar)

점심은 조금 있는 고추장 튜브를 접질려지듯이 짜서 마다가스카르에서 제법 비싼 소고기 요리와 맛나게 먹고 차를 타니 졸음이 쏟아집니다.

한바탕 졸음과 사투를 벌이고 있는데 눈앞에 젊은 여인이 가면을 쓰듯 돌가루를 갈아서 만든 자외선 차단제로 얼굴을 덮고 걸어갑니다.

원시인 같기도 하고 신기합니다.

세상 어디든 예뻐지고 싶어 하는 건 여자들의 기본 심리인가 봅니다.

사진 한 장을 찍으면서 졸음에서 달아납니다….

▲ 칭기 국립공원(Tsingy de Bemaraha National Park) 시골 여인

그렇게 우리는 며칠 전 흥분으로 바라보던 바오바브나무 숲을 지나 구름을 쫓아 모론도바로 가고 있습니다.

바오바브 에비뉴에 도착해서 진한 커피 한 잔으로 차 속에서 찌든 생선조림 같은 몸을 다시 살려봅니다. 그저께 저녁 내내 시간을 보냈던 곳이지만 다시 와 앉아서 찬

▲ 칭기 국립공원에서 모론도바 가는 길에 바오바브나무 속에서 노래를 부르고 원 달러를 외치는 아이들

찬히 바라보니 바오바브나무의 나이를 가늠할 수 있는 영겁의 세월을 보낸 주름이 보입니다.

사진 찍느라고 정신이 없었던 그제와 달리 오늘은 바오바브나무의 삶을 따라가 봅니다.

▲ 칭기 국립공원(Tsingy de Bemaraha National Park)에서 모론도바 가는 길에 장터 가는 원주민들

바오바브나무 할아버지는 하늘에 떠서 먹거리를 노리고 있는 새를 쳐다봅니다.

우리는 이번 여행의 마지막인 바오바브나무 거리에서 바오바브나무가 하루를 마무리하며 석양에 비치는 빨간색 잠옷으로 갈아입고 잠자리에 드는 것으로 모론다바에서의 여행을 마무리하고자 합니다.

63일 차: 9월 16일

차 창밖으로 보이는 마다가스카르의 모습들

> 모론다바 – 안타나나리보(Morondava – Antananarivo)

비몽사몽 무거운 몸을 억지로 일으켜 세워 짐을 꾸립니다.

새벽 3시 계속된 장시간 차량 이동으로 몸이 천근만근입니다.

차를 타고 쓰러져서 기절하다시피 자다가 잠에서 깨어보니 우리는 정면으로 햇살을 맞으며 벌판을 달려가고 있습니다.

모닝커피를 한 잔 마시려고 시골 마을에 잠시 멈춥니다. 비포장도로 옆에 조그마한 테이블에 달랑 커피와 뭔지도 모르는 기름에 튀긴 동그란 작은 빵을 팝니다.

어른이나 아이 할 것 없이 15~16명이 우리를 에워싸고 쳐다봅니다.

손에 든 작은 바구니에는 이름 모를 열매들을 우리 얼굴에 들이밀고 사가라고 재촉을 합니다.

▲ 안타나나리보(Antananarivo) 가는 길에 조그만 시골 마을

애써 못 본 척하면서 외면하다가 왠지 측은해서 가게에서 사탕 한 봉지를 사서 1개씩 나눠줍니다. 사탕이 남아서 하나씩 더 줍니다.

이때까지는 손을 내밀고 가만히 서서 기다리더니 사탕이 떨어져 가자 질서가 무너지고 내 얼굴로 새까만 크고 작은 손들이 몰려옵니다.

급하게 빨리 나눠주고 차로 도망칩니다.

갓난아기를 안은 어린 여자아이가 끝까지 차 문 옆에 붙어 손을 내밉니다.

안타깝지만 힘들게 외면합니다.

◀ 안타나나리보 (Antananarivo) 가는 길에 조그만 시골 마을

마다가스카르공화국(Republic de Madagascar)

본인 스스로 노력해서 생긴 돈이 아니고 공돈이라 이 사람만 주면 주위에 있는 사람들이 상대적 박탈감을 느낄 것 같고, 이들이 이렇게 살면 쉽게 살 수 있구나, 하는 생각으로 삶을 쉽게 생각할까 싶어 생각 없이 도움을 주는 것이 망설여집니다.

그렇게 우리는 도망치듯 그 마을을 떠나 또 한참을 달리다 보니 저 멀리 사람들이 북적북적합니다.

뭔가 했더니 시골 장날같이 이른 아침 도로 주변 양쪽으로 농사지은 것들을 바구니에 놓고 팔고 있습니다.

정겨운 우리네 옛 시골 작은 장터를 보는 듯합니다.

멍하니 끝도 없는 벌판을 쳐다보고 있으니 갑자기 두 달 동안을 비운 한국의 모든 것에 대한 걱정이 몰려옵니다.

여행의 끝마무리는 항상 걱정으로 정리가 되는 듯합니다.

한여름 동안 손을 안 댄 집 정원은 풀밭이 되어 있을 것이고, 카톡으로 주고받던 이런저런 일들을 들어가자마자 해결해야 하니, 머리가 복잡해지기 시작합니다.

▲ 안타나나리보(Antananarivo) 가는 길에 차창 밖으로 보이는 풍경

여기서 미리 걱정해 보아야 별 영향이 없을 거라는 걸 알면서도 생각들은 밀려옵니다.

모레 아침 케이프타운에서 한국 가는 비행기 안에서 고민하자고 억지로 미루지만 쉽게 생각들이 떠나질 않습니다.

▲ 안타나나리보(Antananarivo) 가는 길에 물고기 잡는 풍경

강 주변은 역시 풍요롭습니다.

물이 고인 넓은 습지에서 아이들이 동그랗게 그물을 쳐놓고 여러 명이 함께 물고기를 잡고 있습니다. 강 주변을 벗어나자 바로 메마른 벌판이 시작되고 우리는 잠시의 푸른색의 맛 나는 눈요기를 끝냅니다.

가만히 한참을 차 창문 밖을 쳐다보고 있으니 큰 모니터에 아프리카의 모습을 실시간으로 보여주고 있는 것 같습니다.

파란 하늘에 구름, 끝없는 평야, 메마른 나무 없는 산, 푸른 생명체가 가득한 강. 그 속에 점같이 찍혀 있는 인간들!!!

2024년 9월 16일 오전 8시 29분, 현재 달려가고 있는 풍경이 모니터에 보여지고 있습니다.

마다가스카르공화국(Republic de Madagascar)

8시간이 넘도록 우리는 계속 달리고 있습니다.

모론다바를 출발해서 4시간 정도를 지나면 해발 1,000m가 넘는 고산지대의 끝없는 거친 도로가 5시간 정도 계속 이어집니다.

둥그스름한 여인의 젖가슴처럼 생긴 부드러운 선으로 그려진 구릉이 지겹도록 이어집니다.

누가 시키지도 않았는데 움푹 팬 도로에 흙을 채워 차들이 다니기 좋게 땀을 뻘뻘 흘리며 도로를 손질하고 있는 사람이 눈에 보입니다.

▲ 안타나나리보(Antananarivo) 가는 길에 수레를 끌고 언덕을 올라오는 노인

거친 도로를 달리는 차 안에서 시달리는 게 피곤해서 너무 고맙게 생각하고 있는데, 손을 내밀고 있습니다.

도로를 보수했으니 수고비 좀 달라고 지나가는 차에 손을 내밀고 있습니다.

구덩이 2개 메워놓고….

밖은 벌써 어둠이 내려 캄캄합니다.

이제 1시간만 더 가면 오늘의 숙소에 도착합니다.

14시간 30분째 달려오고 있습니다.

빨리 가서 따뜻한 물에 샤워하고 푹 쉬고 토마스와 아프리카에서의 마지막 저녁을 삼겹살과 소주 한잔으로 마무리하고 종일을 달려온 오늘 하루를 내 달력에서 지울까 합니다.

바오바브나무를 보러 가는 길은 참 힘들고 어렵습니다.

그 옛날 생텍쥐페리는 지금 같이 차가 좋은 것도 아니고 어떻게 갔을까? 하는 생각을 해봅니다.
우리는 삼겹살과 김치찌개로 오늘 하루의 피로를 달래고 누가 뭐라고 해도 그냥 눈을 감고 숨을 죽입니다….

마다가스카르공화국(Republic de Madagascar)

64일 차: 9월 17일

이별의 아쉬움과 머나먼 아프리카

안타나나리보 – 케이프타운(Antananarivo – Cape Town)

한인 호텔에서 숙박한 덕분에 오늘 아침은 누룽지와 간단한 반찬으로 따뜻하게 한 끼를 해결합니다.

오후에 마다가스카르를 떠나기 전에 수도 안타나나리보를 반나절 투어를 하고 공항으로 가려고 우리는 모론다바를 함께 갔다 온 따닥(기사 이름)이 운전해 주는 차를 타고 안타나나리보 시내가 잘 보이는 높은 곳으로 이동합니다.

높은 뷰 포인트에서 내려다본 마다가스카르 안타나나리보의 모습은 프랑스인들의 잔재와 마다가스카르인들의 삶이 혼재되어 있는 듯 보입니다.

저 멀리 빌딩도 하나 보입니다.

6일 전 안타나나리보에 도착해 시내를 지날 때 느낀 점과 다른 것은 도시가 혼란스러워 보여도 가만히 들여다보면 이들만의 오랜 삶의 관습 속에 질서가 있습니다.

여기는 모든 것이 자동차가 우선인 것 같습니다.

그리고 알게 모르게 서로 조금씩 양보합니다.

◀ 안타나나리보
(Antananarivo) 시내 풍경

마다가스카르공화국(Republic de Madagascar)

우리가 보기에 혼란스러워 보여도 이들 나름대로 적당히 알아서 잘 살아가는 듯합니다.

선물 파는 마켓이 있다고 해서 잠시 둘러보고 오는 길이 어렵습니다.

여기 교통체증을 실감합니다.

길거리에는 많은 사람들이 생존을 위해서 발버둥 치는 모습이 드라마같이 지나갑니다.

우리네 60년대 어려운 시절과 유사합니다.

이들도 세월이 흐르면 우리같이 발전해서 잘 살기를 기도합니다.

안타나나리보에 20년 전에 오셔서 한식당과 호텔을 하고 있는 사장님의 따뜻한 미소를 뒤로하고 6일 동안 차 창밖으로 내다본 마다가스카르를 떠나기 위해 안타나나리보의 이바토 공항으로 우리는 부지런히 가고 있습니다.

별것도 아닌 출국 신고서를 작성하며 복잡하게 수속을 마치고 비행기를 타니 집에 간다는 게 아직 실감이 나질 않습니다. 그냥 멍하니 비행기 창 밖만 쳐다보고 있습니다.

아직 인천에 도착하려면 이틀이 더 걸립니다.

비행기에 앉아서 가만히 생각해 보니 아프리카가 참 먼 곳이었습니다.

출발할 때는 호기심과 흥분으로 용감하고 쉽게 다가갔는데 집으로 돌아가려고 하니 너무 멀리 와 있습니다.

이들이 조금만 때 묻지 않았으면 하지만 그건 제 욕심입니다.

이들도 우리같이 배부르고 여유롭게 행복을 추구할 인간으로서 권리와 자격이 있는데, 어쩌다 관광하러 온 제 눈을 만족시키기 위해 이들이 제자리에 머물러 있는 삶을 살기 바란다면 그건 너무 큰 제 이기심이고 세상 사람들의 이기심이려니 합니다.

▲ 안타나나리보(Antananarivo)를 떠나며

어떻게든 돈을 벌어 잘살고 싶은 건, 60년 전 우리가 죽기 살기로 돈을 벌려고 몸부림치던 시절과 다를 바 없는 것 같습니다.

사람 사는 세상은 똑같은 것 같습니다.

먹고 배설하고 욕구를 충족하고, 더 나은 삶을 위해 부를 축적하고, 그걸 지키기 위해 몸부림치고, 그렇게 살다 죽고, 또 내가 뿌린 씨가 조금 더 나은 세상을 살아가고, 그러다 보면 세월은 지나가고, 우리는 잊혀져 갑니다.

처음 아프리카에 내렸을 때 흥분이 두 달이 지난 지금 식어버리고 잊혀져 가듯이 세상의 모든 것들은 세월과 함께 하나씩 지워져 갑니다.

요하네스 공항에서 케이프타운 가는 비행기를 갈아타야 합니다.

어지간한 사람들은 비행기 놓치기에 십상입니다.

마다가스카르공화국(Republic de Madagascar)

공항이 복잡해서 게이트 찾아가기가 만만치 않습니다. 이리저리 헤매다 우리는 비행기에 탑승합니다.

오늘 밤은 아프리카에 처음 발을 디딘 케이프타운에서 잠시 눈을 감고 아프리카를 떠날 만반의 준비를 합니다.

▲ 케이프타운(Cape Town)을 떠나 집으로

65일 차: 9월 18일

서운함과 아쉬움이 가득한 아프리카

> 남아프리카공화국 케이프타운 – 한국 인천
>
> (Republic of South Africa Cape Town – Korea Incheon)

 어젯밤 늦게 케이프타운 공항 근처 호텔에 도착해서 피곤에 절어서 쓰러지듯 눈을 감았는데 눈을 뜨니 캄캄한 정사각형의 네모공간에 누워 있습니다.

 이제 몇 시간 있으면 아프리카를 떠납니다.

 뭔가 채우지 못한 서운함이 마음을 무겁게 하지만 이제 집으로 가서 그동안 못한 일들을 해야 합니다.

 집에 계신 노모와 처 그리고 저를 애타게 기다리고 있을 우리 강아지를 만나야 합니다.

 이제 저는 65일간의 저만의 아프리카 여행을 마무리합니다.

 아프리카 여행은 인천공항을 출발한 비행기 창문을 통해서 본 풍경에 대한 호기심과 설렘으로 시작하여 트럭을 개조한 차를 타고 아프리카를 달리면서 차 창문을 통해 도시와 자연, 사람들의 삶의 모습, 그리고 아프리카 대자연의 속살 속에 숨을 쉬는 수많은 동물들을 느낄 수 있는 여행이었습니다.

순간에 스쳐 가는 차량의 속도를 따라잡고 차 창문을 통한 아프리카를 보기 위해서는 항상 눈과 귀는 차 창문에 고정되어 있어야 했습니다.

매일 장시간 동안 타는 차는 때로는 안식처, 때로는 맛있는 음식을 주는 식당, 때로는 미지의 세계로 저를 데리고 가는 안내자의 역할을 했습니다.

처음 만나는 미국 사람, 호주 사람, 영국 사람, 인도 사람, 스페인 사람, 터키 사람 등, 생면부지의 이름 모를 사람들과 여행하면서 서로의 장단점을 자연스럽게 알아가고 그들의 사고와 행동을 통해, 저 스스로 돌아보고 자기반성과 재해석을 통해 앞으로 남은 삶을 지혜롭게 살아가도록 수정하는 계기를 만들어 갑니다….

아프리카!!!

아프리카는 무엇인가를 받으러 갔다가 주고 오고 무엇인가를 주러 갔다가 받아오는 곳이라고 친한 제 지인이 이야기해 주었는데, 정말 그런 것 같습니다.

이런 곳이 아프리카인 것 같습니다!

66일 차: 9월 19일

사랑하는 것보다 기다리는 것이 더 힘들다.

▲ 세렝게티 국립공원(Serengeti National Park)

마다가스카르공화국(Republic de Madagascar)

에필로그

　65일은 내 인생 전체 삶의 시간에서는 작은 시간이지만 650일같이 느껴지는 것은 하루하루가 내게 너무 큰 가슴 울림으로 다가오고, 여행하는 동안 매시간 과거와 현재 그리고 미래를 그려볼 수 있는 공간과 시간이 함께해서라고 생각합니다.
　막연한 미지의 땅에 대한 호기심과 신비감으로 떠난 이번 아프리카 여행은 때로는 60년 전의 어린 제 모습을 일깨워 주고, 때로는 제가 얼마나 풍요로운 삶을 살아가고 있는가를 일깨워 주고, 때로는 우리 아이들의 미래가 얼마나 밝은가를 일깨워 주고는 합니다.
　세상 모든 일에 시작과 끝이 있듯이 여행은 상상으로 시작하고 추억으로 끝이 나는 듯합니다.
　수없이 읽어본 책 속의 내용을 실제로 보고, 만지고, 냄새 맡고를 해보면 아무리 글로 설명을 하려고 해도 경험을 넘어서지 못한다는 것을 느낄 수 있습니다.
　아프리카를 여행하다가 인상을 찌푸리게 하는 상황들이 많이 벌어지는 것은 우리가 그들 문화에 적응을 못 해서 힘들어하는 것으로 생각합니다. 여행은 어디를 가든 그곳의 사람들과 문화에 빨리 적응하려고 노력해야 하고 이런 적응력이 세상을 살아가는 데 자연스럽게 접목되어 스스로 편안하게 살아가는 방법을 찾아갑니다.
　과학과 문명이 발달한 현재에서 냉장고도 없던 60년 전으로 돌아가 생활하라고 하면 도저히 못 살겠다고 힘들어할 것이지만, 60년 전의 우리는 불편함을 모르고 그냥 그렇게 살았습니다.

이들도 자신들의 전통과 현재 상황에 적응하며 그냥 별 불편함 없이 살아가고 있을 것입니다.

원시 부족들이 사는 오지는 전기, 인터넷, 마트도 없는 곳이고 누구와 비교도 할 수 없는 단순한 삶을 살아가고 있고, 문명과 과학의 혜택을 받고 살아가는 아프리카의 도시들은 혼란과 무질서 속에서 살아남기 위해서 몸부림치며 살아가고 있습니다.

아프리카는 이 두 장의 그림이 서로 겹치는 공존의 공간을 살아가는 듯합니다.

어디서 태어나고 어디서 살아가든 인간은 꿈이 없고, 비교할 것들이 없으면 그냥 처한 환경에 단순하게 적응하면서 살아갑니다.

우리도 꿈이 없고, 비교할 것들이 없었으면 지금 아프리카의 오지 마을 원주민들과 같이 살아가고 있을 것입니다.

일제 식민지 시대를 겪으면서 우리 부모님들은 자식들 교육을 통해 자신들 삶의 억울함을 극복하고자 온갖 고생을 하시며 자식들의 교육에 매달리셨습니다. 교육은 상상력과 꿈을 꾸게 해주고, 비교를 할 수 있는 능력을 키워줍니다. 이런 과정을 통해서 우리의 문명과 경제는 급속히 발전했고 지금은 비교적 편안한 삶을 살아갈 수 있는 보편적 복지를 누리고 있습니다. 이제 우리 아이들은 발전의 속도만큼 실제 경험을 통해 더 성숙해 가기를 기대합니다.

여행은 살아가기 바빠서 장롱 속에 쌓아놓은 옷가지들을 하나씩 꺼내서 옷걸이에 걸어놓는 여유와 정리를 해주고, 자신을 정화해서 또 다른 아름다운 꿈을 꾸게 해주는 향기로운 삶의 보약이라고 생각합니다.

▲ 세월의 흐름

◀ 다산나치 부족 어린 엄마